海外中国研究丛书

刘东 主编

[美] 王国斌 著
李伯重
连玲玲 译

转变的中国

CHINA TRANSFORMED

历史变迁与欧洲经验的局限

Historical Change and the Limits of European Experience

江苏人民出版社

图书在版编目(CIP)数据

转变的中国:历史变迁与欧洲经验的局限/[美]王国斌著;
李伯重,连玲玲译.--南京:江苏人民出版社,2005.4(2022.1重印)
(海外中国研究丛书/刘东主编)
书名原文:China Transformed:Historical Change and the Limits
of European Experience
 ISBN 978-7-214-02321-6

Ⅰ.①转… Ⅱ.①王… Ⅲ.比较历史学-中国、欧洲-英文 Ⅳ.①K092②K095

中国版本图书馆 CIP 数据核字(2005)第 045116 号

China Transformed : Historical Change and the Limits of European Experience
by R. Bin Wong
Copyright © 1997 by Cornell University Press, Ithaca & London
根据康奈尔大学出版社 1997 年版译出
江苏省版权局著作权合同登记:图字 10-2008-120

书　　名	转变的中国:历史变迁与欧洲经验的局限
著　　者	[美]王国斌
译　　者	李伯重　连玲玲
责 任 编 辑	杨建平　张蕴如　张晓薇
责 任 校 对	康海源
装 帧 设 计	陈　婕
责 任 监 制	王　娟
出 版 发 行	江苏人民出版社
地　　址	南京市湖南路 1 号 A 楼,邮编:210009
照　　排	江苏凤凰制版有限公司
印　　刷	江苏凤凰扬州鑫华印刷有限公司
开　　本	652 毫米×960 毫米　1/16
印　　张	19　插页 4
字　　数	252 千字
版　　次	2010 年 7 月第 1 版
印　　次	2022 年 1 月第 12 次印刷
标 准 书 号	ISBN 978-7-214-02321-6
定　　价	56.00 元

(江苏人民出版社图书凡印装错误可向承印厂调换)

序"海外中国研究丛书"

中国曾经遗忘过世界,但世界却并未因此而遗忘中国。令人嗟讶的是,20世纪60年代以后,就在中国越来越闭锁的同时,世界各国的中国研究却得到了越来越富于成果的发展。而到了中国门户重开的今天,这种发展就把国内学界逼到了如此的窘境:我们不仅必须放眼海外去认识世界,还必须放眼海外来重新认识中国;不仅必须向国内读者逐译海外的西学,还必须向他们系统地介绍海外的中学。

这个系列不可避免地会加深我们150年以来一直怀有的危机感和失落感,因为单是它的学术水准也足以提醒我们,中国文明在现时代所面对的绝不再是某个粗蛮不文的、很快就将被自己同化的、马背上的战胜者,而是一个高度发展了的、必将对自己的根本价值取向大大触动的文明。可正因为这样,借别人的眼光去获得自知之明,又正是摆在我们面前的紧迫历史使命,因为只要不跳出自家的文化圈子去透过强烈的反差反观自身,中华文明就找不到进入其现代形态的入口。

当然,既是本着这样的目的,我们就不能只从各家学说中筛选那些我们可以或者乐于接受的东西,否则我们的"筛子"本身就可能使读者失去选择、挑剔和批判的广阔天地。我们的译介毕竟还只是初步的尝试,而我们所努力去做的,毕竟也只是和读者一起去反复思索这些奉献给大家的东西。

刘　东

目 录

编者的话 1

中文版序 1

鸣谢 1

导论 1

上篇 经济变化

前言：比较经济史与发展问题 3

第一章 明清及近代中国的经济变化：同欧洲的比较 6
    一 中国历史上的经济变化诸问题 6
    二 近代早期欧洲经济成长的动力 9
    三 斯密型动力在中国 11
    四 对斯密型动力的两种截然相反的看法 14
    五 斯密与马尔萨斯：中国与古典经济学 22
    六 结论 28

第二章 近代早期欧洲与明清时期中国工业扩展的动力 30
    引言 30
    一 西欧的农村工业与人口变化 31
    二 中国的农村工业与人口变化 34
    三 从原始工业化到工业化 37

四　原始工业化与工业化之比较　41
　　五　欧亚各地对于古典经济学家所谓的"增长极限"的不同反应　46
　　六　技术变化的力量与历史发展的机遇　48

第三章　从欧洲的角度看中国的经济史与经济发展　52
　　一　20世纪的中国经济　52
　　二　企业的组织变化在中国与欧洲的作用　53
　　三　中国农业经济中的斯密型动力与马尔萨斯型动力　56
　　四　民国时代中国经济成长的空间层面　59
　　五　1949年以来中国的经济发展情况　67
　　六　从欧洲经济史和发展经济学中所获得的更多教训　69
　　七　经济史与经济发展　72

中篇　国家形成

前言：欧亚国家的形成　77

第四章　近代国家形成的方向　80
　　引言　80
　　一　早期帝国的形成及其遗产　82
　　二　以长期的眼光看近代国家形成　85
　　三　欧洲的国家形成　89
　　四　中国的国家形成　91
　　五　从欧洲的角度看中国的国家形成　95
　　六　维持社会秩序的工具：一种中国国家形成观　98
　　七　结论　103

第五章　近代国家形成中的意识形态与制度机构　105
　　引言　105
　　一　近代早期欧洲及明清时期中国内部的国家-经济关系　106
　　二　民族国家与农业帝国形成中的中央集权及地方秩序　108
　　三　中国与西欧的地方秩序诸问题　110
　　四　18世纪对中央控制之追求及其对近代中国的影响　117
　　五　农业帝国之滑入近代以及"公众领域"和"市民社会"的出现　123

第六章　1850年以后近代国家的形成　128
　　一　近代世界中的冲突　128
　　二　19世纪中国的国家形成　129
　　三　20世纪中国国家形成的轨迹　132

四　从历史的角度看1949年以后的中国国家　136
　　五　民族主义与民族国家　142
　　六　中国国家的延续　145
　　七　结论：历史上的和理论上的国家形成　147

下篇　社会抗争

　前言：政治与抗争　153
　　一　民众抗争：研究的问题与难点　153
　　二　欧洲的民众抗争　155
　　三　中国的民众抗争　157

　第七章　食物骚乱　159
　　引言　159
　　一　中国的食物骚乱　161
　　二　欧洲的食物骚乱　167
　　三　中西食物骚乱的比较　175
　　四　结论　183

　第八章　抗税运动　187
　　一　抗税事件　187
　　二　政治环境变化中的抗税意识形态　189
　　三　19世纪中期长江中游的抗税运动　192
　　四　19世纪40和50年代江南的抗税运动　196
　　五　19世纪50和60年代山东的抗税运动　199
　　六　从明清时期的角度来看19世纪的抗税运动　200
　　七　谁卷入抗税运动　202
　　八　抗税运动是如何组织起来的　204
　　九　20世纪的抗税运动　205
　　十　抗税运动同革命、国家形成及政治变化的关系　207
　　十一　从比较的角度来看中国的抗税运动　210

　第九章　革命　214
　　一　对革命的诠释　214
　　二　国家危机与国家形成　215
　　三　从法国的角度看中国革命　219
　　四　从中国的角度看法国革命　223
　　五　法国：持续不断的革命诠释　225

  六　中国：一场持续不断的革命　229

第十章　比较史学与社会理论　234
  引言　234
  一　经济变化　235
  二　国家的形成与不形成　240
  三　社会抗争与政治变化　245
  四　前瞻性和回顾性分析与历史诠释　247
  五　成为近代：历史与历史之外　250

征引文献目录　255

编者的话

本书作者王国斌,系美籍华裔学者,现任美国加州大学尔湾分校历史系教授。他本科毕业于密歇根大学经济学系,进入哈佛大学后,师从著名历史学家费正清先生和孔飞力先生,多年来一直从事中国史(主要是明清社会经济史)研究和中西历史比较研究,是当今美国中国史学界享有盛誉的中年学者。本书英文版于1997年由康奈尔大学出版社出版,作者鉴于中文读者的阅读习惯,在此中文版翻译过程中,对原文作了一些调整和改动(包括删除了原来的第八章,新写了第九、第十章),因此这个中文版在若干地方与英文版有所不同。

现中文版分为三篇十章,上篇"经济变化",中篇"国家形成",下篇"社会抗争",分别对本书的三大主题进行讨论。作者之所以选择这三个主题,乃是因为资本主义的兴起和民族国家的形成,不仅是近代欧洲历史最重要的两大过程,而且由于西方国家的全球性扩张,使得这两个过程在某种程度上也成为世界性的了。此外,在20世纪60年代兴起的欧洲社会史研究中,民众反抗研究处于中心的地位。以集体行动为契机,分析民众在社会转型时期所起的作用,也是非常必要的。具体来说,上篇主要探讨经济发展的动力问题。其中第一章指出了19世纪以前中国与欧洲在经济上的主要相似点;第二章集中讨论农村手工业的作用;第三章则从经济史转到经济发展。作者强调:经济学的原则,尽管已证明不足以解释欧亚经济史与经济发展的多种道路,但却能够把不同国家的经验理出头绪。中篇把欧洲武力威胁到中国统一之前和之后,对中国及欧洲政治变化的历史环境产生之影响进行对比研究。其中第四章为中国与欧洲国家形成的比较研究提出了一个分析的构架;第五章深入探讨国内统治的有关问题,以说明中国的统治方略产生了一个农业帝国,与欧洲经济很少有相似之处;第六章则从欧亚的观点,来对帝制时代以后中国的国家形成问题进行讨论。作者力求把中国和欧洲的国家形成情况,都放到一个平等的分析构架中来看待,既看到二者的共同之处,也看到它们的各自特点。下篇则以政治与民众反抗为主要讨论对象,第七、八、九三章分别对食物骚乱、抗税运动、叛乱和革命的内在逻辑与环境进行分析。在具有结论性的第十章"比较史学与社会理论"中,作者将其对中西比较史研究中的方法论与社会理论的看法作了一个系统的归纳和总结,希望能对中国与欧洲历史变化的诸种动力,提出一种新的观点,同时也想借此表明比较史学能够有助于修正社会理论。

由以上简介可见,本书所涉及的内容相当广泛,包含了经济史、政治史和社会史研究中许多最为重要、也最有争议的问题。另外,由于本书打破了传统的学科藩篱,把社会史、经济史和政治史融为一体进行分析讨论,从而使人们对于中西社会、经济、政治历史变化的总脉络有一个较为完整的认识。因此可以说,本书是学界不多见的一部涵盖面宽广、但讨论问题又颇为专门的中西历史比较研究之作,它代表了西方新一代学者在中西历史比较研究方面的最新成果。

中文版序

近30年来,中西比较史学的研究有很大的进展,人们突破了长期支配这一研究领域的西欧中心主义,也突破了20世纪50年代以来流行的"对西方冲击的回应"模式。在中国,柯文的《在中国发现历史》一书[1]颇受注意,但他提出的"以中国为中心的中国史"的主张,并非认识中国特色的最佳途径。只有比较两者之异(differences),又比较两者之同(similarities),才能看出各自的特色。要做好比较研究,需要对西方的(至少是西欧的)和中国的走向近代化的历史进程,有同等深度的认识和学术根底,又需要在历史观和方法论上有深思熟虑的修养。本书作者王国斌教授具备这两方面的要求,并善于提出有争议的问题,这就使本书能启迪思考,引人入胜。

本书是从经济变化、国家形成、社会抗争三个方面来做中国和西欧的历史的比较研究,并希望从比较所得的更大范围的社会演变轨迹中,来改进人们对社会发展的看法。它是迄今我所见到的惟一的一部从整体上考察、在观点和方法上都具有新思维的中西比较史学著作。全书旁

---

[1] Paul A. Cohen: *Discovering History in China*, New York, 1984, ch. 4.

征博引,纵横论述,有如行云流水,目不暇接。这里,我只就若干历史观点和方法论等做些讨论。

多元论是比较史学的出发点。多元论并非新论,尤其在人类学和文化史方面。A. J. 汤因比的《历史研究》一度在中国颇受青睐,也许是有某些偏见。① 但中国文明绝非源于《出埃及记》,则是毋庸置疑的。然而,在一些具体问题上,例如本书所着重讨论的资本主义发展和民族国家的形成这两个近代化的标志,它们是多元的吗?本书作者在"导论"中的回答是:"要超越欧洲中心论,首先应当回到欧洲;应当将欧洲民族国家形成与资本主义发展的实际发生情况,作为历史过程而非抽象的理论模式,认真进行讨论"。这是很有见地的。作为抽象的理论模式,它应当是放之四海而皆准的,这就会出现非西方世界所发生的一切都只是"回应"西方这样一种单元论。而作为实际的历史过程,与原来具有完整的文化和历史的社会的同类过程做比较研究,那就是另一回事了。

这里,作者显然不同意20世纪50年代以来在美国盛行的逻辑实证主义,即从一般前提和初始条件推出预言性的结论的研究方法。作者在本书上篇(即"经济变化")中批判了当代经济学的"危机":经济学变成了主题狭隘、远离尘世的数学讲演。而实际上,逻辑实证主义之引入人文和社会科学是从历史学开始的,并从历史学上开始证实和证伪的辩论。②在历史学上,这种方法也常使主题狭隘,就事论事,"用时间变量代替历史思考",③并且,常常会导致目的论、决定论的历史观和预言式的结论。关于这种历史观以及历史不是预言,作者已在本书中反复申论,我不再置言。我只想说,就比较史学而言,不需要一位就事论事的裁判官。

---

① A. T. 汤因比1975年去世。生前他曾说:"如果说,21世纪是东亚人的世纪,并非惊人之语"。
② 逻辑实证主义的引入见 C. C. Hempel: *The Function of General Laws in History*, 1942。证实论见 W. Dray: *Laws and Explanation in History*, 1957。证伪论见 K. R. Popper: *The Poverty of Historism*, 1957。
③ R. M. Solow 的批判语。见所写"Economic History and Economics",刊于 *Economic History*, 75:2, May 1985。

中西比较研究,是要找出双方在近代化经历中的"异"和"同",并且对之作出评价。这就需要一个行为的价值标准或参照系。如果我们有一个独立的、可普遍运用的价值标准或客观参照系,那将是十分动人的,但也将是无济于事的。因为这样一种标准,如果不是抽象的假设,有如逻辑实证主义的前提,就是按照先入为主的原则建立的,即最终是出于西方经验的大杂烩。本书作者提出了一种独特的比较研究方法,即一方面用欧洲的经验来评价在中国发生的事情,另一方面则用中国的经验来评价欧洲。通过互为主体,得出新的行为模式和价值观念。我想,这也许是惟一可行的,至少是公平的比较史学研究方法。

这种方法很朴实,但应用起来并不简单。在我看来,当以本书中篇(即"国家形成")中运用最为成功。这是因为:根源于文化和历史传统的中西之间在国家理论和实践上的差异,远较双方在物质生活上的差异为大。政治比之经济有更大的选择性。例如,改变中世纪支离破碎局面的"民族国家的形成",几乎是欧洲的特有语汇,因为中国早已是,并且一直是具有民族认同感的统一国家了。因而,本书作者把国家组成追溯到秦汉和罗马帝国,并英明地把考察走向"近代"的起点定在1100年,进行"跨越长时段"的分析。这才能看清国家组成的道路,在基本不同的道路上也有诸如贵族独立和社会精英干政等相同或近似的问题,和不时会出现的两条道路的接触点。

本书主要是从国家与经济、国家与社会、国家维护社会秩序这三个方面来进行中西对比研究的。国家在这些方面的功能、行为规范及其效果,便是评价的标准。应当说,在很长的历史时期中,中国国家在这些方面多半处于优势。到18世纪,欧洲已进入近代国家,这对中国情况如何呢?如何评价帝国晚期即明清中国,是近年来研究的一项重大课题。本书作者早就参与了这项研究,并曾经以关于清代粮食储运制度的专著而闻名。在本书中,他结合历史传统,对帝国晚期中国国家与社会和经济的关系作了全面的分析,并给予我以为是适当的评价。从本书的研究中可以看出,19世纪以来,欧洲国家思想和制度的影响,包括民主和公众领域等概念,在中国历史上并非完全陌生。而以个人为单位的、国家与经济分离、国家与社会分离的国家组成模式,迄今未在中国生根;而中国源于儒家政治哲学的一些国家组成原则,一直延续到今天。

这种双轨制的研究方法,在本书下篇(即"社会抗争")中,运用得也很成熟。本篇着重讨论的,如粮食骚乱、抗税活动等,都是较小范围内的集体行动。就这些事件本身的发动、经过以至结局而论,在中国和在欧洲基本上是相同的。而本书的研究,是把它们放在政治、社会的历史"大环境"中去考察,中西之间的差异性就明白显现出来了。据作者的考察,在十八、十九世纪,欧洲各国已大力推行全国性的以至国际间的自由贸易制度,食物骚乱常是随着市场需求的扩大,作为地方力量维护旧体制的斗争而出现的,到19世纪下半叶基本上停止了。在中国,除了商人贩运粮食外,18世纪卓有成效的国家调剂粮食的漕运和仓储制度于19世纪遭到破坏,食物骚乱更多是由于供给方面的不稳定或不充足而来,到20世纪愈演愈烈。18世纪欧洲的抗税行动,主要是由于增设新税尤其是城市工商税引起的,当新兴的民族国家完成财政制度的改革后,集体抗税在20世纪逐渐消失。中国的抗税行动则始终与田赋和农民以至士绅攸关。19世纪以来,中央政权虚弱,地方团练、秘密会社分子参与抗税活动;到20世纪,抗税活动具有了"向前看"或者说革命斗争的性质,这又是和西方迥异的。

本书进一步分析了大规模的叛乱和革命问题。在这里,作者基本上不采取经典诠释学专力于动机、意图的研究方法,但在用物质利益或理性抉择解释群众运动时,他十分重视文化和思想的作用:"大规模的叛乱和革命,都包含着物质变化和新世界观的建立"。在其他一些有争议的问题上,作者似乎常持二元的或调和的观点,也许,这正是作者的一种方法论的思考:他在本书的结论(即末章)中指出,比较研究在不同历史轨迹中发现相似的时段,在因果律预期的一致中发现不同的结局,比较史学给出更大范围的现象的积累,有助于使人们的认识具有更加普遍的意义。

　　本书十分重视社会发展的动力问题。在上篇(即"经济变化")中,作者实际是把经济发展的动力作为比较研究的标准的。他认为:16 至 18 世纪,欧洲和中国的经济发展都适用亚当·斯密的增长理论,即贸易和市场的扩大,通过交换中的绝对优势,促进了分工和专业化,而后者带来的生产率的提高,乃是经济发展之源。在这种"斯密型动力"的推动下,欧洲和中国的农业经济,包括农村手工业,其发展道路大体上是相同的。但到 19 世纪,欧洲的农村手工业被城市的机械化工厂工业所代替,更适用于新古典主义的以储蓄和投资为动力的增长理论,遂与中国经济的发展分道扬镳。19 世纪西方的侵入,扩展了中国的贸易和市场,而其结果主要是扩大了斯密型动力运作的空间,并未根本改变中国经济发展的动力,直到 20 世纪前叶还是这样。

　　新古典主义的经济增长理论,也许与斯密型动力并不是那样截然不同。用新古典主义理论研究传统农业,例如 T.W.舒尔茨的著作,[①]不能说没有贡献。不过,新古典主义经济学完全忽略了制度、结构、意识形态的作用,而本书作者始终重视这些方面,以及国家的作用,这在中西比较研究中是十分重要的。古典主义增长模型给出一个人口与资源的悲观结论,成为史学家议论的焦点。在这个问题上,本书作者对中国和欧洲的人口行为与经济发展的关系作了精湛的分析,令人信服地说明:直到 19 世纪,尽管家庭和生产组织迥异,但中国的人口危机并不比欧洲更大。作者认为:19 世纪欧洲的工业革命摆脱了古典主义增长终极的限制,而中国则否。那么,20 世纪的中国如何呢?对此,作者也有较详细的分析。这种分析,实际上也用了新古典主义的、发展经济学的和二元经济论的研究方法,而在最后的结论中,不免有若干不确定的因素以至怀疑论的

---

① T. W. Schultz: *Transforming Traditional Agriculture*, New Haven, 1964.

情绪。这并不奇怪。就历史学来说,恐怕经常是要到下一个世纪才能议论前一个世纪的事情。

本书未曾提过,也许作者并不承认,有所谓历史哲学或元历史学(meta-history)。的确,自第二次世界大战以来,西方对历史的怀疑和忧虑在20世纪60—70年代消失后,在西方已没有人再谈论这种"超历史的"或"智慧的"思维方式了。据称历史学已变为科学。不过,本书中,至少在"经济变化"篇中,作者似乎是承认有普遍发展规律的。这里,我想以一位中国历史学家的看法来结束这篇序言。傅衣凌教授在晚年提出"中国传统社会多元论"和"明清社会变迁论"。[①] 他认为,在16世纪,中国的经济和社会、文化已发生走向近代的变化,但由于中国社会的多元结构,这种变化起伏跌宕,以致中断、后退,但到最后,并未能摆脱世界经济发展的共同规律。

吴承明

[①] 傅衣凌:《中国传统社会:多元结构》,刊于《中国社会经济史研究》,1988年,第3期;《明清社会变迁论》,人民出版社,1989年。

鸣　谢

　　本书是我关于中国与欧洲历史变迁模式的比较研究的一个成果。能有这个机会与中国学者分享此成果,不胜欣幸。我对经济变化、国家形成和社会抗争等问题——即本书的三个基本主题——的兴趣,可以追溯至30年前在大学时代与查尔斯·蒂利(Charles Tilly)教授的一段学缘。15年前,我开始认真地研究这些问题。自1992年起,我更把大部分时间投注于对这些问题的研究中。我在此项研究中,曾受益于许多学者的指教与鼓励。在中文版的问世方面,我非常感谢吴承明教授在百忙之中,为本书撰写了序言。我很幸运地得到李伯重教授的合作,将本书翻译为中文。他对此计划的热心及对中国经济史的专擅,对本书的产生至为关键。他将此书译出后,我又根据新的构想,重写了第九、第十两章。这两章蒙连玲玲小姐译为中文,并经李教授对译文作了订正。全书译完后,我对译稿作了校订。在校订时,连小姐也提供了相当的协助。他们的努力当然使得本书有所改进,但其中不足之处仍是笔者的责任。这里我也要说明:为了便于中国读者的阅读,我对原文作了相当大的调整和改动,因此中文版在不少地方与英文版有所不同。此外,我也感谢江苏人民出版社和丛书主编刘东教授对此书的厚爱,使得此书得以列入该社

"海外中国研究丛书"并在很短的时期内与中国读者见面。最后,我还要强调:在这本书里,我只是提出了一些方法,来比较中国与欧洲历史变迁的动力。我希望借此抛砖引玉,促使更多的学者从事此方面的研究,从而拓宽并深化我们对"中国特色"的了解。倘能做到这一点,我写作此书的初衷也就达到了。

导　论

　　西方国家的全球性政治扩张,以及起源于欧洲的资本主义制度所导致的经济变革,是推动近200年来世界历史发展的最强大的力量。在今天,如果离开民族国家的形成与资本主义的发展这两大进程,就很难去想象欧洲的历史。西方之外的地区,由于原先不存在民族国家与资本主义,所以只是到了欧洲影响所及之时,才进入世界历史洪流。因此,"本地对西方挑战的回应",通常被认为是这些地区近代历史的主轴。然而,对此观点的反弹,为以下考虑奠定了可以采纳的基础:各个非西方的社会,都具有其文化与历史的完整性;它们的文化与历史,都与欧洲影响无关。这种排开欧洲影响的重要做法,破除了上述以"本地-西方"为主轴的单元论的局限,主张亚洲、非洲、拉丁美洲社会均具多元特性,从而创造了"差异"的多种含义(通常主要在文化方面)。为求补充这些发现,本书以一个主要的非西方文明——中国——为对象,探讨其政治与经济变化的轨迹。在本书中,我们也要确定中国与欧洲的差异,但这只是我们辨认中国与欧洲的相似之处及相互联系的研究计划的一个部分。只有相似与差异都得到承认,才可能为比较确立标准。仅只是差异,并不能创立可比性。而且,只有先比较相似与差异,才能从西方国家与各种非西方国家两个方面,更好地评判西方与非西方国家之间的联系。从西方优越论出发看这种联系,太过容易,甚至也很自然。为了解这些问题,我将从欧洲研究入手。尽管学者们在关于非西方地区的研究中,大多力求摆脱欧洲,但是我认为:要超越欧洲中心论,首先应当回到欧洲;应当将欧洲民族国家形成与资本主义发展的实际发生情况,作为历史过程而非抽象的理论模式,认真进行讨论。

在历史学家们立志要使其研究"符合科学规律"时,他们常常力求"解释"某些历史事件发生的先后关系。一个诸如"某事如何发生"的问题,会引起一种回应,即详细讨论某事件发生的环境与理由。这种做法,在形式上与天文学家、进化生物学家和地质生物学家采用的方法颇为相似。这些科学家致力于解释过去的事件。他们之所为,确实是历史的科学。他们对事件的解释,也大不同于物理学家和化学家。在一定的已知条件下,从一组服从于特定性质的物质中,物理学家和化学家能够预知某些结果。但是地质学家却不能预见大峡谷(The Grand Canyon)的出现——他仅能够解释大峡谷是如何出现的而已。大峡谷的形成,并非依照逻辑,必然采取它形成时所采用的那些形式和方法。大峡谷的存在,也未表明人们能够有把握预见另一个大峡谷在何时何地出现(如果真有另一个大峡谷会出现这样的惊人"事件"可能出现的话)。在自然世界或人类世界,所有复杂的历史过程都充满了各种偶发事件或意外事件,这些事件使得以后的活动格局会以新的方式形成。当然,有些事情总是比其他事情看来更有可能发生。不论我们回顾已经发生之事,还是展望可能发生之事,情况皆然。换言之,已经发生之事不一定就是实际上最可能发生之事。但是历史学家却很容易将真正发生了的事,同"应当发生"的事联系在一起。这种必然性的意识,掩盖了在特定历史的时刻存在着的多种可能性。时间跨度越长,在某些时候尚有其他道路可走的可能性就越大。历史变化的长期序列,并非必然的,也非天生如此的。许多学者已将长期的因果关系作为目的论加以摒弃,但他们还须对历史的变化作出许多修正性解释。本书即应此挑战而作。

本书所采取的策略是：选择近代欧洲史上的两大历史过程——资本主义的发展与民族国家的形成，来与中国的经济、政治变化进行比较，然后用关于集体行动的研究（中西集体行动貌似相同，实则有异），来深化上述比较。关于经济变化，我在本书上篇中指出：在近代早期的欧洲和明清时期的中国，经济变化的动力颇为相似，直到19世纪，它们才变得截然不同。关于国家形成，我在本书中篇中，把欧洲武力威胁到中国统一之前和之后，中国及欧洲政治变化的历史环境加以对比。而后，在本书下篇中，我探讨食物骚乱、抗税运动、叛乱和革命的内在逻辑与环境。我希望本书的讨论，能对中国与欧洲历史变化的诸种动力，提出一种新的观点。同时我也想借此表明，比较史学如何能够有助于修正社会理论。

19世纪的社会理论，在许多方面已不再可信。在我们修正社会理论时，如何解释历史与文化，对于许多学者来说，是一个长期的挑战。这一挑战还将一直延续至21世纪。本书希望为那些对各种重大可能性进行认真思考的学者，提供一些参考。我认为：不应因为反对欧洲中心论，就断言以欧洲为标准来进行比较不对；相反，我们应当扩大这种比较。为了进行更多层面的比较，我们特别应当以中国为标准来评价欧洲。这种策略使我们可以在必要时修改旧有见解而后用之，而不是将这些见解视为敝屣而抛弃之。欧洲中心论的世界观固然失之偏颇，但从其他的中心论出发来进行比较，情况亦然。如果我们在普通问题的研究上培养起多元化的观点，那么就能对历史上的诸多可能性的问题，提出新的见解。

上 篇
经济变化

前言：比较经济史与发展问题

　　经济学，作为一个学科来说，其出现与资本主义的发展相伴，并且成为用来解释市场、企业与单个经济行动运作的分析工具。经济学最初与政治学密切联系，所以亚当·斯密和卡尔·马克思所从事的都是政治经济学的研究。但是自19世纪后期起，经济学的主题变得越来越狭隘；而到最近30年中，更是日益变成一些用正规数学语言表述的专题。对于一些经济学家来说，经济学近来已达到了危机点；其远离尘世实际行为的弊端，不能再容忍。但是目前常见的研究模式，依然是提出一个有待证实的理论命题，然后再寻找合适的数据。当所得到的数据不符合一种理论的参数时，研究者就舍之而去找另一组符合这些参数的数据。这就是经济学家与在实验室中工作的实验科学家二者的相同之处，因为他们为了控制已选定的现象，都和自然的真实情况保持一定距离。不论经济学家在解释实际现象方面的局限性如何，经济学这一学科的主要功力与成就，都在关于当代资本主义经济的研究上。在经济史研究中，经济学最奏效的是对于制度环境（institutional settings）的研究，因为在这种研究中，经济学的各种假设是明显可用的。但是，在时空方面离当代西方越远，经济学的假设与社会状况之间的相符性就越勉强。本书对经济史的分析认为：按照标准的供求原则对明清时期中国的市场与物价进行考察，可能会使一些人觉得是一种不寻常的做法。我将论证：诸如由供求关系决定的贸易流动、因供求状况变动而引起的价格运动、劳动的地区专业化（例如棉农售棉买粮之类）等经济学原则，都非常符合我们所知的明清时期的中国经济状况。为了说明这些现象的意义，我进而论证：中国农民的经济行为，在主要方面，与欧洲农民相类。在19世纪之前，欧亚各地的农民，皆以保障生存和增加收入为目标。在一个资源有限、机会不多的世界中，很少农民会梦想发财致富，但所有农民都会希望增加安全感。这种"理性"的目标，显然未涉及欧亚各地在物质世界或精神世界中的其他联系。不仅如此，这些基本的经济学原则总是运作于某种经济之中，而对于这些经济本身，学者们的看法可能也会大相径庭。如果要为比较研究确立一个合理的基础，我们就不应认为：与欧洲相同的资产阶级意识形态，也在中国土地上开花结果。一种较鲜为人用的比较准则认为：尽管中国和欧洲经济变化的轨迹到了后来分道扬镳，不复相同，但是仍然应当容许人们将这两种轨迹进行比较。即使人们的同样努力未得到类似成功，他们在物质的手段与结果的计算方面，仍可以是"理性"的，因为差异可以出于多种原因（例如在不同社会中，人们用来组织资本与劳动的方法不同，技术有异，运输条件有别，自然资源的分布亦不均衡，等等）。

但是，即使欧亚各地经济变化的轨迹并未遵循一条单一的发展之路，在经济生产的顺利扩张方面它们仍有若干共同的特征。专业化、高投资与技术变化，都导致人均产量的增加。当人们清楚地认识到这些促进经济发展的因素后，他们认真地编制创造近代经济的发展战略，以期获得欧洲人已达到的成就。而许多欧洲人达到这些成就时，往往未经过自觉的决策过程。欧洲和美国的经济发展，多半由私有部门的变化组成。政府起了支持作用，但积极性与驱动力都存在于企业家之中。而在当代的亚洲、非洲与拉丁美洲，人们创建近代经济的努力，却都包含着政府对发展道路的考虑。这是因为在今天,创造经济变化的可能性更多,远不限于18、19世纪经济所遵循的那些规律。但是,非洲、拉丁美洲和南亚,在创造经济进步时遇到了长期的困难。这种情况表明:经济可能性范围的扩大,并未使物质的进步更加接近千百万人民的生活。在创造普遍有效的发展策略方面,尚未证明经济学是特别成功的。这里,我们似乎远离了经济史上的解释变化的问题。事实上,以上所说的情况,在经济史中尤其明显。这是因为经济史学家一般主要研究欧美史,而发展经济学家则专力于第三世界现状。一批学者能够运用他们知道是有效的那些原则,而另一批学者则在寻求如何使这些原则得以运作的办法。这就是在通常情况下,隔在经济史学家和发展经济学家之间的经验主义鸿沟。在使人们跨越这道鸿沟方面,中国的经历具有特别的价值:它能够同时适合经济史学家和发展经济学家的说教。

  本篇包括头三章。第一章指出了19世纪以前中国与欧洲在经济上的主要相似点。第二章集中讨论农村手工业的作用。第三章则从经济史转到经济发展。我希图论证,经济学的原则,尽管已证明不足以解释欧亚经济史与经济发展的多种道路,但却完全能够把不同国家的经验理出头绪。

第一章 明清及近代中国的经济变化：同欧洲的比较

一 中国历史上的经济变化诸问题

过去30年中，国际学坛(主要是中国与日本学坛)在中国经济史研究方面，取得了巨大的成就。学者们逐渐看到在大约10世纪开始的许多变化。由于新作物的出现和技术的进步，农业中的土地生产率与劳动生产率都有提高；随着贸易发展、市镇成长和农产品流入市镇的增加，经济作物种植扩大了。交通的改善、商人组织的形成以及政府对市场交易的控制的放松，都促进了上述变化。另一方面，对于当代的中国经济，也存在着普遍的共识：尽管工业成长，中国仍然还是一个贫穷的发展中国家，大多数人民仍然以农业为主。中国力求改变现状的努力，也面临着诸多挑战。但是，在上述两种共识所涉及的有关时间起点与终点之间，大约还有1 000年的历史。对于这段时期内中国经济的变化，我们还缺少一种令人信服的解释。

历史学家们之所以未能解释明清时期中国经济到底发生了何种变化，主要原因在于：他们仍然是以所谓的欧洲经济发展道路为标准，来质疑中国何以未发生类似的现象。他们研究明清时期中国的经济运作，通常以两种基本方法入手。第一种方法是找出一个中西差别,并将其称为"产生差异的关键因素"(例如西嶋定生对棉业的重要研究,指出了在中国,棉花生产是如何与农村工业相联系的)。另一种方法则注重研究某些较小的中西相似之处,并认为这种相似性有可能使中国走欧洲道路(然而并未如此)。不论是在对农业的商业化、雇佣劳动的使用、手工业生产的扩张的研究中,还是在对城市工厂形成的研究中,许多学者都把中国之未能顺利近代化归咎于下列三大罪魁祸首中之一(刘永成1982;李文治、魏金玉与经君健1983;许涤新与吴承明1985;张国辉1986)。这三大罪魁包括:第一,中国的国家政权。它为了维护自己的权力而阻碍了进步。第二,帝国主义。它迫使中国的经济变化屈从于外国利益。第三,中国的"封建"势力。它为保护其社会地位而反对进步。许多研究都以一种机械马克思主义史观为理论构架,但在非马克思主义的学界,一种类似的史观也颇为盛行,即以欧洲经验为正确模式,来寻求中国究竟错在何处。伊懋可(Mark Elvin)1973年的重要著作《中国过去的模式》,探寻中国何以在达到"中古经济革命"之后,未能出现欧洲式的科学变化与组织变化。黄宗智的新著《长江三角洲小农家庭与乡村发展(1350—1988)》,则重在探讨中国经验与欧洲模式的不同(黄把亚当·斯密与马克思的理论当做欧洲的理想模式)。这种关于中国经济史"缺少什么"的探索,也不仅限于中国研究方面的专家。约翰·霍尔(John A. Hall)从欧洲经济发展的角度,对世界历史作了范围广阔的评述。在其著作中,他也谈到了中国"对市场的制度性障碍"。同时,E.琼斯(E. L. Jones)在其第二部饶有兴味的比较经济史中,指出若以欧洲的政府政策为标准来看,中国的政府是"很不尽责的",从而阻碍了发展(霍尔1985:56;琼斯1988:141)。

上述各种对中国经济变化的看法有一个共同点,即中国的经济在宋代有一次重大变革;此一变化提供了其持续发展的可能性。不仅是马克思主义学派在寻找阻碍向资本主义自然发展的罪魁。E.琼斯虽绝非马克思主义者,也有类似的观点,认为经济一旦上了轨道,就会持续自我再生产。除非是某些没有道理的干预使之越出轨道,否则经济成长仍是自然而然的现象。对于中国,他认为政府是一种负面力量,既未为经济的持续成长提供必要的构架,又阻碍了原有的积极发展。他代表了一种自相矛盾的观点:一方面认为国家太过软弱,以致不能积极有为;另一方面则又认为国家十分强大,足以对进步起否决作用。

  大多数学者都在探索寻找某种阻碍中国经济发展的实实在在的障碍。少数学者则想找出中国所缺少的关键因素到底何在。在这类研究中,最有名的是马克斯·韦伯(Max Weber)把基督教新教精神与世界其他地区宗教信仰所作的对比。但是,新教促进资本主义发展的论点,在好几方面是有限制的。首先,天主教地区也有经济变化。而在欧洲之外,对于宗教与经济变化的关系争议更大。关于中国,余英时近来证明,十六、十七世纪儒家的新思潮,与当时随商业迅猛发展而兴起的独特的商人观念,是相并出现的(余英时 1987)。关于 18 世纪的日本,名下的研究显示,一批大阪商人,从儒家世界观中,也为自己赢得了受尊敬的地位(名下 1987)。由于两方面的理由,我们很难对以下见解避而不谈,而这些见解已证明是对社会变化至为重要的。第一,中国与欧洲的情况都指出:相似(或至少是部分相似)的思想变化,可以发生在不同的社会中,并且也不一定以相同的经济变化为动力。第二,欧洲天主教与新教地区的经济发展都指出:无论是有宗教变革的地区,还是没有宗教变革的地区,都能经历相同的经济变化。思想信仰与经济变化之间的关联,实在非常复杂。我们不能把这种关联简单化,从而对宗教信仰会对经济行为有何影响的问题,持一种简单的看法。

  要借助中国经济史上并未发生之事来解释已经发生之事,会有一些困难。一方面,有一些中国的实际情况,并不符合欧洲范畴。而上述做法使得对这些中国实际情况的评价大成问题。这一点,我在本书中篇还要进一步讨论,因为欧亚各地在国家形成与政治经济方面的差异,似乎部分地是被坚持采用欧洲标准的做法蒙蔽了。另一方面,上述做法使得解释变得太容易。欧洲资本主义的形成是许多变化的结合,具有众多的历史特定因素。找出差别并不很费力,但如果缺少一些主要的分析标准,就很难评价这些差别有多重要。我们可以把能用普通逻辑进行解释的那些相似之处作为底线,然后去找这样的分析标准。一旦有了这种标准,我们就能在可以找到重要的早期差别的地方,也找到基本的共同性。然后,可以导入其他的差别,以探讨欧亚不同地区所走的独特道路。然而,如不首先辨认找出一组共同之处,就无从确定什么差异最值得注意。下面,我就从亚当·斯密开始,讨论上述相似之处。

二　近代早期欧洲经济成长的动力

在亚当·斯密的《国富论》中,经济发展的动力是劳动分工及专业化所带来的较高生产率。人们生产其最适宜生产的产品,然后与他人交换,从而在市场上获得较丰的利润。劳动分工仅受市场大小所限。市场扩大,给经济成长提供的机会也随之增加。分散化的价格体系拓宽了市场范围,并且也扩大了从劳动分工获得的优势(布劳格[Blaug]1985:61)。这些经济扩张的动力,都受制于人口的节奏以及难以预见的收成波动。

与1348—1350年间黑死病有关的人口损失,大大减少了从黑海到地中海,然后再到北欧的整个欧洲的人口。城镇受祸最烈,引起了许多经济后果。首先,近代手工业被摧毁了,城市间的贸易也衰落了。其次,城市对农业产品的需求下降,在许多地方出现了弃农就牧的转变。西欧的人口与经济在黑死病之后逐渐恢复,到16世纪时,在人口总数与农业总产量方面都达到较以往更高的水平。

在十五、十六世纪,为了支持远程贸易,一种新的金融经济出现了。银行与交易机构的完善化,使越来越复杂的交换方式成为可能,而这些交换方式又都承认劳动分工与生产专业化。然而,这些发展都以脆弱的农业经济为基础。收成情况决定了每年度的食物价格波动,后者又严重影响到制造业中的劳动成本。每当连续的歉收提高了手工业与制造业的工资,非农业的生产通常就会下降,结果是歉收引发工业与农业的循环衰落。欧内斯特·拉布鲁斯(Ernest Labrousse)对这种循环作了详尽的分析。这项著名的研究指出,19世纪以前的经济具有由长时间的成长阶段和衰落阶段构成的周期性。

欧洲经济的逐渐恢复与而后的成长,表现为持久的波动。这种波动包括:欧洲大陆最活跃的经济中心,发生了意义重大的转移。随着新的市场网络的发展以及纺织品生产和其他手工产品生产的变化,旧有的地中海地区经济中心,逐渐为北欧经济中心(特别是荷兰与英国的经济中心)所取代。因此,如果仅把注意力放在成长最快的地区的话,欧洲的经济成长特别显著。但是如果我们着眼于一个更大的欧洲,并且承认各个地区经济是此兴彼衰的话,那么我们也就更容易看到近代早期欧洲经济成长所面临的更大极限。

17世纪欧洲最严重的危机之一是人口的剧增。其影响所及,包括经济、社会和政治各领域。人口因素有助于解释当时人民所面临的困难,如30年战争及法国的佛隆第(Frounde)之乱,均与人口的增加有关。此外,人口的增加亦受经济能力所限。这一点可从法国的人口趋势看出。法国人口在1560、1630、1720及1730年代均曾达到其上限,约为2 000万左右(勒·罗伊·拉杜里[Le Roy Ladurie]1976:269～270)。马尔萨斯主义者对人口危机的恐惧,在对17世纪的分析中获得了支持。但是在18世纪,当令的是另一位著名古典经济学家——亚当·斯密,其思想看来更加合适。

斯密从增加贸易的角度来分析经济,而贸易又以劳动分工和绝对优势为基础。在18世纪,欧洲许多地区的工农业生产,日益卷入商业。英国在18世纪摆脱了大饥荒的威胁;在同时期的法国,生存危机也不再像以往那样严重。斯密所分析的欧洲,处境肯定比过去任何时候都更好,但尚未开始其19世纪的城市工厂工业化,而正是这种工业化,导致了社会与经济的根本变革。斯密《国富论》时代的经济,基本上仍是农业经济,所以无怪乎斯密强调农业投资,假定经济成长有限度,并认为实际工资最终会下降到维持生存的水平。马尔萨斯与斯密生活在同一个经济发展的可能性很有限的世界。斯密的世界并不是19世纪的欧洲。在主要方面,18世纪的欧洲与同时期的中国之间的共同之处,超过18世纪的欧洲与十九、二十世纪的欧洲之间的共同之处。

三 斯密型动力在中国

我们可以看到:在16—19世纪,中国许多地区都存在斯密型动力(即亚当·斯密所指出的经济成长动力——译者)。即使我们还没有清楚地看出斯密的原则,并以此来解释当时中国经济变化的许多方面,但是经济作物种植的扩大以及手工业与贸易的发展的主要特点,在中国与日本史坛早已众所周知。最著名的是长江下游地区丝、棉业的发展。这两项主要手工业,连同水稻以及其他经济作物,创造了中国最富足的区域经济。长江中上游省份如安徽、江西、湖北、湖南和四川(其中特别是湖南)所产的稻米,大量沿长江而下,以养活长江下游地区人口。市场的扩展,把越来越多的地方联系起来。上述省份中的若干地区,也出现了棉花、靛青、烟草等经济作物种植业与相应的手工业,以及陶瓷、纸张等手工业(许涤新与吴承明1985:82~95,143~155,272~276)。今日的长江及其支流和与长江相连接的运河,承担了中国大约80%的水运运量。长江流域集中了中国1/3的人口,农业产量则占全国的40%上下(范·斯莱克[Van Slyke]1988:16)。

市场扩展在长江沿岸最为明显,但并不限于这一广大地区。在华南一些地区,经济作物种植与手工业也在扩大。广东的珠江三角洲产甘蔗、水果、蚕丝、棉花、桐油、麻油等,佛山铁业则是主要工业的代表(唐森与李龙潜1985;罗一星1985)。在东南沿海,16世纪的对外贸易刺激了茶叶与蔗糖的生产(罗友枝[Evelyn Rawski]1972)。中国北方的市场扩展不如南方那样明显,很大原因是水运局限。但即使是在北方,经济作物种植也在扩大,手工业和贸易也在发展。大运河沿岸城市如临清,成为主要商业中心,商人云集于此,贩卖布匹、粮食、陶器、纸张、皮革、茶叶、食盐等(许檀1986)。天津地区成了鱼盐贸易中心;在山东省,市场的发展更为普遍,而且棉花与烟草的种植尤为引人注目(郭蕴静1989;李华1986)。

随着商业化把相距遥远的生产者与消费者的经济活动联为一体,我们可以看到生产力提高的征兆。有的学者认为:市场刺激对华中与华东南地区农作方法的改进、灌溉的扩大和土地生产率的提高,至为关键(罗友枝1972)。关于长江下游以及中国其他地区土地生产率的资料很分散。对这些资料的研究表明,自10世纪以后,亩产量一直在提高。有一些迹象显示出长江下游的土地生产率很高,并已名列全国榜首,但到18世纪出现下降(在一些孤立的例子中,更被他地超过)。一般而言,土地生产率增加,是由于多施肥料、培育更加适合各地土质的抗灾作物品种以及采用更有效的耕作技术而致(李伯重1984a;闵宗殿1984;黄冕堂1990)。

虽然从绝对优势与专业化获得的好处不断增加,但十八、十九世纪中国所增加的人口中,有一部分却转向较为贫瘠的土地和收入微薄的职业。这个时期山地的开发,常常是杂粮作物种植与经济作物种植及手工业并行。陕西省南部的例子,很有启发性。在明代后期,这一地区曾经成为战场。清代建立以后,移民重新开发这一地区,不久人口就超过了明代水平。新的粮食作物——玉米与马铃薯,补充了粟、麦之不足,养活了包括从事木材贸易、造纸和制铁的人员在内的本地人口(方行1979;谭作纲1986;萧正洪1988;陈良学与邹荣楚1988)。在这一颇为偏远而且绝非肥沃的土地上,仍然出现了发展。而市场交换,是农民所获成功的基础。但是,由于这个地区的基本资源潜力劣于长江三角洲等生态优良的地区,所以劳动生产率与生活水准也不可能赶上情况较佳地区。同样的逻辑也大致适用于清代开发的其他许多山丘地区(傅衣凌1982;张建民1987)。因此,在明清时期的中国,即使在斯密型动力创造了经济变化的同时,不断增加的人口迁往生产条件较差的地方,从而减弱了斯密型的经济成长所带来的积极影响。①

在16与18世纪之间,中国的不同地区都经历了经济扩展的周期。16世纪的经济扩展,以在长江下游、东南沿海和华南地区为最。新的商人组织创造了扩大交换的方法,不仅把中国的主要城市彼此联结,而且把主要城市同市镇网络以及各市镇周遭农村也都联结为一体。明代末年的暴乱和满人入侵引起了经济的衰落。而后,到了18世纪,抛荒的土地还耕了,新一波的商业扩展席卷了中国更多的地区。长江中上游地区的经济成长帮助了长江下游地区的经济成长。华北与东北的若干地区生产也增长了。斯密型的经济扩展到处可见。

19世纪的经济发展如何呢?大多数中外学者对1850—1950年间的中国经济,虽有完全不同的解释,但都认为洋人起到了关键的作用。中国的马克思主义者认为:帝国主义扭曲了中国的发展道路,并且堵塞了中国走欧洲道路的可能性(严中平1989)。受过西方教育的学者则认为:洋人为中国的经济近代化,开创了机会并提供了技能与技术(侯继明1965;登伯格[Dernberger]1975)。我觉得,这两种观点都没有弄清楚的一点是:在贸易机会方面(这种贸易机会的原理与前几个世纪中贸易机会的原理并无不同),中国大多数人民到底在多大程度上感受到了外国的影响?我认为:新的商业机会扩大了斯密型动力运作的空间,但并未

---

① 当然,这并不意味着所有的移民都是朝向不太肥沃的地区。四川的再垦殖和满洲的开发,就是移民到肥沃地区的明显例子。

从根本上改变斯密型动力。

国外市场对中国各地的影响,以靠近交通中心和交通干线的地区最著。这些地区包括通商口岸、洋人享有治外法权的城市以及在水运条件不佳地区所建铁路的沿线。铁路特别刺激了中国北部铁路沿线地区的商业化。这些地区因而开始种植烟草、花生、芝麻和大豆。国外需求也促进了长江流域诸省和华南地区的桐油生产(刘克祥 1988)。但是,对于 19 世纪后期和 20 世纪前期中国经济变化的评价,一些美国学者新近却提出了与斯密型动力相左的看法。

四 对斯密型动力的两种截然相反的看法

罗伦·布兰德(Loren Brandt)在其新近出版的书中,以 1890 年至 1930 年间长江中下游沿岸诸省(即华东与华中地区)农业商品化的增进为基础,对人均收入的增长与劳动生产率的提高,提出了一些引人注意的估计,并且认为这主要是中国市场与世界市场整合的结果。他通过各种间接估计,得出以下结论:在 19 世纪 90 年代与 20 世纪 30 年代之间,华东与华中地区的人均收入增加了 44%,农业劳动生产率则提高了 40%(布兰德 1989:133)。然而,即使我们接受他所作的这些估计,仍然必须承认:增长的基本动力属于斯密型动力。布兰德故事的主角是市场,故事情节则揭示了专业化与市场整合所能带给人们的一切。由于其故事中的人们生活在中国最富裕的地区,因此我们可以预料到的是:如果市场在中国各地都会带来成功的话,那么在布兰德所研究的地区,市场的运作一定最佳。国际贸易无疑为中国产品开创了新的市场需求,但是由市场驱动的发展逻辑,仍属斯密型动力的变种。这种发展逻辑在中国早已存在,并非由欧洲人带来。而且,无论这种逻辑以国际贸易的形式表现得如何强有力,其推动力也并不是没有限度的。

如果布兰德所作分析正确的话,那么由国际贸易所代表的斯密型动力,就比过去研究所指出的更为重要。但是我们有充分的理由怀疑布兰德的结论。他的结论有若干部分依赖于未经证实的假设,而且这些假设又互为依据。这种循环论证的假设之一例,见于其对农村非农业人口的增长所作的估计。布氏首先根据施坚雅(G. William Skinner)对1893年人口的估计和1953年的人口普查数,提出在19世纪90年代与20世纪30年代之间,华东与华中的城市人口增加了1 000万~2 000万(布兰德1989:72~73)。既未提出任何资料,也未作进一步论证,布氏接着又指出农村中的非农业人口以同样的比例增加。这个人口变化,对他后来估计农村非农业人口所需要,而又经过交换的农业剩余产品的数量,至为重要。他相应地假设,在1890年至1930年之间,经济作物的贸易量增加了1/3~1/2。但他依然没有清楚地说明此假设为何最为可能,而只是着眼于此假设与其所作的以下另一假设相一致——非农业人口对经济作物的需求以一个确定的比率增加,从而符合他假设的非农业人口的增长情况。接着,他又得出了其对商品化水平的估计,这个估计自然与上述所有假设相符。然而,这些估计只有在其赖以设立的各种假设成立的前提下才能成立。除非有关假设得到更充分的实证研究的支持,否则布氏的上述所有论证,充其量也只能说是很薄弱的。譬如,如果我们假设华东与华中农村中的非农业人口在1890年已很多,而且在而后的40年中增长得并没有城市人口那么快,那么人均商品化增长的估数就会变小。要是我们相信1890年时经济作物的贸易量可能比布兰德所推测的数字高,而且1930年的贸易增长率也不可能升到16%以上,那么我们又可以把布兰德引人注目的高数字大大压低。

说实在的,并没有多少理由令人相信农村中的非农业人口会像布兰德假设的那样迅速增加。特别是如果你像布氏那样,相信劳动市场会顺利地运作并根据劳动的边际生产率来配置劳动资源的话,那么你就没有理由相信农村中的非农业人口会迅速增加。在布氏所述的情况下,我们可以预料:由于近代工厂的技术条件较之传统手工业企业更佳,劳动组织更为严格和有效,因此流动劳动从手工业转向工厂工业,将会提高工人的生产率和工资。当人们转到报酬较高的工厂工作时,农村中的非农业人口将会保持不变或缩小。这比布氏所说的农村非农业人口增长,更属可能。反之,如果劳动市场并未如布兰德假设的那样顺利运作,农村中非农业部门的工资将会更低,从而对粮食和其他货品的需求也将会比布氏所推测的为低。

布兰德的数字可信与否,还可从一个不同的角度来检测。如果我们同意他所说的农业年增长率为 1.2%～1.5%,并把此增长率应用于 1895 年至 1935 年间的 40 年,那么我们是否能够解释其所默认的结果的规模呢？这样的成长率意味着 1935 年的农业总产量,比 1895 年增加了 60%～80%。然而,在某些地方,1.2%～1.5%的年增长率,至少对几年而言还是可以讲得通的。但是在 40 年中以此速率连续增长,情况就非同小可了。谁要为布兰德的农业成长与劳动生产率的数字辩护,就必须找到确切的证据,说明导致生产发展的原因何在。但是布氏在其书中,并未提供很多资料(如农业部门中的技术改良或大量资本投入等),以证明经济规模的扩大。商品化的发展和贸易条件的改善,无疑提高了 1895—1935 年间的农业产量,但是这两个原因是否能够充分说明布氏所作的那些估数,却完全取决于他在计算中所作的各种假设。

布兰德对斯密型动力的功效所作的热情讴歌,我看似乎太过分了。而与此同时,黄宗智却拒绝以斯密理论作为研究中国经济变化的一个向导。黄氏相信：斯密研究了英国资本主义的发展,而中国并无此现象。随后,他又以此作为其论证的前提。如果斯密心目中的近代经济确实是以商业发展为先导,而商业发展又是通向资本主义的话,那么当然可以推断说在中国肯定有另外一种不能产生资本主义的商业。以此为基础,黄氏力求把华北及长江下游的情况从欧洲经济变化的范畴中分离出来。

黄氏旨在勾画华北与长江三角洲的历史独特性,这自然应予赞扬。可惜的是他未能抓住良机,把他关于中国劳动生产率的证据与论述,放到发展经济学的比较研究的框架之中。根据发展经济学,劳动过剩的现象会导致就业不足或隐性失业。早在 1954 年,W.阿瑟·路易斯(W. Arthur Lewis)就在其《劳动无限供给下的经济发展》这一具有开创意义的文章中指出:假定有一种由资本主义性生产部门和糊口性生产部门所组成的经济,那么在此经济中,资本主义性生产部门的成长,会以不变的工资,把劳力从糊口性生产部门中吸走,原因是劳力供过于求。路易斯在这篇文章中,刻意以古典经济学的传统,来补充新古典经济学派对较为发达地区的经济所作的分析。以此文为开端,发展经济学家创建了"二元经济"学说的主干。虽然黄宗智声称反对"二元经济论"(黄宗智 1990:115~116),但是他对城乡这两个部分所作的区分,与在某些受路易斯启迪的发展经济学论著中出现的区分,并无二致。而他对市场工资与家庭劳动所作的特别区分,更显示了一种二元经济。因此黄氏的论述与发现,可以归入发展经济学关于过剩劳动的一个根本性争论。在这场争论中,一方是西奥多·舒尔茨(Theodore Schultz),他反对隐性失业之说。另一方是 W.阿瑟·路易斯。黄氏书中引用了舒尔茨的话,并反对舒氏关于农业市场的观点。至于路易斯,黄氏未援引其文,但至少就某些地区而言是含蓄赞同其观点的。

黄氏声称:自 14 世纪 50 年代至 20 世纪 50 年代,长江三角洲农村经济一直停留在一种糊口(或维持生存)的水平。但是"糊口"的含义,并不完全清楚。因为在 14 世纪 50 年代很少有人穿棉布,而至 19 世纪 50 年代绝大部分人(基本上是所有人)都穿上了棉布,所以棉布消费的这一变化,表现了生活水准的提高。有关明清人士对普通百姓生活日益奢侈而深感忧虑的史料,在中日两国明清史研究中比比皆是。如果在黄氏所研究的六个世纪中,一直是"糊口农业"(或"维持生存的农业")占支配地位的话,上述情况怎么可能出现呢?除非是人民减少对其他一些物品的消费或者改用劣质品,否则,当棉布消费增加时,整个生活水准实际上也提高了。此外,"糊口"的含义,也会随时间的推移而发生变化。黄氏未能对一种"糊口"性的经济明确下定义,同时也未能对生活水准作精确计算。他所作的讨论,主要是生产方式或经济制度。这一差别很重要,因为讨论的中心问题现在变成了:此种生产方式或经济制度,在黄氏所论的长时期中,是如何维持下来或被改变了的?

在中国,没有出现那种将经济推向近代成长进程的突破性经济变化。对于这一点,在中国经济史研究中并无争论。对一些学者来说,这个问题就是中国为何未发展起资本主义的问题;而对另一些学者而言,问题则在于解释中国经济所特有的动力是什么。黄宗智明确说他所研究的重点在后者。但是,哪些特点他认为值得讨论,哪些问题他觉得无关紧要,却又取决于前者。黄氏关于糊口性经济的观点,与柏金斯(Dwight Perkins)关于14世纪至20世纪中期中国人均产量保持不变的看法(柏金斯1969),大体一致。柏氏假设在以往的六个世纪中,中国人均粮食消费量大致相同;他同时又对亩产量的增加、耕地的扩大和人口总数的变化,作了估计,以此来证实其关于人均粮食消费不变的假设。粗看之下,柏金斯关于人口与资源保持普通平衡的看法,与黄宗智的观点颇为相符。但是,与黄氏不同的是,柏氏更直接地谈到了导致人口与资源持续平衡的不同要素,如作物品种、种植制度、耕农作物、农作工具、水利设施、肥料以及粮食贸易等。因此,柏氏能够对中国的农业经济如何养活不断增加的人口的问题,以一种黄氏未涉及的方式作出解释。

黄宗智对农村发展的论证,中心在于人口与自然之间的长期关系。大体而言,黄氏所勾画出的景象是:人口增加,农业总产量缓慢增加,因此经济很容易受到"过密化"(involution,又译为"内卷化"——译者)的威胁。由于黄氏在分析中主要着眼于人均产量无变化,所以对于引起变化的主要动因是人口还是经济,他没有多少兴趣去直接追寻。在黄氏的分析中,由于长期以来人均产量未有明显变化,因此他并没有直接讨论引起"过密化"的动因究竟是人口还是经济。何炳棣在其关于中国人口的重要研究中,虽然没有对人均粮食消费量作出类似柏金斯那样的正式假设或者黄宗智那样的非正式假设,但也提出了人口与资源的问题。何氏认为:19世纪的天灾人祸,乃是马尔萨斯主义的人口控制,使得中国人口在19世纪后期达到一种合理的水准。他指出:中国达到人口与资源的平衡,是通过对人口增长的控制,而非资源基础的扩大吸引了新增人口。虽然何氏对这些问题的分析,是惟一明确采用马尔萨斯主义的主要著作,但是其他人的一些重要著作,也符合欧洲古典经济学家创造的构架。例如,伊懋可1973年出版的《中国过去的模式》,对于宋代经济与社会的变革,以及明清时期有效的市场机制的继续扩大,提出了一个明确的总结。但是,为什么这些变化不是继续发展,而是在一种"高水平平衡陷阱"(high-level equilibrium trap)中停滞不前?伊氏为此甚伤脑筋。如果我们承认伊氏对帝国晚期中国的评价符合斯密主义的构架的话,那么这个问题的神秘性也就会大大减少。

在伊懋可、何炳棣、黄宗智和柏金斯所研究的这许多世纪中,中国各地的生活水准一直有着颇大的变化。这些变化形成了起落循环,但是人口与资源可能保持着大致的平衡。我们所确知的是:没有发生任何突破,使得人均增长可以保持。但在西欧的少数地区(主要是在英国),却真正出现了这种突破。中国没有经历这种突破并不令人惊诧,更重要的似乎是解释长江下游地区是如何取得可观的经济成就的。无论如何,在1350—1750年间的欧亚两洲,长江下游肯定是经济上最为活跃的地区之一。黄宗智的研究,较多讨论的是长江三角洲怎么未经历根本性的经济突破;而对这一地区如何取得经济成就,则谈得较少。伊懋可、何炳棣和柏金斯以及相当多的日本学者,他们所作的研究,则更有助于解释"事实上到底发生了什么"。我们所面临的挑战,仍然是对经济变化的主要动因提出合理的解释。我认为,特别要从商业的角度去看问题,因为根据中、日史坛对商业与交易的研究(这未显现在黄宗智的书里),似乎有清楚的迹象表明:出乎亚当·斯密以及自他以来的学者之所料,斯密的市场交换的逻辑,在中国运作得颇为成功。在此基础上,我们又有证据说明:在城市工厂工业化之前,中国与欧洲有着类似的经济成长的动力。应当强调:城市工厂工业化是一个迟于斯密著作的历史现象,因此斯密不可能在其关于经济成长的论证中,考虑到城市工厂工业化。黄宗智反对以斯密的理论解释中国经济现象,他似乎是袭用常见的那种将斯密视为新兴的资本主义的预言家的观点。但事实上斯密写作的时代,距工业化在欧洲立足之时尚很久。① 我们要问:亚当·斯密时代欧洲的人口-资源关系是怎样的呢?又,黄宗智关于中国年劳动生产率水平大致不变的说法,在一个包括斯密时代的欧洲在内的世界里,是怎样不可思议呢?

同样的观点也可适用于欧洲正在发展中的资本主义的中心地区。甚至在近代早期的英国,在其几个世纪的经济成长中,长期的实际工资并未变化。直到19世纪的城市工厂工业化出现,实际工资和人口资源比例才发生了引人注目的变化(勒旺[Levine]1987)。尽管在短时期内,人口随着生育与死亡而波动,但在长时期内,19世纪以前的人口基本是与经济情况相适应的。可以预料:在中国,人口的明显变化,也会改变工资、地租和地价之间的关系,并影响农民按照劳动需要而选择种植何种作物。然而,黄宗智只是声称:在近六个世纪的江南,家庭耕作优于雇佣劳动和出租土地。他也未将人口变化作为解释太平天国运动之后农民的生产抉择的一个重要因素(黄宗智1990:120~122)。但事实是:江苏人口在1852年为4 449.4万人,而1898年仅为2 239万人;浙江人口在1852年和1898年分别为3 017.6万人和1 190万人。令人不解的是,黄氏忽视了太平天国时期江南人口的这一大幅减少。他不仅不谈这个变化如何影响到生产组织,而且反而求助于属于20世纪的人口增加来证实其论点。他对太平天国以后的面向出口的蚕桑业进行分析时,很少了

---

① 雷格莱(E.A.Wrigley)近来指出:斯密根本没有预见到工业化,而希拉姆·卡顿(Hiram Caton)则把斯密的思想称为"前工业化经济学"(preindustrial economics)(雷格莱1989;卡顿1985)。

解以下事实：蚕桑业的变化，是发生在人口压力肯定处于低点之时。由于长江三角洲20世纪60年代的人口密度并不比18世纪60年代高很多，所以黄氏所求助的人口压力，充其量也只能说是不确定的。早在20多年前，何炳棣所作的人口研究就已表明：在1850年至1959年之间的100多年中，江苏的人口仅增加了7.5%，而且这个增加还包括了上海作为一个重要城市而形成这一因素在内（黄宗智研究中未考虑到此因素）。和江苏南部共同形成长江三角洲的浙江，在上述时间内人口下降了19%（何炳棣1959：246。施坚雅近来对长江下游地区的估计认为，此地区1843年人口为6 700万，1893年降至4 500万，而至1953年也才回升至6 100万，见施坚雅1977：213）。即使前述诸数字都有相当误差，在关于人口变化的新证据尚未出现之时，我们仍然很难相信黄宗智对此地区人口压力加剧所作的一般论述是正确的。

当然，在人口增长与商品化之间，仍然可能有一种重要的关系。很明显，中国的商业化，能够使不断增加的人口依靠相对减少的耕地存活。个中道理，与斯密关于绝对优势和专业化的道理颇为相似。市场机会带来了肯定的效益。黄宗智虽未排除市场的好处，但他未对商业扩张的原理加以分析（这可能是因为中国农民在商业扩展的过程中未获得资本主义发展之故）。由于黄氏认为英国经历了斯密与马克思所分析的那种近代发展，所以对黄氏来说，必须设想英国农村的商业扩展是另一种情况。但是，简单回顾一下英国的经历，即可知事情并非那么简单。

在英国，农村工业的发展，为农村居民开创了收入的新来源。在贸易扩展的同时，由于结婚年龄降低和结婚率提高，人口也增加了（勒旺1977与1987）。经济变化与人口行为之间，虽然在不同的情况下呈现出不同的关系组合，但其基本逻辑却是相同的，即增加的人口可以从商业化与农村工业化中受益，但生活水平并未持续提高。自17世纪40年代至19世纪中叶，英国的实际工资有小幅增加，但一旦人口开始较快增长,实际工资亦开始下降。① 1800年以后工资又上升,但此时工资与人口运动已无紧密联系。英国农村的这一情况,与黄宗智所见的中国经济状况——人口持续增加,生活水准无明显提高——实无二致。② 黄氏声称:寻求资本主义利润的农夫与仅仅寻求维持生存的农夫,其生产的动机不相同。但是这个说法,并不很适合于区分英国与长江下游农村居民从事农村工业的动机(黄宗智1991:629)。当然,在黄氏谈到英国的资本主义企业家精神时,他可能也想到还有别的东西。但是,如果这样的话,更有意义的比较,就不应是将这些富有进取心的个人与中国农民进行比较,而应是将这些个人与中国商人以及地主进行比较。像欧洲的商人与地主一样,中国的商人与地主也寻求利润,而非为维持生存而辛勤工作。

正如我在本章中所作的论证,直到20世纪,明清时期的中国经济是依据斯密型动力而扩展的。这就意味着:在几个世纪中,推动欧洲与中国经济变化的基本动力是相同的。以下所要讨论的,一方面是评估这种动力的重要性,即它如何促进经济成长,另一方面则检视它对经济成长的制约:它何以使得持续的人口增加,导致一种马尔萨斯主义的危险。

五 斯密与马尔萨斯:中国与古典经济学

亚当·斯密指出:在马可·波罗作实地调查并写下其著名游记之前,中国可能已取得其最伟大的成就。同时,斯密又强调中国经济成长有其极限:"甚至在他(马可·波罗——译者)以前很久,中国可能已经获得了其法律与制度的性质所允许获得的全部财富"(斯密1937:71)。斯

---

① 见雷格莱(E.A.Wrigley)与斯科菲尔德(Schofield)1981:402~412。这个对于实际工资和人口变动之间关系的最佳解释,依然还是不甚清楚,甚至在对英国的研究中也是如此,尽管对英国的研究相对来说做得最好。
② 在近代早期,实际工资没有长期地上升,但这并不意味着人均产量没有增加。戈尔德斯通(Goldstone)近来的估计是英国的人均产量在上升(戈尔德斯通1991:202)。罗斯基(Thomas Rawski)也发现了战前中国经济增长率与人均消费量之间的差异,但是在黄宗智的分析中,未对此作清楚的区分。

密与李嘉图(Ricardo)、马尔萨斯都相信经济成长受到更广泛的限制。他们认为：经济决定人口成长速率,因此维持生存的费用与工资紧密联系在一起。据斯密估计,高工资增加了儿童生存率;而儿童增加导致的人口增长,又使工资下降(斯密 1937：64～84)。其次,在富裕的国家,增加财富的机会已经竭尽,所以利润水平和利息率在下降(斯密 1937：87～88)。李嘉图的基本分析构架也一样,他预计自然资源会耗尽(布劳格[Blaug]1985：88)。在此同时,马尔萨斯对人口增殖超过其资源基础所能支持的数量的前景深感恐惧。尽管我们习惯上把斯密与近代经济发展之研究相联系,但是他和其他古典经济学家所阐释的,是一个尚未经历 19 世纪的巨大产业变革的世界。正如马克·布劳格(Mark Blaug)所说:"应当记住：当此书(《国富论》——译者)面世时,一座典型的以水利为动力的工厂已拥有 300～400 名工人,但在整个不列颠群岛,这类工厂仅有二三十座。这有助于解释斯密对固定资本的忽略以及他从来未真正放弃农业而非制造业才是英国财富的主要来源的老生常谈"(布劳格 1985：37)。斯密、李嘉图和马尔萨斯,全都生活在一个经济仍然受农业所支配的世界。

　　人们对中国的通常看法是：该国由于人口增长超过资源,因而是在马尔萨斯主义的危机边缘摇来晃去。这种看法受到许多人的支持,但它主要是基于当代的现象去推论历史,即：一般把人口的大量增加视为第三世界近代经济发展的障碍,因而将中国之无法发展现代经济,归咎于其人口过多。然而,中国与欧洲前几个世纪的人口历史,到底是在何种程度上变得彼此不同,这一点尚有待澄清。中、欧比较的关键在于出生率与死亡率。在欧洲,阻止人口增长的因素,主要是出生率的降低,而非死亡率的增高。晚婚和部分妇女终生不婚所形成的预防性制衡(preventive checks),使出生率低于她们的最大生殖能力。与此相反,自马尔萨斯以来,人们都为中国的高出生率担忧,认为只有高死亡率才能平衡之。因此,中国通常被视为高出生率、高死亡率的国度。通过高死亡率的"积极制衡"(positive checks),才达到人口稳定。但是,仔细检视死亡率的证据,我们发现这种看法并不可靠。

从表面上来看,死亡率与可获得的资源之间有联系,是很清楚的。但事实上却很难把二者直接联系起来。除了在危机的年代之外,很少人会饿死。可能有很多人为慢性营养不良所苦,但即使在今日,也很难确定营养不良对死亡的影响有多大(卡尔迈克尔[Carmichael]1985;莱夫-巴西[Live-Bacci]1985;斯克里姆肖[Scrimshaw]1985;泰勒[Taylor]1985)。然而,现代学者仍然继续把食物供给情况与死亡率联系在一起(西蒙[Simon]1985:218)。

通常人们都认为中国人生活水准很低,使得他们的死亡风险很高。但这种见解是很勉强的。亚当·斯密与马尔萨斯在读了关于中国社会的记述后,都为中国的饮食情况叹息,斯密说:

> 中国下层民众之贫困,远甚于欧洲最穷国家中的贫民……他们得到的口粮太少,所以急于打捞任何欧洲船只抛弃的肮脏垃圾。任何腐肉,例如半腐臭的死猫或死狗,他们都欢迎,就像其他国家的人民欢迎最好的食物一样(斯密1937:72)。

马尔萨斯的评论也与此相呼应:

> 如果现有的有关中国的记述可信,那么中国的下层民众都习惯于以最少量的食物为生,而且他们乐于得到欧洲劳工宁愿饿肚子也不吃的那些腐臭的食物下脚料(马尔萨斯1976:53)。

但是,其他的欧洲作者,包括认真作第一手调查的观察者,却有大不相同的看法。例如,有一位苏格兰目击者罗伯特·福钦(Robert Fortune),对中国农业的评价并不很高,但他指出:"仅用几个钱……中国人就能很体面地吃米饭、鱼、蔬菜和喝茶。我坚信中国是世界上存在贫穷和匮乏最少的地方"(福钦1847:121,转引自安德森[Anderson]1988:96)。在其另一部著作中,他谈到了采茶工人的饮食:

这些人的食物极为简单,也就是说,只有米饭、蔬菜和少量肉食(如鱼和猪肉等)。但是中国最贫穷的阶层,比起英国最贫穷的阶层来说,在掌握烹调艺术方面似乎强得多。用上述简单的食物,中国劳工力求做出许多可口的菜肴,因此其早餐与正餐都吃得颇为丰盛。在苏格兰,过去——我想现在也同样——从事收获工作的劳工的早餐是粥和牛奶,午餐是面包和啤酒,晚餐是粥与牛奶。一个中国人靠这些食物就要饿肚子(福钦 1857:42~43,转引自安德森 1988:96)。

19 世纪的中国,通常被我们视为一个危机日深的国家。但是福钦在距今一个世纪之前据其所见对中国所作的论述,可能比起我们想象中的中国要更真实得多。无怪乎一位当代的汉学大家谢和耐(Jacques Gernet)坚信:"雍正朝(1723—1735)和乾隆前期(1736—1765)的中国农民,较之路易十五朝的法国农民,普遍而言,吃得更好,生活更为舒适"。①

简言之,根据现有的营养与生活水准的零星证据,我们没有理由认为中国的生活水准,会低到因资源匮乏而导致高死亡率的地步。某些外国观察者对于中国食物问题的看法,很可能更多地出于文化(如口味与习惯等)的差异,而较少出于营养质量的科学根据。毫无疑问,明清时期的中国易遭饥荒。特别是在 19 世纪,自然因素与人为因素结合起来引起的危机,肯定提高了中国各地的死亡率。例如,自 19 世纪中期起,叛乱殃及长江流域、淮河流域,以及中国西北、西南和南部的许多地方。最严重的天灾发生在华北与西北。在这些地区,1876—1879 年间的连续大旱耗尽了仓储,迫使农民到处寻找食物。有些地方幸而灾不甚烈,但交战的军队又打断了正常的农作日程,并且大量劫掠所余粮食。可以预见,因为营养不良使得更多的人易于患病,同时一些人更直接死于饥荒,

---

① 谢和耐(Jacques Gernet)1972:420~421。该书英译本误作:"总的来说,好得多和幸福得多"。

因此使得死亡率升高了。

中外观察者对这一时期的记述,都很令人心寒。例如,在山东省青州府,据荷兰牧师福尔古森(J. H. Ferguson)估计,在许多村庄,有30%～60%的家庭死于饥荒。同时英国传教士李提摩太(Timothy Richard)报道说:在一些较小的村庄里,死亡率达到90%(波赫尔[Bohr]1972:15)。1878年末,在饥荒过去后,山西巡抚曾国荃上奏说:饥荒影响到该省80%的人口,同时60%～70%的人口感染了伤寒病(波赫尔1972:23)。据波赫尔的估计,在华北与西北,可能有950万左右的人死亡(波赫尔1972:26)。

尽管这些记述如此可怕,但我们仍不能肯定这一类危机使得中国与欧洲相异。近代早期的欧洲也出现过由饥荒、瘟疫和战争引起死亡率剧增的情况。在十四、十五世纪,瘟疫是一主要杀手;战争直接致死者相对较少,但因其打断生产与贸易,所以也能导致生存危机(霍亨伯格[Hohenberg]与里斯[Lees]1985:79～83)。不过,在另一方面,死亡危机也常常被视为一种引起补偿反应的人口动力。换言之,当死亡危机来临时,人们会自发地增加生育以补偿人口的减少(弗林[Flinn]1981:25～47)。不论死亡危机对人口成长动力的冲击如何,在中国与欧洲之间,仍存在着更基本的相似性,只不过是这种相似性被那些流行假设蒙蔽了,而这些假设认为中、西之间只有差异可言。

越来越多的证据显示:自17世纪后期至19世纪,中国的死亡率水平在持续上升。例如,泰德·泰尔福德(Ted Telford)以安徽桐城县的家谱资料为依据,指出在1750年与1769年之间,出生时的预期寿命为39.6岁,一个半世纪后却跌至33.4岁(泰尔福德1990:133)。刘翠溶在明清家谱研究中,也发现预期寿命在18世纪内出现了引人注目的降低(刘翠溶1985)。从表面上看,这类证据支持马尔萨斯关于在帝国晚期中国预期寿命下降的观点。但如更仔细地推敲,则这一解释却很难令人信服。我们有理由怀疑预期寿命有明显的下降趋势之说。由于技术方面的理由,也由于历史记载不相符,马尔萨斯的上述观点颇难令人接受。

家谱资料中的技术性问题,家谱人口学家自己也注意到了(郝瑞[Harrell]1987;泰尔福德1990)。其中与人口统计有关的一个问题是:越到后来的时期,就有越多的家谱把婴儿与儿童收入其中;因此依据家谱所计算的死亡率便会上升。刘翠溶和泰尔福德所发现的预期寿命都下降的情况,很可能就是因此所致,而未必真正是预期寿命下降。①

上述预期寿命下降的趋势,也与历史背景不符。在经济萧条时的17世纪后期,官员(特别是长江沿岸各地的官员)担忧劳工找不到工作(岸本美绪1984)。然而到了18世纪,农产品价格上升,就业机会增加,显然此时的经济状况优于前一世纪。因此,我们很难相信18世纪后期的预期寿命,会像刘翠溶和泰尔福德所论的那样,比18世纪初、中期更低。当然,现已知19世纪中叶预期寿命的水平确实非常之低(这很可能是受太平天国战争的影响),但这看来是暂时的现象。就长期趋势而言,现存的资料似乎尚不足支持17世纪末以来预期寿命持续降低之说。

上述家谱的研究显示:马尔萨斯的观点很难对中国人口和经济问题提供完满的答案。由于家谱的内容在被使用前已经过筛选,而未能提供确实的资料以计算预期寿命,因此死亡率亦可能被高估。将此数据拿来与欧洲的预期寿命作比较,其问题自不待言。另一方面,17世纪后期以来,只有一些最繁荣的欧洲国家才能摆脱马尔萨斯主义的"积极人口控制"的幽灵,提高其预期寿命。除了这些例子之外,清代中国达到的预期寿命并不比别的国家低。因此,家谱资料中的中国人口预期寿命减少,真的会是由于马尔萨斯主义的积极控制所致吗?恐怕并不尽然。此外,

---

① 泰尔福德(Telford)将桐城家族中早期的高预期寿命归因于这个因素。他否认在1750年以前预期寿命会超过40岁,并且说1750—1769年的男子预期寿命(39.6岁),可能是清代预期寿命的顶峰(泰尔福德1990:133)。但是,并没有证据表明1750年以前关于婴儿和儿童的报道是完备的。在这种报道的完备性方面的逐渐改进,将会解释在1790—1809年与1860—1879年两个时期,同样一些家族中的婴儿与儿童死亡率会上升,而成人的死亡率则基本不变(泰尔福德1990:表8)。

中国的资源短缺会以一种完全不同于欧洲的方式来增加死亡率,这种说法似乎不太可能。事实上,中国与欧洲的死亡率水平差异并不显著。一方面,我们不应该太快为前者贴上"积极控制"的标签;另一方面也不应当忽略后者也发生过类似现象的事实。

总之,中国的营养水平并非明显低下。即使假定如此,其对死亡率的影响亦不很明确。如果营养对死亡率有影响的话,这些影响也将发生在一种特殊的环境中,因为根据最好的估计,明清时期中国的死亡率,并未超过欧洲的人口死亡率;而对于欧洲的死亡率而言,我们可以认为是预防性的人口控制而非积极的人口控制在起作用。因此,马尔萨斯主义所描述的明清时期的中国,看来与近代早期的欧洲差别不大。

六 结论

无论是近代早期的英国农业经济,还是明清时期的中国农业经济,都为那些与亚当·斯密和托马斯·马尔萨斯的学说有关联的积极的和消极的变化力量所支配。但这并不是说,在经济行为与人口行为方面,英格兰与长江下游彼此一致。二者之间肯定有差异存在,但是事实证明有些差异只是表面上的,而非真实的。例如,黄宗智认为中国土地、劳动与信贷市场的竞争机制,有许多限制(黄宗智 1990:106~111)。而他实际上是以大学一年级经济学课程所讲授的那种典型市场为标准来衡量中国的,只是未明说而已。在近代早期的欧洲,对市场的限制也很严重。事实上,此时欧洲的农村土地与信贷市场,远比黄宗智所看到的受限制的中国市场更不自由。① 这里要承认的是,欧洲的与中国的市场,都和理论中的典型市场大不相同。懂得这一观点之后,接下来我们面临的更大挑战,则是解释中国与欧洲经济变化动力的相似性,以及两者在何处开

---

① 古迪(Goody)、塞斯克(Thirsk)与汤普森(Thompson)1976:25、126~127、132~133;波思泰尔-维内(Postel-Vinay)与罗森索尔(Rosenthal)将刊稿;罗森索尔将刊稿。

始分道扬镳。

上述时代的中国与西欧,共处于一个农业收成不保险、生产原料有限的世界之中。二者都经历了由经济扩展与收缩组成的周期循环。在类似的斯密型动力(即劳动的区域分工和通过市场的绝对优势)的推动下,这种循环逐渐地创造了更大规模的经济。当然,实际的生产组织差异很大。不过,在中国内部和欧洲内部的差异,较之中国和欧洲之间的差异,更为显著。在欧亚大陆的两端,土地使用的习俗都包括了从大地主与佃农到自由小自耕农的许多形式。许多法国农民,都把自家的耕地与租来的耕地合在一起耕种;为了平衡其劳动与土地,他们也都雇工与受雇。

同时,中国与欧洲也同样有落入马尔萨斯人口陷阱的可能性,即人口压力带来资源匮乏的经济危机。不过,与那些老生常谈相反,1800年以前,中国绝不比欧洲更容易出现经济危机和人口危机。斯密型动力所引起的欧亚经济的明显扩展,并未逃脱马尔萨斯主义的限制。斯密与马尔萨斯两位古典经济学家都承认在欧洲有这种限制,而且这种限制同样适用于中国。即使新近的学术成果证实中国与欧洲的人口比例有显著的差异,欧亚大陆的这两端仍都同样地明显呈现出脆弱的人口-资源比例。尽管有些研究指出近代早期欧洲的某些繁荣地区尚未落入马尔萨斯主义的陷阱,但单凭斯密型动力并不能保证这些地区可以一直避开马尔萨斯主义的危机。更为可能的是,在18世纪晚期,中国和欧洲的经济核心地区都尚未遭遇真正的马尔萨斯危机的威胁。不论将来的研究如何探讨这些大问题,古典经济学家所划定的世界经济的限制,仍然存在于19世纪以前的中国和欧洲(以及世界其他地区)。当我们在下一章讨论十七、十八世纪中国和欧洲的工业时,将会再度发现二者存在着令人惊异的相似性。透过这一相似性的讨论,可以进一步缩小范围,以找到二者之间的关键性差异之所在。

第二章 近代早期欧洲与明清时期中国工业扩展的动力

引 言

　　1800 年以前,工业生产从未在欧洲经济活动中占有很大比例;而在 1800 年以后,却具有着重要的意义。正因如此,工业扩展的动力的问题,才在欧洲经济史研究中也占有特殊的地位。历史学家经常探究各种导向近代化的途径。在确定某些变化发生的原因时,他们通常相信他们的解释具有更为普遍的意义。就工业化而言,工业革命的先兆通常被视为更为普遍的因素,即不论在何处,这些因素都会促成类似经济变化。按照迈隆·古特曼(Myron P. Gutmann)的观点,如果把工业的变化看做一系列互为因果、互有关联的阶段,我们可以把欧洲近代早期以来的工业化活动分为三个时期:(1) 15 世纪后期至 16 世纪前期的城市手工业时期;(2) 16 世纪中期至 18 世纪中期的农村家庭工业时期;(3) 18 世纪后期至 19 世纪后期的城市工厂机械化工业时期(古特曼 1988)。早期城市手工业生产主要由行会控制。为了保护生产者的利益,行会对其成员施加各种限制措施。后来兴起的农村家庭手工业,逐渐摆脱了这些限制。因此,从手工业行会控制下的城市生产向农村家庭手工业的转变,一般被认为是突破"封建控制"的一个标志。以后工业返归城市,则通常被视为工业革命的巨大胜利,预示着资产阶级的统治。介乎二者之间的是农村工业时期。在此期间,欧洲并未很明显地被"封建主义"或"资本主义"因素控制。

一　西欧的农村工业与人口变化

近代早期工业的发展,出现在城市与城镇附近。这些城市与城镇是联结广大地区的市场网络的交会点,在空间上又构成经济地区内的城市等级结构的中心地。[①] 这些城镇附近存在着农村工业。

在过去20年中,不少关于近代早期农村工业的研究成果,都采纳了"原始工业化"这一术语。这个概念指的是欧洲许多地区农村家庭手工业生产的发展。这时从事手工业生产的农村家庭,大多并未脱离农业生产。农村工业常常位于城市附近,在许多著名的事例中都与纺织业有关。但是,生产过程的若干重要部分位于农村,并不意味着城市在农村工业生产中未起到重要作用。相反,某些农村工业生产的产品,仍然在城里进行最后加工。不仅如此,城市商人还经常为农村工业生产提供资金,产品分配也总是由城市商人组织进行,并由他们把产品运到远处销售。最后,分散的手工业生产也可以发生在城市(伯格[Berg]、胡德森[Hudson]与索能斯切尔[Sonenscher]1983)。

农村工业发达的地区,人口通常也在增加。很多关于欧洲原始工业化的著作,着重研究经济变化与人口行为之间的关系。撇开细微差别不论,通常的看法是:在那些正在经历着农村工业化的地区,由于结婚年龄降低以及结婚比率提高,人口增长较快。这种见解并非无可争议,对其

---

① 关于欧洲农村工业化的环境以及城市的重要性,霍亨伯格与里斯1985已作了令人信服的阐述。大多数中国研究者应当也熟悉此类事物的空间构架,因为施坚雅(G.Skinner)开拓性的著作(特别是施坚雅1977),已对这些论题作了集中论述。

持怀疑态度的学者已注意到经济变化与人口变化不相协调的事例。① 然而,尽管存在一些不相协调的例子,但这并不是说在某些地区从未发生过重要的经济与人口的变化。要认识这些经济与人口变化的意义,我们就必须考察较早的情况。

欧洲史学家常常发现:在中世纪后期,欧洲的人口增加了,但他们赖以生存的资源基础却很不稳固。一些学者强调社会与政治的斗争,将其视为问题的起因;而另一些学者则把这些问题描绘为马尔萨斯主义的人口危机。14世纪的瘟疫之后,欧洲的一些地区,不断出现一种"人口增加逐渐超过经济发展"的循环。但在其他地区(特别是英格兰的许多地区),在耕地资源与人口之间,却达到了一种更为稳定的平衡。在后一类地区,直到14世纪,土地还被划分为小块。但是而后这种划分逐渐废止了,仅只平分家畜与动产,土地则保留于一人之手。未得到土地的儿子,则付之以现款,作为其应有的家庭土地份额的补偿。② 这种做法,使得农村公社在农村工业出现以前,达到一种小规模的经济与人口的平衡。

这种欧洲村社,一直被人们设想为一种生态环境的理想形式。在其中,工作职位的数量是固定的,而且与财产相联系。若要建立家庭,就要先得到一个职位。在一般的情况下,由一个儿子单独继承土地,而只有当其父母不能或不愿再耕种这块土地时,他才能结婚。许多年轻人因找不到一个职位,只好背井离乡到外地谋生。还有一些虽然留下来做雇工,但却不能结婚。有些地方土地可以划分继承,因而农民的后代便面临平均地产缩小的威胁。不过这种威胁又被向外移民和垦荒地所缓和。

---

① 已婚比例和平均结婚年龄的变化,很可能各不相干。而且,人口变化的确切模式,也受到其他因素(诸如本地经济之外的劳动需求等)的影响(勒旺1977)。作为批评,可参阅金宁(Jeannin)1980。
② 对中世纪后期危机的分析,出自多个学派,从被称为"新马尔萨斯主义者"的学者(例如勒·罗伊·拉杜里[Le Roy Ladurie]1976),到自觉的马克思主义学者(例如波依斯[Bois]1984)。史密斯(Smith 1981)则针对英格兰的有关变化进行了研究。

人们所熟知的欧洲婚姻模式——男女结婚都较晚以及男女独身比例都较高,与当时的制度结构密切相关。这种制度结构限制建立家庭,并且在村社一级的水平上,促成每一代人的人口再生产与经济再生产能密切配合。不过,有些学者认为这种以土地为基础的理想化工作制度实际上并不存在。相反,资源与人口之间的均衡是透过一种较为复杂的文化逻辑运作所达成的。这种逻辑将婚姻行为与广泛的经济条件(更准确地说,是与工资水平)相联系在一起。

欧洲的农村工业化,从根本上推翻了这种稳定的秩序。无地或少地的农民,因此而能够建立家庭。同时,更多的人不仅能够结婚,而且也能够较早结婚。除人口变化外,农村工业还常常与许多特殊的社会经济现象(尤其是分家制度)相联系。鲁道夫·布隆(Rudolph Braun)对苏黎世山区的研究表明:农村工业的发展,促进了从不能分家到能够分家的转变(布隆1978)。富兰克林·孟德尔斯(Franklin Mendels)则从更广泛的意义上指出:在那些没有实现分家制度,同时农场规模大得足以为所有居民提供劳动就业机会的地区,农村工业的影响较小;反之,在那些分家盛行、农场规模较小的地区,农村工业的影响较大。他说:"我们可以推测:季节性手工业的发展,与农场规模零碎化的盛行,是相行相伴的。有许多原因引起了农场规模零碎化。这主要是由于分家或分租所致。此外,农民被允许在过去封禁的土地上取得一小块土地,也会造成农场的分割。在农场不断缩小的同时,移民迁入,结婚普及,所以人口将会充斥于新开垦的地区。即使在收获季节,农民在自己的小块土地上,也没有足够的农活可做……因此,若是村社有良好的市场可出售农村手工业产品,农场零碎化不断加剧或是开垦新农田比较容易,再加上在附近可以找到夏季农业雇工的工作,这些情况就很符合内卷化的进程,从而在小农场地区(或小农业地区)就会发生原始工业化"(孟德尔斯1980:182)。

孟德尔斯的上述论点,是他关于农村工业研究的一部分。他的研究把我们的视线仍然引回到工业化问题上来。以往学者们认为农村工业是旧有的"封建社会"的一个组成部分,后来被新兴的19世纪城市工业化(即工业革命)所取代。人口增长则通常被认为是一种在经济之外自行发生的过程,因此学者们仅仅从人口统计的变异本身(如生育率与死亡率等),来对人口增长问题加以解释。但是现在的许多欧洲史学家,已把农村工业视为19世纪经济变化的先兆之一;同时他们对人口变化的研究,通常也重视个别家庭如何在具体的社会与经济环境内作出结婚与生育的决定的问题。①

农村工业是十七、十八世纪欧洲的一个重要经济发展。它通常产生于那些市场机制良好、耕作地块狭小的地区。由于它提供的新的劳动机会,使结婚年龄提早,进而可能拥有较大的家庭。然而,很少有农村工业的具体事例,真正展现出原始工业化理论所预示的所有普遍特征。这也许不应当出乎我们的意料,因为介入其中的其他因素实在太多了。更难预见的是:明清中国的许多地区,到底在何种程度上具备了与欧洲原始工业化有关的那些条件?

二 中国的农村工业与人口变化

16—18世纪中国不同地区经济作物种植的扩大与手工业的发展,长期以来一直是中国历史学家注意的对象。许多最为著名的手工业中心,位于人口密集的长江三角洲、珠江三角洲等地。与欧洲相仿,纺织业是主要的农村手工业,尤其在江浙地区的许多农村,越来越多的农民,在16世纪已开始大批转向纺纱织布或丝织。至18世纪,经济作物种植与手工业已普及全国。富商大贾(其中许多来自山西或徽州),控制了长途贸

---

① 还有其他一些观点,也对经济变化与人口变化之间有联系之说进行挑战,例如理查德·史密斯(Richard Smith)认为经济变化与生育控制之破坏无关。见史密斯1981。

易的大部分。① 促成这些发展的条件,颇类似于那些与欧洲农村工业有关的条件——例如良好的市场机会、土地可以分割继承、有季节性的非农业工作可做,等等。在欧亚大陆的两端不同地区背景下的农村工业的发展,呈现了(至少是在某种程度上呈现了)类似的经济变化过程,即商人长途贩运小家庭生产的产品。② 而且,对于欧亚农村居民来说,农村工业创造的经济机会也明显相似:农村居民并没有普遍地把劳动转移到乡村以外,但却可以得到非农业性质的收入来源。

如果对欧洲与中国农村居民来说,农村工业创造的经济机会是明显相类的话,那么人口的影响也相同吗?在中国,农村工业是否也一如在欧洲那样,粉碎了制约小家庭形成的严重障碍呢?农村工业化以前,西欧许多地方都有对结婚生育的制度性制约;但中国却并没有这种制约。既然缺乏具有类似效果的制约,所以在中国也没有什么障碍可粉碎。这个对比并不意味着中国完全没有生育限制,但是中国的生育限制,总的来说似乎不如西欧和北欧的生育限制那么有效。③ 20世纪的调查指出:

---

① 关于手工业生产组织(特别是长江下游地区手工业生产组织)的文献,数量众多。从西嶋定生初版于20世纪40年代后期的棉业专著,到田中正俊20世纪60年代初期关于农村工业的研究,直到今日,日本学者对于手工业生产是如何组织的这一问题,作了若干极透彻的分析。参阅西嶋定生1966与田中正俊1973。在中文论著方面,南京大学1981年和1983年出版的两部论文集,收录了若干关于农村工业及贸易的论文,还附有自1949年至1982年的有关论文篇目索引。在英文文献方面,参阅伊懋可1973(请注意其论述深受中日学术成果的影响)。
② 这并非说变化初期的条件很接近。事实上,中国的情况似乎是农村工业出自于农村,而欧洲的农村工业则可能是从城市移到农村的。
③ 从制度上来说,新的婚姻单位形成相对容易,意味着中国的土地比欧洲更容易受到人口增长的压力。根据施坚雅以1843年资料为基础所作的估计,长江下游的人口密度两倍于中国其他地区(施坚雅1977:213)。从大量第二手文献看来,长江下游在此前数世纪中也已是农村工业最发达的地区。假定施氏所指出的人口密度差异也反映了前一两个世纪的情况,我们可以指出在人口密度与农村工业之间有一种联系。当然,更理想的是得到其他地区的资料,以便更精确地观察较小的农村工业发达地区。但是,缺乏对生育的有效的制度限制,并不意味着贫富差别对出生率没有影响。例如,拉夫里(Lavely)和王国斌在其关于华北人口研究中,发现在田产与儿子数量之间,有一种肯定的关系(拉夫里与王国斌1984)。此外还有两个人口因素限制了出生率,即存在适中的合法婚姻下的生育率;同时在许多地方,由于性别比例脱离常轨,导致妇女不足,从而影响生育率。

中国妇女普遍结婚并且早婚,婚后生育率中等。过去几个世纪内中国许多地方的妇女婚育情况很可能也如此(寇尔[Coale]1984;武雅士[Wolf]1984)。在欧洲,各种惯例使得能否结婚取决于能否建立一个独立的家庭,从而常常限制了结婚率与生育率。在中国,结婚单位的形成并不要求分家,已婚的子女可以和父母住在一起,因为大家庭(joint family,即父母和至少两对已婚子女共同生活的家庭——译者)乃是儒家理想的家庭形式。欧洲的制度性制约,在中国并不存在。因此学者们发现,在欧洲,核心家庭(nuclear family)存在于许多地方,但有关大家庭形成的事例则相对较少。①

欧洲和中国的评论家,都担忧生育制约减弱的出现。在土地可以分割继承的制度下,旧有庄园可能日益碎裂为小农场。这种前景使得马尔萨斯感到恐惧。他反对19世纪初法国民法的修改,因为他认为这一修改使得分家合法化,而分家合法化则会鼓励人们多生儿育女而不愿考虑将来。R. H. 陶尼(Tawney)和另一些学者,对中国人虽面临经济困境而仍然还想生孩子的情况,也表达了类似的担忧(陶尼1966:104)。对结婚与生育缺乏严厉的经济制约,有可能使得人口增长超过资源增长。

在中国,从未有过那种由规模固定、数量稳定的工作职位组成的村社。由于许多地方土地买卖盛行,同时世代分家也导致家庭田产减少,中国农村中的工作职位远比西欧具有伸缩性。因此,正因为中国并不存在一种使得人口与资源保持大体平衡的机制,当然农村工业也谈不上会推翻此种机制了。相反,因为农村工业减少了(但未消除)那种人口超越资源的马尔萨斯主义危险,所以中国的农村工业有助于维持很高的结婚率与早婚率。虽然农村工业对家庭人口行为的这种影响并不一定在中国与欧洲都引起同样的变化,但结果却是相似的:农村工业都促进了早

---

① 约翰・哈吉纳尔(John Hajnal)近来对家庭的结构与形成的不同形式作了分析,见哈吉纳尔1982。李中清(James Lee)和乔恩・格杰德(Jon Gjerde)更近些时候进一步提出了解释家庭结构的方法,从而使得家庭制度之间的差异可以明显看出,参阅李中清与格杰德1986。

婚和高结婚率。① 中国与欧洲的类似经济变化都促进了人口增长。即使更大的经济环境和支配人口行为的制度结构不相同,情况仍然如此。而且,与欧洲原始工业化有关的那些特殊条件(如季节性手工业的发展、农场规模的缩小、良好的市场体系等等),在中国可能比在欧洲还更普遍。但是许多欧洲史学者所假定的从原始工业化到工业化的历史顺序,在中国却并未清楚地出现。下面我们再分析欧洲的情况,这将使我们能以一种新观点,来看待中国为何未发展起资本主义的老问题。

三 从原始工业化到工业化

富兰克林·孟德尔斯发明了"原始工业化"一词。他认为:原始工业化的过程是一种具有地区性的过程:在此过程中,农民家庭(或者说,至少是农村家庭)为远处市场生产产品(孟德尔斯 1984)。由此定义出发,孟德尔斯提出了一系列假设。他提出:在 19 世纪出现工业化的大多数地区,都曾经历过一个原始工业化的阶段。之所以如此,是因为:(1)结婚年龄的变化增加了劳动供给;(2)商人将劳动移向城市,以便更容易收集产品并更有效控制产品质量;(3)机器投资的资本来自于原始工业化的利润;(4)原始工业化教会商人有关技术;(5)原始工业化教会劳动者有关技能;(6)资本主义农业是在原始工业化中发展起来的(孟德尔斯 1984)。简言之,孟德尔斯肯定了他于 1972 年最初提出的原始工业化与工业化有联系的论断。其他学者则强调原始工业化与 19 世纪城市工业化之间,有一种更因具体情况而异的关系。

关于原始工业化的第二种观点,是大卫·勒旺(David Levine)提出的。他以下述方式讲述原始工业化的情况:"很多原始工业化的生产(特别是纺织业)可以用克利福德·吉尔兹(Clifford Geertz)提出的'内卷

---

① 因此,农村工业应当把农村对人口增长的两种反应联系起来。这两种反应即柏金斯(Perkins)所强调的现有耕地上的耕作集约化与新耕地的开垦(参阅柏金斯 1969)。

化'的概念来表现其特征。经济活动改变了人口状况,同样地,人口增长也影响了生产组织……由于劳动便宜而且供给充分,人们不愿进行资本投资以提高劳动生产率。因为工资低,原始的生产技术仍是最有利可图的;低水平的技术,导致劳动集约化,所以廉价劳动极为重要……摆脱这种困境的办法是使用高效能的动力机械以取代人工技艺。但这又是另一回事了"(勒旺 1977:14)。确切地说,从原始工业化向工业化的转变,仍是一个摆脱农村工业发展的过程。如果我们同意勒旺的观点,那么我们应承认:这两种工业化并没有多少相同之处。

彼得·克里尔得特(Peter Kriedte)提出了关于原始工业化的第三种观点。他说:"原始工业化确实为资本主义工业化提供了某些条件,但这些条件还不足以引起工业化。要把家庭生产制推向工业化,除其内部矛盾与外部刺激外,还需要一种特定的大环境。若缺乏这种环境,或者这种环境发育不充分,调节原始工业生产的机制就会在其内部矛盾与外部冲击的联合压力之下崩溃。原始工业生产将彻底瓦解,或不断地遭受严重危机,而不会发展为工业化"(克里尔得特等 1981:145～146)。和勒旺一样,克氏也强调在原始工业化的动力中潜伏着危险。不过,对于工业化所必需的"一种特定的大环境"到底是什么,克氏并未详细说明。

很明显,在我们考虑原始工业化的动力到底有多强、原始工业化向工业化的转变有时会有多慢等问题时,详细说明这种"大环境"是十分重要的。孟德尔斯对此作了清晰的阐述:"和彻底的无产阶级真正相配的,是那种固定资本占主导地位、生产不间断以及劳动生产率高得令资本家认为高投资合算的工厂。如果我们理解在农业中清除季节性就业不足是何等困难,我们就会懂得:新的最佳应用技术之实际用到生产中,将会是何等缓慢,从而也会懂得:在工业中手工业方法与近代方法将会长期共存"(孟德尔斯 1980:190)。孟德尔斯、勒旺、克里尔得特都认为:手工业生产和工厂生产不仅有先后继承的特点,而且还有经常彼此竞争的特点。

查尔斯·蒂利(Charles Tilly)提出了另外一种观点,以区分原始工业化与城市工业化的动力。他认为:从 18 世纪中期的立场来看,19 世纪式的工业化发展是全然无法明白的。他说:"假若我们设想身处于 1750 年,不要理会后来真正发生的事,而来想象当时的情况将来会变得如何,那么最可能预见到的是城乡劳动分工。但这种分工是:城市里聚集了欧洲的食利者、官吏以及大资本家,他们专力于贸易、行政和服务,而不从事工业。还可以预见到农村有一个不断增长的无产阶级,从事农业与工业"(蒂利 1983:133)。蒂利接着马上提醒我们:欧洲 1750 年以后的真实情况并非如此。无论如何,城市工业化是跟着农村原始工业化发生的。

中国的情况则大异于是。农村工业延续了许多世纪。蒂利对欧洲 1750 年以后前景的设想,颇为符合中国的情况。我们已看到:在中国不同的时期与地区,农村人口的增加,至少是部分地依赖于工资劳动或手工业商品生产;城市中心的数量与规模增加了,但城市中心一般都没有很强的工业基础。就中国最"先进"的经济地区——长江下游——而言,我们已相当清楚地知道手工业发展的情况。在这方面,日本学者作了重要的考证,为说明这些发展奠定了基本构架。

西嶋定生认为:国家赋税需求刺激了棉纺织业的发展;棉纺织业代表了专业化农村工业的一种新形式,不同于传统的耕织结合和自给自足的家庭生产(西嶋定生 1966)。田中正俊不同意西嶋定生把赋税作为农村手工业的"外部刺激"而加以强调的做法,而是认为农村工业发展的动力,在于农村经济内部的生产力与生产关系的相互影响(田中正俊 1973)。虽然两人在解释农村工业发展的主要促进因素时看法分歧,但他们都对农村工业的发展与"资本主义萌芽"作了明确的区别。他们都认识到:在中国农村工业与欧洲资本主义的发展动力之间,具有重大差异。他们所做的许多工作,与后来西方学者在欧洲原始工业化研究方面所做的工作,实有异曲同工之妙。但是,恰恰是在西嶋定生与田中正俊发现中国与西欧相异的那些地方,现在有新的证据表明:从欧洲原始工业化前景的角度来看,中国与西欧有许多相近之处。事实上,伊懋可(Mark Elvin)提出的那个著名而又备受批评的"高水平平衡陷阱"的观点(这个观点颇大程度上是以较早的日本学者的研究为基础的),即描绘了一种"成功的"原始工业化制度(伊懋可 1973)。正如伊氏所述,明清长江下游市场与农村工业的发展,维持了日益庞大的人口。但农村工业内部,并无促进重大资本化及技术变化的刺激。伊氏力图解释何以中国未发生欧洲 19 世纪式的"工业革命",但他的努力却似乎是徒劳而无功,因为原始工业化与 19 世纪城市工业化两者的动力截然不同。欧洲的文献提醒我们:在欧洲,对于发展而言,农村工业也是一种潜在的陷阱。当然,欧洲在 19 世纪不再受农村工业化的动力驱动,但中国则依然如旧。

黄宗智关于华北农村经济的著作清楚地表明:在 20 世纪前期华北 32 个村庄中,有 5 个村庄,其中家庭手工业是农民家庭重要收入来源。虽然他正确地警告读者不要过高估计手工业生产对所有贫穷家庭的普遍重要性,但我们仍能合理地假设:他所研究的某些村庄的农村工业化,与前几个世纪欧洲一些地方的农村工业化大略相同,因此仍是原始工业化的动力在起作用。① 黄宗智在某种程度上确实也指出了这一点,所以他把工资劳动视为人口增长的一种可能的刺激。② 他进而论证:当人口

---

① 参阅黄宗智 1985:194~195。对于比较研究来说,黄宗智似乎不像我那么看重关于原始工业化的文献,原因是:他所涉及的,是这类文献中那些强调原始工业化与工业化之联系的论题;而我所利用的,则是文献中指出原始工业化与工业化差异的部分。
② 参阅黄宗智 1985:203。另一种相似之处出现在黄氏对"内卷化"的分析中。黄氏受克利福德·吉尔兹(Clifford Geertz)著作的启发,看到了 20 世纪华北的内卷化(involution,又译为"过密化")。这种内卷化表现为:贫农农场的家庭劳动的边际产品降到了雇佣劳动的边际产品之下。这种程度上与孟德尔斯的论点(内卷化是原始工业化动力的一部分)以及勒旺的观点(内卷化与原始工业化相结合的过程,类似于吉尔兹笔下的印度尼西亚情况),颇为相近(参阅前引孟德尔斯著作)。勒旺说:"不仅工人自身在迅速替换,而且任何一个持续的繁荣时期,都会导致结婚数量的增加和新工人的涌入。一旦劳动便宜而充沛,就几乎没有什么东西可刺激企业家进行资本投资以提高生产率。低工资意味着原始的技术仍是最有利可图的,而这种低水平的技术又是劳动密集型的,从而廉价劳动极为重要。事实上,这些因素创造了那种被称为'内卷化'的恶性循环"(见勒旺 1977:33~34)。

增加而未有重要变革发生时,经济越来越容易遭受危机。我认为黄宗智的论点,与一些学者关于欧洲原始工业化的论点十分相像。黄宗智所看到的20世纪前期华北农村的危机,与其他学者担心前几个世纪的欧洲可能会出现的危机,似乎颇为相似。但是,正如我在本书首章所指出的那样,人口状况方面的这种大略相似,可能并不像黄氏和其他人所认为的那样接近于马尔萨斯主义的增长极限。

欧洲与中国农村工业的相似性,一直为人们所注意,但未被人们切实理解。从某种意义上而言,这是因为我们中的许多人,一直在寻求另外的某种东西。明白地说,我们一直在寻找中国的资本主义发展。事实上,与中国情况最为相类的欧洲原始工业化的动力,也并不一定会导向19世纪的城市工业化。① 为什么中国的农村工业的出现,就一定会导向资本主义呢？或许,探寻"资本主义萌芽"的中国史学家们,不应再继续寻求那种使明清经济发展不能变成城市工业资本主义的东西。② 相反,我们应当承认:原始工业化的动力,与造成19世纪欧洲工业化的一系列条件,具有很大的差别。因此,当我们发现了与原始工业化相类似的情况时,不应当再希冀会有欧洲式的工业化出现。同时,我们还应当承认:放弃对于明清中国资本主义发展的搜寻,并不会使我们忽视那些更有用的比较。

四 原始工业化与工业化之比较

尽管原始工业化不一定导向城市工厂工业,但是原始工业化的过程仍然有助于一个无产者阶级的形成。根据蒂利的看法,早在19世纪城

---

① 孟德尔斯、勒旺与克里尔得特对原始工业化与工业化所作的区分,都已在上文里谈了。在批评者中,科尔曼(Coleman)1983和金宁(Jeannin)1980都注意到了原始工业化与工业化之间的不确定关系。
② 南京大学1981、1983两著作,汇集了许多中国学者关于"资本主义萌芽"的重要论文,此外并附有自1949年间至1982年间中国出版的有关论著的目录。

市就业机会大量增加之前的几个世代,这个逐渐与土地失去直接关联的无产者阶级,就已出现(蒂利1984)。在中国,一般而言,农村工业并未创造出一个类似的无产者阶级,从劳动人口游离出来而得以进城工作。相反,现有的社会经济制度使得中国农民与土地的联系,比欧洲农民更紧密。一方面,分家制度使得农民的田产一代少于一代;但另一方面,活跃的土地市场又意味着一些人可以透过交易扩大其田产(甚至超过他们前辈的规模),另一些人则依赖于租入土地或出卖劳力。

农村半无产者,即部分出卖劳力而且更普遍从事农村工业的人们,无疑是一个不稳定的群体。他们可以上升到佃农和小自耕农,也可以变得一无所有。现在看来,由于存在着以下三个原因,半无产者不大可能成为一个能够自我再生的阶级:(1)经过几代之后,社会流动性易于瓦解阶级的稳定性;(2)经济对穷人的生育率的限制,使得处于贫困境地的人们繁衍大量无产者后代的可能性很低;(3)从事农村工业的家庭通常也继续从事农业,因为中国的地方社会结构很少引起欧洲那种日益鲜明的农夫与农村工人之间的区别。因此,在中国从事农村工业的人们并不像在欧洲的农村工人一样,可以轻易被招募进城工作。

在19世纪与20世纪前期,中国许多地区的农村肯定有阶级分化发生。复杂的土地占有制度与商品生产的进一步发展,创造了新型的人际关系。尽管有经营地主使用雇工进行生产以及农民转向专业化市场生产的事例,[①]但更令人注目的是小规模农民耕作的延续。从事这种耕作的农民能够在一生中,多次改变其土地使用占有地位和劳动力分配方式,并且在社会等级结构中,有限度地上下移动。中国学者投入了很大努力,把耕作农户的土地占有差异解释为社会差别。但这种差异与经济的总体变化的关系较小,而与耕作农户的延续的关系较大。这些农户当

---

① 关于农业生产组织研究的新著,有黄宗智1985、李文治等1983和刘永成1982。

然经历过阶级分化中的社会流动。在许多事例里,他们转向手工业,将此作为一种收入来源。但他们中的大多数,即使不是扎根于土地,也保持着与土地的联系。中国农民把耕作与手工业结合在家庭内,这种结合有时可能被商业渗透所改变,但很少被彻底摧毁。财产关系通过分家和土地交易而起作用,在中国许多地方助长了一种使得阶级分化不甚严重的社会制度。中国的农村工业,正是在这种特殊的制度背景下发展起来的。

有几位学者认为亚洲的农作与手工业之间存在一种联系。白馥兰(Francesca Bray)从稻作农业经济的新观点,对小规模耕作与手工业之间的紧密关系,予以支持。她认为水稻农业的集约化与业余的小商品生产有联系(白馥兰 1986:135)。她的研究包括中国、日本和东南亚部分地区的水稻经济,发现这些水稻经济在 19 与 20 世纪的发展道路极为相异。虽然白氏未作进一步的比较,但是上述差异已提醒我们:农村工业本身,并不能在亚洲"引起"任何类型的工业化。斋藤修关于日本与欧洲原始工业化的比较研究,显示了在英格兰、法兰德斯和日本的许多地方所发生的变化,有不少根本上的相似之处(斋藤修 1985)。他把日本水稻经济在 19 与 20 世纪的发展道路与欧洲的情况作了直接的比较。日本的情况比较符合欧洲的前景,而中国则否。合而观之,白馥兰和斋藤修向我们指出:不应当期待某种农业制度(包括技术与社会组织)与家庭工业的结合,必然会产生特别的经济变化(诸如从农村工业到城市工业的变化等)。这个欧-亚对比,补充了以前的中国-西欧对比。除了东亚外,我们还可以看看其他非欧洲地区(例如印度,在莫卧尔帝国时代的诸多变化中,家庭工业仍是基本的。哈比卜[Habib]1969)。事实上,弗兰克·柏林(Frank Berlin)已将原始工业化的概念扩大到南亚研究中了(柏林 1983)。因此,欧亚的证据都证实了农村工业可以适合于不同类型的经济变化。

在这里,我要指出:在欧洲,有一种从农村工业到城市工业的变化顺序。而中国的情况则显示出：原始工业的变化与城市工业化的发展，二者的动力可能性质各异。这并不意味着情况必定如此，但是当二者有联系时，其间的关系需要用特定的社会条件与政治环境来作解释，而不是从某些经济变迁的普遍原则来说明。另一方面，这种工业的变化顺序也并非绝对。农村工业替代城市工业化的例子，可能要比显示欧洲工业发展特征(即从农村工业到城市工业)的事例要多得多。事实上，甚至有农村工业一直延续到高度工业化时代的事例。① 萨贝尔(Sabel)与赛特林(Zeitlin)更从其对19世纪工业化的研究中，得出以下结论：在先进的工业国，未来的工业政策不一定继续与大工业(massive industry)联在一起(萨贝尔与赛特林1985)。我们可以把他们的论述范围扩大到发达国家之外的地区，以支持下列看法：某些发展中国家可以避免大工业生产(massive industrial production)取得支配地位。今日中国的农村发展确实提醒我们：小规模的农村工业，能够在更大的发展战略中发挥作用。中国这种优先发展小规模农村工业的做法，非常可能与其明清时期的农村手工业这一历史经验有关。

深入研究农村工业，可以发现中国过去与现在的经济之间的具体联系，同时也显示了欧洲经验的某些特征。在欧洲，租佃关系和继承习惯五花八门，地方性的社会因素造成了农村工业的可能性。"某些继承制度和某些农村结构，对于农村工业颇为有利。平分遗产、定额地租以及土地租佃，较之长子继承、分成地租或地主直接经营，似乎更能促进农村工业"(霍亨伯格[Hohenberg]与里斯[Lees]1985：181)。这些特点，在中国比在欧洲更为普遍。平分遗产、小自耕农和佃农，为农村工业在中国的普遍发展创造了条件。在欧洲，农村工业的发展，仅只在相对较少的地区，并且常常只是在几十年内，成为一种特别重要的现象。但是在中

---

① 关于英格兰的情况，见白赛尔(Bythell)1978；法国见古里克森(Gullickson)1986和刘培源(Tessie Pei-yuan Liu)1987。日本的例子，则见斋藤修1985。

国,这却是一种普遍而且明显的,并延及数个世纪的现象。①

为避免可能出现的误解,我要特别声明:我并不认为农村工业的特征,在欧亚大陆到处都一致。我只想指出:在许多农业经济中,都存在着若干相同的社会条件,而这些社会条件有利于以家庭为基础的农村工业的出现。这一比较并不意味着各地的经济变化动力也相同。其原因是:农村工业的特质,系由各种条件共同形成。在这些条件中,有欧亚各地皆同的条件,亦有随地而异的条件。因此,我们在努力解释中国的农村工业发展与人口行为时,不应当希图发现与欧洲文献中相似的情形出现。由于欧洲农村工业的范围包罗万象,意义上也含糊不清,以致有些人不再使用原始工业化的观点来解释这一历史现象。但也有些学者认为重新研究这些问题仍大有益处。例如,L. A. 克拉克森(Clarkson)对原始工业化文献的长篇评论,证实"原始工业化"一词,作为一个经济史或人口史的分析概念,是不够准确的。但他也肯定了原始工业化文献的重要性,认为这些文献提出了新的问题,并且引进了新类型的证据(克拉克森1985)。马克赛因·伯格(Maxine Berg)强调上述文献的经济侧面,认为对于原始工业化的讨论,有助于纠正那种对19世纪城市工业化发展的过分简单化的看法(伯格1986)。与此相反,大卫·勒旺注重原始工业化的人口及社会方面,指出许多人想象中的原始工业化,是介于封建主义与资本主义之间的一个阶段。具体地说,他指出农民与无产者阶级的人口行为形成鲜明对照。他并且认为:在导致英格兰从农村社会转向都市社会的各种社会变化中,上述人口行为的变化占有中心地位(勒旺1987)。简言之,学者继续使用原始工业化的文献,来检验许多重大问

---

① 赵冈(Chao Kang)认为农村工业在中国远比在欧洲普遍。但是他的估计与我的估计不同,原因是他求助于外部人口变化来解释此现象。我觉得他回避了关于经济与人口现象之间相互作用的重要论争的意义(这种论争在欧洲史研究中已经展开)。他说:"在这些欧洲农村中的原始工业化,和在中国非农业生产的农村化,二者之间的差别,只是程度不同而已。欧洲的原始工业化,仅只发生于一些人口增长快得不寻常或耕地品质差得不寻常的地方。相反,中国的非农业生产的农村化,则是一个人口过多引起的普遍现象"(见赵冈1986:24~25)。

题,尽管他们在问题的研究取径上意见不一,更不要说在对这些问题的最终结论上看法各异了。这些文献内容广博,鼓励学者用其他地区与欧洲作比较。

农村工业的成长,是斯密型增长的显著特征之一。农户在某种程度上,根据其资源情况与商业机会,专力于商品生产。贸易方式的改进,使城乡生产的联系更加紧密,并扩大了长途贸易网络。这是欧亚大陆两端人民所经历的重大变化。不仅如此,克里尔得特、勒旺和孟德尔斯所指出的那些对于欧洲农村工业扩张动力的限制,同样也适用于中国。原始工业化的成长,面临马尔萨斯主义的制约,这些制约乃是斯密型动力不能够避免的。即使是18世纪欧洲与中国最先进的地区——英格兰与长江下游,也未逃脱当时古典经济学家预见到的那些对可能的经济前景的制约。然而,欧洲在19世纪开始了近代经济成长,而在中国则否。从资源与产品的配置机制而言,18世纪的欧洲与18世纪的中国,情况都并非很理想。二者的关键性差异,很难说是它们都面临的那些相同的制约,或是它们都拥有的那些彼此相似的农村工商业发展的动力。主要的变化在于欧洲的生产转向了资源与产品的合理配置机制,而中国则相对来说原地不动。欧洲是如何逃脱古典经济学家指出的那些经济成长的桎梏的呢?

五 欧亚各地对于古典经济学家所谓的"增长极限"的不同反应

与中国相比,欧洲获得了多方面的成功。其中占首要地位的,是推迟了斯密所说的经济增长极限的到来。这一最初的成功之关键,是欧洲人发现了新大陆,从而获得了一笔 E. L. 琼斯(Jones)所称的"史无前例的生态横财"(琼斯 1981:84)。欧洲人通过扩张所创造的资源基础,肯定优于中国人通过开垦边疆地区土地所创造的资源基础。中国新垦耕地,质量常常低于已有耕地。更糟的是,在许多地方,资源损耗、地力下降的问题日益严重。以前述山西的情况为例,即可清楚见之。经历了18世纪的开垦之后,到了19世纪,山西山区的粮食生产变得越来越不稳定,木材生产也大幅下降(方行1979;谭作纲1986;陈良学与邹荣楚1988;萧正洪1988)。这种恶性循环,与勒·罗伊·拉杜里(Le Roy Ladurie)研究的法国朗魁多克(Languedoc)等地区在近代早期的情况,有些相似。但是欧洲经济扩张的动力,能够超越这类情况所引起的制约。

比"鬼田"更重要的是,欧洲突破了斯密型增长的内在限制。① 这不仅是靠通过海外扩张而攫取新的资源,甚至也不仅是靠通过制度变革而发展生产。E.A.雷格莱(Wrigley)已指出:英国之逃脱斯密型增长的内在限制,靠的是世界上史无前例的矿物能源的大开发。以煤为新的热能来源而以蒸汽为新形式的机械动力,在此基础上提高生产率。这是欧洲一些地区的工业化,在19世纪变得与欧亚大陆其他地区的工业化大相径庭的主要特征(雷格莱1988与1989)。矿物能源对农业也变得越来越重要。大卫·格里格(David Grigg)曾就农业中能源的投入与产出,提出了一些令人吃惊的数字。若无近代能源的投入,农业中能源投入-产出的比例一般在1∶13到1∶65之间,而中国农业的投入-产出比例则约为1∶41。在近代农业中,能源投入-产出比例在1∶0.95到1∶4.2之间(格里格1982:78～80)。近代农业中土地与劳动生产率的提高,是以能源使用效能降低为代价的。因此,近代农业中资本与劳动生产率之增长,与能源之大量使用密不可分。

与以矿物为基础的经济相对的经济,雷格莱称之为"有机经济"(the organic economy)。由于有机经济的延续,雷格莱不仅认为导向近代经济成长时有一个关键性时机的转变,还认为斯密型经济成长与以新能源

---

① "鬼田"(ghost acreage)是琼斯(E.L.Jones)用来指欧洲人在美洲所使用的土地。这些新的林地、农田和园地并不存在于欧洲,但对欧洲经济有着重大影响,好像增加了欧洲的土地,因而被称为"鬼田"。

为基础的经济扩张,是以不同的内在逻辑而运作的。他说:

> 古典经济学家生活的世界是一个有限的世界。在那个世界中的经济成长道路,若用一种成功的经济来描画,充其量只是一条渐近线。它绝不表现为幂的形式,因为幂的形式已成为那些经历了工业革命的经济的标志(雷格莱1989:34)。

在另一文章中,他又指出:古典经济学家所谈的经济增长与近代经济增长之间的联系,并非必然,但这一点却被"资本主义"一词弄得混淆不清。他说:

> 要成功地摆脱有机经济所受的制约,一个国家不仅需要那种一般意义的资本主义化以达到近代化,而且也需要下述意义上的资本主义化,即越来越多地从矿藏中,而非从农业产品中获取原料,尤其是能够开发大批能源储备,而非依赖各种过去提供生产所需热能与动力的可再生能源。英国经济正是在上述两种意义上资本主义化了的,但是这两种意义上的资本主义化之间的联系,最初是很偶然的,并无因果关系(雷格莱1988:115)。

雷格莱把亚当·斯密时代的世界与十九、二十世纪的西欧、北美资本主义世界,作了重要区别。而中国的情况,正是对此区别的一个支持。有许许多多的变化发生在欧洲,但未发生于中国;其中能源不过是一个最明显的标志。对我们的研究而言,雷格莱的见解中最重要的一点是:古典经济学家所分析的那种经济体系,和那种突破发生后新起的经济体系(这种突破又以急剧转向矿物能源为代表),二者在逻辑上是互相独立的。一旦这种重大突破出现,欧洲就转向了一条新的经济成长道路。

六 技术变化的力量与历史发展的机遇

雷格莱对于古典经济学家时代的有机经济和后来的矿物经济所作

的区别,是合乎逻辑的。这种差别并非一种孤立与奇怪的现象。因此尽管人们通常用某些偶然性的联系来解释技术变化,但是事实已证明:这些偶然性联系很难产生,或者说,太容易产生,因为有许多因素似乎与某些事例有关,但与另一些事例却无关。由于可能性很多,所以难以有一个简单的模式。乔尔·莫凯尔(Joel Mokyr)近来从一个较长的历史时期出发,来看欧洲的技术变化,并且与中国作了明确的比较(莫凯尔1990)。他首先提出一个有倾向性的观点,即强调大量技术变化突然发生的情况,很少出现在世界历史上。某些因素可能对技术变化发生的速度有影响。其中关键的,莫凯尔认为是文化价值(包括宗教对物质世界的态度)。不同的文化允许发明家具有不同的社会地位和获得不同的报酬,并允许他们以不同的方式,更广泛地看待人们努力改进人与物质世界之间关系的问题。莫凯尔也相信:技术变化最可能发生在那些没有强大政府的国家,因为强大的政府有能力压制技术变化。所以在那些政治力量弱小、技术变化又被导向与市场价值相关的历史进程的地方,技术变化最有可能发生。这些广义上的条件,决定了中世纪后期与近代早期欧洲的主要特点。从莫凯尔的论述中,读者会意识到有一种动量聚集(gathering momentum),导向十八、十九世纪的"发明爆炸"(explosion of inventions,即发明大量发生——译者)。这种"发明爆炸"以蒸汽机和纺织机器为先导,引起了工业革命。莫氏的论述变成了一种描述性的综论,而不是对技术变化的因果分析。为了创立一种更为重要的解释,莫凯尔用古典时代的欧洲及明清时期的中国,来作为近代早期欧洲的对照。在古典时代的欧洲,大多数技术都表现为国家控制下的公共工程,技术变化并未卷入私营经济之中。但在中国,莫氏遇到了一个更大的挑战。他必须解释:为什么曾经有很多伟大发明的中国,在1400年以后,创造性变得远不如前?莫氏认为中国人对物质世界的哲学观点发生了一些变化。他还指出:国家越来越敌视技术进步,敌视支持技术进步的措施。莫氏这两种看法,事实上很难被证实。哲学思想的变化,是否会妨碍对物质世界的研究？对此问题，迄今尚无定论。而且，即使对于这些变化作了有力的论证，仍不能弄清楚：这些变化是否对那些从事技术工作的人士的心智有很大影响。关于中国的国家积极压制技术变化之说，也难以令人信服，因为这个国家并没有能力积极地操纵这样的活动。如果这类事情产生了某种可疑的后果，国家也是听之任之而已；更何况技术变化通常不会产生令政府焦虑的后果，因为正统的国家定义，仅涉及道德、政治及社会的秩序。在某种程度上国家会意识到技术变化会带来经济利益，从而变成技术变化的倡导者而非批评者。这一点，在矿业、盐业乃至农业中均可见之。

认为国家反对技术变化，以及认为思想界对物质世界的态度发生了变化，这些看法实际上都是出自于为技术变化停止寻找理由的心理。这种为技术停滞寻求某种解释的希求，实际上是在假设：如果没有障碍，技术变化就会持续发生。莫凯尔在其书的不同章节中，承认这种假设没有根据。在今天的高技术时代，技术进步总是由研究与发展战略所规划。在此之前，技术很明显地是一种独立于经济的计算之外的变数。由于我们已习惯于企盼持续的技术进步，所以也就轻易地假设以前的情况也同样如此。这是一个明显的错误。不仅如此，即使我们对今日情况的企盼也并非很站得住脚，因为这些企盼假设：如果情况急需，那么技术进步中的重大障碍总是会解决的。即使我们已证实这种假设对今天而言是合理的，我们也不能说对近代早期的欧洲或明清时期的中国能够作这种假设。

欧洲的突飞猛进，比起中国的停滞不前，当然更令人感到惊异。亚当·斯密和其他古典经济学家，都假设技术变化有其固定的、难以逾越的限度；如果我们考虑到这一点，那么这些古典经济学家的天地之有限，就再次变得很明显了。因此，我们不应当对中国技术变化的明显减缓太多地感到迷惑，相反倒应当对欧洲的技术发明更多地提出疑问，因为对于前者，我们的认识还很肤浅，而且因为资料缺少而不得不使用负面证据来加以研究;而后者在规模与持续时间上,却是18世纪最敏锐的经济观察家也未曾预见的。在19世纪后期到20世纪初的几十年中,世界其他地区逐渐懂得了欧洲所取得的胜利。各国都希望追赶上来,尽管有些国家仍然继续落在后面。

第三章 从欧洲的角度看中国的经济史与经济发展

一 20世纪的中国经济

多年以来,经济学家和历史学家对民国时代的经济表现一直很感兴趣。经济学家们常常从中发现近代经济成长的证据,而历史学家们则往往看到贫困与危机的情况。他们争议的中心是:民国时代的经济与此前的清代的经济,到底有何不同?

至少可以出自以下四种性质不同的原因促进经济成长①:第一,一个基于劳动分工和绝对优势而出现商业扩张的过程,允许人们专力于那些更能发挥其生产能力的活动。这就是亚当·斯密在《国富论》中所说的那种动力(即前述的斯密型动力——译者)。如前所述,这种动力在明清时期的中国与近代早期的欧洲都存在。第二,经济成长可以由投资增

---

① 乔尔·莫凯尔(Joel Mokyr)在其《富裕的水平》一书中,作了一些类似的区分。在读了此书后,我进一步发展了正文中列出的理由。莫凯尔的四条理由包括了斯密型成长和由于投资增加引起的成长。但是,他把由于规模变化引起的成长也包括在内,而我认为规模变化大致可说是由斯密型劳动分工和投资增加所致。他将我提出的第三与第四条理由合而为一,但我认为二者应当分开,因为这两种情况可以独立地予以考虑,并且有时甚至可以独立地发生。

加引起。如果为了扩大未来的生产能力而减少消费并投资,经济就会成长。无论在中国或是欧洲,都有一些生产比其他生产需要更大的投资(例如在中国,水稻与蚕桑的生产需要比旱地粮食生产更多的资本与劳动)。当人们专力于这些生产并增加投资时,经济就扩张了。第三,技术进步会使得对资源的使用更加有效,从而引起经济成长(例如在前一章中,我已讨论了工业革命以及若干雷格莱[E. A. Wrigley]所强调的关于无机能源的关键性技术变化)。第四,出现更有效的经济组织来提高产出而毋庸增加投入。下面,我们就来详细地看看这些情况。

二 企业的组织变化在中国与欧洲的作用

在1550—1750年间,欧亚大陆的许多工业都位于农村。古典的工业革命,包括某些生产由农村向城市的转移。这个转移发生在18与19世纪之交的欧洲,具有十分重要的意义,因为城市环境为新技术的有效运用所提供的组织与制度环境,远比过去分散的农村环境优越。正如从前一章所见的那样,这个转移是一种被雷格莱用来与广义上的资本主义联系起来的变化。我们可以保留对于"资本主义"的广泛定义,以包容近代早期以来欧洲发生的许多变化。但是我们同时也要承认:第一章中着重论述的斯密型经济成长动力,并不一定与某种特有的制度特征同义,因为斯密型经济成长也发生在中国,但中国却未有欧洲出现的那些制度机构。中国发展了许多复杂的商业组织以引导斯密型市场扩张的动力,但是这并未注定中国的纺织业生产会以欧洲所经历的方式转移到城市。

欧洲与中国有若干可以确认的重要相似现象。在此二地,随着工厂机纺纱的引进,开始都有一个农户织布业的发展。在英格兰,手工织布者的数量从1795年的9万人增至1831年的27万人和1833年的30万人(波拉德[Pollard]1981:25)。在中国,工厂机纺纱与手工织布之间的联系,可以1915—1920年河北高阳织布业生产的兴盛为例见之,因为这一兴盛,系以工厂机纺纱及铁轮布机的获得为前提(赵冈 1975:188)。为了提高劳动生产率,在中国与欧洲都出现了织布技术的进步。① 但是欧洲的织布生产在 19 世纪逐渐成为一种城市现象;而在 20 世纪前半叶的中国,农户手工织布尚能成功地与工厂机织布竞争。赵冈认为织布工厂工人的劳动生产率四倍于手工织工,但是他怀疑由于手工织工的工资及家内织布的生产成本均较低,故手工产品仍颇具竞争能力(赵冈 1977:174~179)。欧洲机器对手工的最终胜利,是因为机器的生产效率改进和产品质量较高(罗森柏格[Rosenberg]与伯德塞尔[Birdzell]1986:178~180)。但是由于在不发达国家中,近代棉纺织厂的生产率大大低于最佳运作状况下的生产率(克拉克[Clark]1987),因此欧洲近代工厂与手工业之间的那种生产效率差距,似乎并未出现在 20 世纪初的中国。因为中国的近代企业的劳动效率低于英国或美国,所以中国手工业者与中国近代企业的竞争,比他们与生产效率更高的外国生产者的竞争,更为有效。正因如此,中国手工产品仍然颇具竞争性。纺织业是范围广大的农村手工业的缩影,而农村手工业即使在 1949 年以后的中国仍旧十分重要。例如在长江下游的苏州地区,过去几个世纪中手工业一直很发达,在 1949—1957 年间,手工业总产值仍占年工业总产值的 50%~60%(段本洛与张圻福 1986:576)。

以农村为基地的手工业生产的延续,体现了工业向城市工厂生产的不完全转移。到 19 世纪后期和 20 世纪初期,欧美工业生产已全部位于城市。有些产品如汽车,要求大规模生产;另一些产品如肉类加工产品,在集中的屠宰场方能够更有效地处理。到 20 世纪初期,阿尔弗雷德·斯隆(Alfred Sloan)已创建了通用汽车公司,而古斯塔夫·斯威夫特(Gustavus Swift)亦已使肉类包装业务发生革命性变化。近代企业开始

---

① 对于中国情况的研究,比较差一些。顾琳(Linda Grove)关于河北省高阳县纺织业的研究(未刊稿)将会增进我们的认识。而在顾琳研究的论题目录中,就有关于新织机对劳动生产率的影响的问题。

出现于美国与欧洲后,过去通过市场来配置的资源与产品,变得服从于企业的决策。阿尔弗雷德·钱德勒(Alfred Chandler)对于这种工业企业决策内部化所具有的优越性,作出以下解释:"通过将生产单位与采购、分配单位几方面的行政管理相结合的办法,可以减少获取市场和货源信息所需的费用。更重要的是,众多单位的一体化,允许货物从一个单位向另一个单位的流动,能够通过行政管理进行协调而达成。更有效的规划货物流动,又使生产与分配过程中所使用的设备与人员得到更充分的利用,从而提高了生产效率并降低了成本。此外,行政协调也提供了更加确定的现金流动和更加迅速的到期偿付。这种协调所导致的节约,比起较低的信息与交易费用所引起的节约,更为巨大"(钱德勒 1977:7)。尽管如此,这些企业之所以成为近代资本主义的关键角色,其所凭借的逻辑具有几个因素:"当管理体系能够比市场机制更加有效地操纵和协调许多业务单位的活动时,这种机构(即近代企业)就应运而生了。它的继续发展,使得那些由日益专业化的管理人员组成的管理体系能够充分发挥作用。但是,只有在那些技术和市场允许行政协调比市场机制更为有利的产业和部门中,它才会出现和推广。由于这些领域(汽车工业等)在美国经济中处于中心地位,也由于专业化的管理人员取代家庭、金融家或其代理人而成为这些领域中的决策者,近代美国资本主义也变成了管理资本主义"(钱德勒 1977:11)。市场继续在确定企业所面临的需求状况方面起着关键的作用。当然,企业也努力改变市场以及创造需求,但是这种制度仍然受那些决定企业行为的根本动机的市场原则所驱动。

从欧美经济史上的两个根本变化,可以看到近代企业确是进行分析的关键单位:第一,19世纪初期工业生产向成长中的城市的转移,创造了近代工厂;第二,纵向联系的近代企业在20世纪初期的完备化,为经济成长提供了桥梁。这两种组织变化,都促进了人们利用新技术,更多更廉价地生产货品。如果没有明确的制度变化,就不可能抓住技术变化的可能性。仅有制度变化,也能增加生产的可能性,不过只是在某一限度之内——一旦达到一种高水准的效率,就必须有另外的成长源(如技术进步),方能避免停滞。

中国没有经历过这类关键性的企业变化。但是这并不意味着中国企业一成不变,而仅仅是说此时期中国经济成长的动力,未包含有那些在欧美早已变得十分重要的特殊类型的组织变化。18世纪和19世纪初期中国的生产发展,是通过农村生产者增加生产量来取得的。在1870—1930年间,中国的企业活动有若干重大发展。官员和商人在不同形式的"官督商办"企业中的共同参与,首先出现于重工业,随后又推广到轻工业。这种情况在19世纪后期新企业中颇为典型,但在20世纪前十年和20年代,官督商办又让位于私营企业的发展。私营企业一方面以通商口岸的外资企业活动为榜样,另一方面又以以往的国内业务活动为基础。1937年日本入侵前是中国资产阶级的黄金时代,但不是一个像钱德勒所说的那种近代企业支配的时代。

中西发展在企业层面上的差异,具有进一步的含义。首先,由于以纺织业为首的中国传统手工业面对近代工业的发展而持续下来,所以城乡之间潜在的差距开始扩大,而这种差距在欧洲经济史上并不很大。其次,中国企业活动的发展和中国资产阶级的出现显示:新兴的资本家虽颇为成功,但其发展路线及方式与西方大相径庭。他们只是正在超越中国以往所存在的活动而已。当我们的分析从企业层面转向更大的经济时,这些差异仍将十分重要。这里我们要问的是:抗日战争前的中国,是否正在突破欧洲古典经济学家所研究的有限成长的世界呢?

三 中国农业经济中的斯密型动力与马尔萨斯型动力

对于近代工业在中国成长这一基本事实,没有人会提出质疑。学者们对于自1914/1918至1933/1936年之间中国近代工业年成长率的估计，自7.7%至8.8%不等(罗斯基[Rawski]1989:272～274)。这一成长，系由于采用了能获厚利的新技术和新组织活动所致。但是，即使工业成长能够以一种健康的速度继续下去，我们仍不能确信农业生产与人口的成长率会支持这些发展。

围绕20世纪20与30年代的农业状况，一向争论颇多。生活在那个时代的很多研究者都发现众事堪忧，例如社会结构的总体不平等，资源贫乏，生活水准低下，等等。救世良方形形色色，从广泛地号召社会革命，到较有重点地建议改变制度，为农民建立信贷与贸易合作社等，不一而足。各人都不能肯定最重要的因素究竟是什么。陶尼(R. H. Tawney)在其初刊于1932年的名作《中国的土地与劳动》中，呼吁改进信贷、贸易、供应与保障。他相信这些基本的制度变化将会促进积极的变化(陶尼1966)。到了20世纪30年代后期，他却怀疑在现有的社会结构中是否能够进行制度改革。他说："毫无疑问，农作方法的改良是必需的。但由于耕作者被寄生性的利息压榨得一干二净，并不拥有其所需要的资源，因此向他们进行说教是很愚蠢的"。[1] 姑不论陶尼不能肯定进行改良必需什么变化，他所表现出的感情是当时大多数人共同的感情，即中国农民非常贫穷。最消极的评估，揭示了一个被马尔萨斯主义关于人口超过资源的可怕情景所萦绕的农业世界。

在本书第一章里，我指出明清时期中国的人口与资源状况，与近代早期欧洲大略相同。由于工业革命，欧洲摆脱了古典经济学家所处时代的局限。但中国却面临着人口超过资源的潜在威胁。与斯密型动力所带来的好处相联系的生产扩大，允许中国经济在18与19世纪中增长，但地区差异十分显著。中国的可耕地扩大所受限制很大，是明显的事实。尽管拓荒的努力取得了成功，耕地数量的增加也微不足道(黄逸平与张敏1988;戴鞍钢1985)。因此，提高土地的生产能力，通常意味着使

---

[1]《农业中国》1938年版第18章。

用更大数量的劳动,并精心设计能够最大限度地增加土地产值的作物轮作方式。但是这些努力并不能迅速地提高劳动生产率。用雷格莱的话来说,如果没有矿物能源形式的技术投入,土地与劳动的生产率就不可能提高。

此问题并非新问题。李伯重认为难于获得大量能源,是 16 世纪以来长江下游经济发展的主要制约之一。他也指出了煤资源的局限以及由此而致的冶金工业规模的狭小。对于农户而言,最普通的燃料来源是木柴和秸秆(李伯重 1984b)。在相对富庶的长江三角洲之外,20 世纪初期的中国农业更显现出深受有机能源短缺所苦。彭慕兰(Kenneth Pomeranz)关于华北内陆部分地区的研究指出:即使按照最宽的估计,这些地区的人均燃料供给数量,仍比今日研究者认为是仅能维持勉强生存的燃料供给水准低出 1/3。其数尚低于今日孟加拉国贫困地区的水准,而仅与 20 世纪后期非洲撒哈拉的一些地区的水准相当(彭慕兰 1993:第三章)。纵使这些地区的情况比起中国其他许多地区更糟,但较之当时华北与西北许多别的地区而言,这些地区也很难说是特别贫困。

中国许多农村地区的能源状况恶劣,并不意味着中国完全没有开发矿物能源。抗日战争前,传统的与近代的采矿方法都已得到运用。近代煤矿所产之煤主要供给东北(满洲)与长江下游(上海地区)的工业。季节性开采的小型煤矿遍及各地,其产品则供应手工业,并供城乡居民生活消费(韦立德[Wright]1984)。手工业包括全国各地生产农具的铁工业。其实,早在明清时期,中国就已拥有规模相当的铁工业。那些小型铁工工场中所使用的技术,不仅延续到 20 世纪初期,而且还在 20 世纪 50 年代后期的"大跃进"运动中大出风头,因为"大跃进"运动的主要内容之一就是在全国各地兴建小高炉(瓦格纳[Wagner]1985)。

能源制约在农业中很严重,但并不一定是工业发展的障碍。在西方,农业中使用无机能源投入以提高生产效率,比工业中使用无机能源晚得多。化肥的运用更是 20 世纪的现象。对于工业来说,更为重要的是,近代工业部门的规模一直很小并且明显地无力置换那些不能大规模地开发矿物能源的传统生产方法。

这些严重的障碍,使得雷格莱所说的那种"突破有机经济"并未出现。但是尽管如此,市场交换仍继续为彭慕兰所研究的华北以及其他地区的经济发展带来好处。即使地方生态与资源状况恶化,斯密型动力仍能以一种似乎未曾预见到的方式运行。其总的经济后果是不确定的,因为它既取决于积极的斯密型动力,又取决于一个地区所受的消极的资源限制。这些可能性,解释了为什么从 20 世纪 30 年代以来直到今日,学者们对中国农业经济的看法都有很大分歧。斯密型动力能够延续,但却不能克服日益稀缺的资源所带来的制约。那么,20 世纪 20 与 30 年代经济成长的前景又如何呢?

四 民国时代中国经济成长的空间层面

新古典经济学中有许多简单化的重要假设。其所假定的变化过程,实际上仅适用于某些事例,即仅适用于那些出现经济成长或发展的事例。从逻辑上来说,生产要素市场与产品市场的逐渐结合并非必然现象,而只是一种在特定的时空中所发现的经验事实。有很多其他例子已表明这些假设并不能成立。正如在本书第一章里所指出的那样,这种假设的危险,在于假定经济成长是自然的,以及假定如果经济成长未出现,那么肯定是有某些人类的武断行动(通常被认为是政治)介入其中。但是,经济并不会简单地像这类分析所认为的那样自然地成长。如果把一种理论上的典型当成事物的"自然"状态,经济学理论便很难解释历史上的经济变化是如何透过经济制度与机构的建立而达成的。然而正是这些制度和机构(如市场与企业),使得各种经济可以结合起来,以抓住合作与劳动分工的好处,扩散新技术,以及把资本与劳动转移到回报率更高的项目。换言之,经济成长是因应不同的社会状况,透过创造各种机制而相应组合达成的,并非因该社会与理论相符才能导致经济成长。中国在20世纪30年代才开始发展许多这类制度与机构。许多地方早已有为农村商品开设的产品市场,但资本市场、劳动市场以及近代工业产品市场则刚刚开始形成,而充分利用近代技术与组织结构的企业更尚待创立。当然,有很多理由可以用来解释为何难以创造结合更加紧密的市场。例如,在离开主要水道和铁路线的地区,缺乏交通运输的基本设施;政府未能在发展基本设施或促进经济变化方面发挥强有力的领导作用;等等。

当然,经济发展必定从某个地方开始。由于通常从全国的角度来看问题,我们可能低估了中国经济发展的出现。中国广土众民,远远超过任何一个欧洲国家。中国的很多省份,都大于那些较小的欧洲国家。要进行有意义的比较,我们应当先看看中国各地区,然后再将其与欧洲国家作比较。如果这样做的话,中国最发达的地区在经济成长的许多方面,看上去可能与欧洲的若干地区差别不大。欧洲的工业化也是发生在一些特别的地点。西德尼·波拉德(Sidney Pollard)说:"虽然总的方向是由西北向他方,但是工业革命是从一个工业地区跳跃到另一个工业地区。位于这两者之间的国家,如果也会出现工业化(或至少说是近代化),也将迟得多"(波拉德1981:45)。到1914年,欧洲各地从经济上已经结合了起来。对于那些未赶上最初几波工业变化的地区来说,它们与资本、货物与服务的流动的联系也变得更加紧密了。欧洲落后地区仍旧不如先进地区繁荣,但不论怎样,二者已相互联结。这种结合进展很慢,因此我们对20世纪中国的情况也不应感到奇怪。在20世纪的中国,发达地区(上海与满洲)和中国其他部分之间的联系,依然不很清楚。近代工业部门的形成表明:即使中外学者的著述透露出对中国人口-资源不平衡的忧虑,但在20世纪中国,至少有部分地区的经济正在脱离斯密型成长动力。但是近代工业部门与传统农业部门之间的这种不确定联系,使得评价20世纪工业变化的影响十分困难。

对于城市工业化与农村经济之间的关系,美国学术界近来提出了一些新的见解。一方面,黄宗智关于长江下游的新著似乎表明:城市工业化对相邻的农村,并没有很大影响。另一方面,罗斯基(Thomas Rawski)关于抗战前中国经济成长的新作,则假设城乡之间有一组平稳的联系,所以中国城市的进步也引起了农村的进步(黄宗智1990;罗斯基1989)。尽管黄宗智明确地否认他信奉二元经济论(至少是某一形式的二元经济论),但其关于城乡经济发展动力的评价,却与二元经济论有着暧昧的关联。大体而言,在一种二元经济模式中,存在着制造业与农业的组织不对称,而在制造业与农业之间,又缺乏相关的制度机制来沟通各种生产要素。这意味着每种要素的边际产品,不能在此两部门间平均化(坎布尔[Kanbur]与麦克英托什[McIntosh]1989)。W.阿瑟·路易斯(W. Arthur Lewis)一直认为此种结构状况与劳动力过剩相结合,使得农业中劳动的边际产品接近于零。即使在工业中的工资大大高于农业之时,情况亦然。因此之故,人们普遍承认:在近代工业成长过程中,在农业改造方面确实存在许多难题(路易斯1954)。

　　黄宗智认为:尽管有城市工业化,上海附近的农村仍然保持着一种维持生存的生活水准。只有到1978年以后,经济改革促进了农村劳动力转移到工业,长江下游的农村才有经济发展,农业劳动生产率才在工业发展的同时有了提高。他的这些发现,与其他学者对别的地方的二元经济所作的分析,彼此呼应共鸣。例如,在许多拥有农业大庄园的发展中国家,工业生产要吸收农村过剩劳动力,确是一个主要难题。

　　与黄氏的看法相反,罗斯基认为城乡经济活动之间没有障碍。罗氏收集了很多资料来证实生产中有许多重要变化,并对其他变化(诸如劳动生产率等)的规模进行估计。他的基本论证,开始于近代制造业部门。他认为:该部门的发展是通过增加新式生产中的投资而达到的,同时交通运输的改良和新金融与银行制度的建立也支持了这一发展(罗斯基1989:65～238)。罗氏还认为:有很多种类的传统生产与传统贸易,补充了近代生产与近代贸易的发展,而非被新形式的生产与贸易所摧毁。他再三地努力,以期发现近代部门与传统部门的结合以及生产和分配在城乡的结合,而他的一些论证又以这种结合为依据。例如,他在估计农业的成长时,假定城市工资的上升必定意味着农业工资也同样上升;接着又假定只有农业劳动生产率提高,工资才会上升;因而,从城市劳工工资的上升可以推论出农业的成长(罗斯基1989:299~321)。然而,如果城乡工资维持相当的差异,罗氏关于农业成长的论证就没有什么说服力了。

罗氏在其书的结论中说:"在本世纪头几十年中,人均产量的持续增加已成为中国经济生活的一个正常特征"(罗斯基1989:344)。我理解他的意思是:如果没有外来的破坏(如日本侵略),中国在抗战前已走上近代经济发展之路。但是这个论点所依据的,是一种经济持续成长的逻辑。而且,仅有一些对战前经济成长率的估计,并不能使人相信经济成长会永远保持这种成长率。

罗氏还求助于西蒙·库兹涅茨(Simon Kuznets)关于近代经济成长的开拓性著作(库兹涅茨1966)。罗氏将其估计的中国经济成长率与日本经济成长率进行了对比,并发现他所估计的中国经济成长率,与日本在公认的近代经济成长开始时期的成长率相似,所以他又以此来论证中国已开始了近代经济成长(罗斯基1989:336)。然而,库氏的近代成长的中心内容,是从农业向工业的转移,以及运用不断增加的知识以促进资本与劳动的生产能力。因此,在推动由连续的新投资所助长的进步方面,技术起了关键的作用。这种看法可能很好地刻画了日本经济变化的特征,但是否符合中国的现实呢?在中国,有一个巨大的农业部门和一个手工业部门一直延续了下来。这个事实,对于罗氏关于近代经济成长的评估,乃是一个潜在的挑战。罗氏力图用其关于近代部门与传统部门中的成长具有互补性的论述,来消除上述难题所具有的重要意义。诚然,对于罗氏所描绘的中国经济状况之普遍改善来说,这种互补性确实至为关键。但是,近代部门与传统部门中导致成长的原因颇为歧异。近代部门中所出现的成长,来源于可观的资本以及可以提高劳动生产率的新技术之运用。而传统部门中所出现的成长,则主要为市场引导。正是斯密型市场专业化的原则,导致了传统部门的进步,并使得某些传统活动能够与近代活动相结合(例如在手工织布业中使用机纺纱),或能够补充发展中的近代活动(例如钱庄和传统运输的作用)。而在大多数情况下,传统活动在技术、能源使用水准或工人人均资本水准等方面,都没有明显的进步,因此劳动生产率提高的可能性很有限。接受罗氏关于近代部门与传统部门之间的联系很有效的说法,只不过是证实近代部门在改造传统活动,使之达到更高的生产率水准时会遇到明显困难而已。当然,这也已证明1949年以来的情况就是这样。传统的生产形式,特点是技术变化、资本使用和劳动生产率均颇受局限。人们向来以为更有效的近代成长可能会摧毁这些传统生产形式,因此持续的近代成长,从逻辑上来说将会导致对整个经济的改造。但是依我之见,既然已知传统的生产形式延续了下来,那么这就表明了上述情况并未清楚地出现在抗战前的中国。

  罗氏所偏好的持续经济成长的逻辑,预示了一条在某些假定之下出现变化的特定道路。当统一的资本、劳动与产品市场跨越城乡,并且把各个地区乃至整个经济同国际市场连接起来之时,工业生产就会取代农业生产。二元经济理论则描绘出了另外一幅情景,即组织上的不对称性创造了生产要素流动的障碍,其结果则包括不同部门、不同地区之间以及城乡之间在经济表现方面的制度性脱节。在任何一个具体的事例中,都可能有一些变化突破了上述组织上的不对称性并导向罗氏所预告的结合。但是,要预告这样的变化会于何时何地发生,则很困难。

  城市工业变化以何种方式连接或者脱离农村经济活动?对此问题,我们现在还未有清楚和系统的认识。看来可以这样认为:由于对工业原料和食品的需求肯定在增强,所以城市近郊农民亦从城市工业化中受益。但是资本、劳动与产品市场充分结合之说,则似有些牵强。黄宗智不理会那些沟通从城市到农村的经济变化的重要经济联系,而罗斯基则假设各类市场结合为一。真实的情况,看来是在二者之间。

除了城乡关系方面的问题外,还有空间规模方面的问题。既然已经知道中国如此之大,那么应当问一问:对于研究经济变化而言,什么是合适单位?在这些单位之间,什么关系看上去最为可能?在罗斯基对全国总产值的考察中,长江下游占据了很大分量;而在其关于近代工业产值的估计中,满洲和上海又占了1933年中国工业产值的2/3,而这两地人口则仅占全国的1/7(罗斯基1989:73)。罗氏在其书的结论中也强调经济成长的地区位置。他估计全国人均产值每年增加1.2%～1.3%,人均消费增加0.5%,而这又是由于长江下游和满洲的变化所致。因此,这就意味着"其他地区的成长低于(全国)平均数,而且有可能是负增长"(罗斯基1989:271)。

空间差异还提出了一个问题,即中国各地在经济上结合得到底如何。我们需要确定各个地区之间和之内的经济联系到底有多紧密,从而判断中国经济究竟是一个统一的经济,或者仅是一个由多个经济松散连成的网络,还是一个分裂为多个具有二元经济特点的独立范围的经济。不对这些可能性作出评价,就很难将罗氏关于全国总产值的新估计置于一种已知的环境之中。

经济成长的空间差异总是存在的。但是,由于我们通常从全国的角度来考虑近代经济成长,所以往往忽视了地区差异,并且还暗自假设:(1)市场整合会协调全国各地区的分配与生产决策;(2)在此条件下存在的经济差异是由合理的决策引起的。这些主要的假设,对于那些历史上有可能出现的发展作了简单化的解释。如果企业缺乏关于某些地方的原料价格的信息,或者虽然得到了这种信息但却无力作出回应,市场整合的作用充其量也不过是有限的。目前,我们需要更多地了解抗战前中国的信贷、劳动与产品市场。虽然通过近代银行业务,以城市为基地的信贷网络已存在,但是城市信贷如何系统地与农村信贷结合,仍然不清楚。关于劳动方面的问题,情况亦然。劳动力的迁移仍然颇为局限,劳动市场从其空间层面上来说也依然很有限。这些制度性制约到底在多大程度上创造了民国时代各地经济表现的差异?尚未有人作出分析。当然,众所周知,中国遥远的西北或西南地区的生活水准与长江下游、广东或满洲的生活水准之间,存在惊人的差别。但是认为要不是民国时代的经济发展被日本侵略打断的话,这些差别会随着时间的推移而"自然地"消逝,则只能说是一种对历史的假设。

经济整合的问题,值得加以更直接、更认真的分析。市场整合是斯密型成长的一个主要特征,并且也成为许多经历了由其他原因而引起的成长的经济的一个方面。如果没有市场整合,新技术、新制度或者新增的投资都很难产生很大效果。为了证实十八、十九世纪的市场作用,近来出现了不少有关清代粮食市场的研究。这些研究表明了许多远地市场的价格运动彼此相关(罗斯基与李明珠[Lillian Li]1992)。由于以下两个理由,这些发现对研究20世纪的变化颇为重要。第一,这些发现提醒我们:市场对于民国时代来说并非新事物。对于"民国时代市场的重要性增加了"的论点来说,首先必须确定某种合理的底线,并由此出发来断定贸易的增长。第二,粮食的市场价格运动本身,并不能说明其他产品市场或土地、资本与劳动要素市场的情况。深入探讨要素市场如何结合,能够告诉我们经济变化的许多可能性。例如,彭慕兰在其关于山东的著作中,对信贷市场进行了分析,并认真地勾画出了山东信贷市场的制度性结构。此分析有助于评估信贷市场及其相关经济制度的底线,而进一步了解市场整合的可能性。如前所述,以布兰德(Loren Brandt)和罗斯基为一方,而以黄宗智为另一方的研究者,使用截然相反的推论方法,希图说明经济制度和经济成长的普遍问题。对于他们的做法,彭氏之所为倒是一个颇有示范意义的替代物。布兰德与罗斯基都以毛病甚多的证据,假设或断言中国存在着一个新古典主义经济学的世界。在此世界中,所有部门的工资比率都很均衡;劳动与资本轻而易举地在城乡部门之间移动,以求得最佳回报;而市场整合,即使目前尚未在一个地区出现,将来也必定会发展出来。与此相反,黄宗智则认为中国的土地、劳动与信贷市场,远未达到他心目中那种新古典主义经济学的理想境界(他隐晦地假定这种境界可以比较清楚地在英国看到)。然而,只有对经济制度进行具体的比较,才能证明现实世界的情况是如何相似与相异的。

制度之所以重要,是因为只有人类的努力通过各种有效的制度得到沟通,经济成长才会发生。但是,对于一种成长方式来说是必需的制度,却不一定出现在另一种成长方式中。例如,斯密型成长就并不要求技术变化所需的那些种类的技能。在一个像中国那样巨大的经济中,我们应当想象到一种制度在全国的推广是不均衡的。不仅各个地区之间(例如甘肃与广东)如此,而且各个地区内部(例如湖北省内的武汉与汉水上游山区)亦然。因此,在某些地方可能出现的成长,并非到处都可能出现。

早自宋代以来,中国一直都有各种促进商业交易的市场制度。这些制度在明清时期日益完善,并且扩散到更广大的地区。民国时代的各种变化使市场运行得更好,但市场的基本动力仍是过去几个世纪中国城乡许多地区就已存在的那种动力。但我们也不能忽视另一种经济成长的动力。例如近代银行与金融基本上是一种城市现象,新式工厂的兴起也大致如此,而新的交通网则主要连接中心城市,等等。即使是那些怀疑民国时代中国有重大经济成长的学者(如黄宗智),也同意城市经济成长确实出现了。跨越一系列个案研究,我们尚需认真确定这个成长是如何与农村的经济变化相联系的。当然,与工业中心相邻的农村最有可能从工业城市的经济成长中受益,但是我们仍需衡量这些益处到底是什么。对于那些与城市工业发展相隔较远的地区,又能够援用什么证据和论据来估计工厂的影响呢?城乡之间以及地区之间的联系并不是"自然的"成长,而应当是人类行动的制度性产物。因此,即使没有数据来支持确有或没有重要变化的说法,我们仍能从对民国时代农业所面对的问题和可能性的描述性记载中,寻找制度变化的证据。我们需要更具体地考虑那些确已出现的变化的种类,以及这些变化与本地的及更大范围内的其他经济变化的联系。倘若能够辨认出经济成长的动力是属于哪一种类型(例如斯密型,或增加投资、技术进步以及组织改良),我们就能更精确地集中探讨该项动力是如何促使经济成长的,并且可望发现经济进一步变化的证据。

五 1949年以来中国的经济发展情况

20世纪30年代中国的近代经济部门,处于外国资本的强大控制之下:中国60%的煤、86%的铁矿、80%的生铁、88%的钢、76%的电力、68%的发电能力和73%的航运吨位,都为外资所支配(利斯金[Riskin] 1987:20)。其余部分则掌握在中国资产阶级的精英手中。从空间上来看,近代经济部门集中在上海和满洲,这些地区因而也成为了1949年中华人民共和国所继承的工业基础。中国领导人先是照搬苏联的模式,对经济发展实行集中的政府计划与控制,并且强调发展重工业。但到20世纪50年代中期,他们又转而改变原有的工业基础,将其更加广泛地分散到全国。在企业一级,从50年代到70年代后期,控制权与管理权在受过技术训练的经理人员与政治上正确的党干部之间摇摆不定。在资源的分配与产品交换的形成方面,市场价格基本上没有起作用。

从制度机构上讲,上述城市工业发展与农村并不相干。对人口迁移的严格控制,在中国的城市和农村有效地创造了两个截然不同的世界。在农村,先是通过集体化,而后在50年代后期又通过公社化,将政治与经济的决策权集中了起来,因而从根本上改造了农村。在50与60年代,通过发展基础设施与进行某些近代投入,农业总产量提高了,同时又大力缩小贫富差异。本地的贫富差异可能消除了,但缩小地区之间的贫富差异,事实证明困难得多。尽管计划人员作了一些努力将资源投向贫困地区,但是原有的空间差别仍延续了下来(王国斌 1988a)。

农村经济发展的地区差距,与城市工业发展的地区差距大体上颇为相似。上海一带的主要工业地区,也是高生产水准的农业地区。而农村贫困的中国西南,城市工业化亦甚为有限。在 1978 年之前,尽管全国工农业有相当的发展,但事实已证明:不论采取什么特殊战略,并没有使中国的贫困地区发展起来。在 1978 年以后的改革时期,情况也可以说是这样。一般而言,改革时期中国工农业所取得的最大成就,主要出现在那些即使在以前的政策下经济发展也相对顺利的地区。正如在今日的东欧和中欧,经济发展正面临着日益明显的挑战那样,中国比较贫穷的边远地区经济发展所面临的困难,也显示了市场与行政管理政策的空间范围与局限。

正如 20 世纪中国的经济发展(1949 年之前和之后)没有同样地发生在全国各地一样,19 世纪欧洲工业化的经验也并未为欧洲所有地方所共同分享。但是这个根本性的相似性,不应掩盖中西在经济变化的道路方面的差别,因为这些差别与上述相似性同样重要。明清时期的农村工业一直延续到 20 世纪,这是构成近来中国农村工业发展所赖以发生的环境的关键因素之一。

中国农村工业在 16 世纪有很大发展。在此之前很久,中华帝国国家通过许多政策,力求维护小自耕农阶层,将其作为社会的主体,从而避免(或者说至少是减少)依赖精英阶层作为国家与农民之间的中介。农村手工业的发展,有助于大量人口之附着于土地。事实上,明清时期的中国官员,就是将经济作物种植和手工业视为理想的社会秩序的一个内容来倡导的,因为这些活动能够促使农民享有商业经济所带来的货币利益与赚钱机会,但仍然继续维持家庭农作。对于国家而言,这种包括农村手工业在内的小农经济的再生产和改造,构成了社会基础的一部分。而正是这个社会基础,创造了国家的理想统治模式,解释了国家的各种社会政策,并且从一个农村社会的角度来说,决定了国家的基本财政方针。在中国,城市问题不如在欧洲那么重大。欧洲城市在政治上享有重要地位,在经济上处于中心地位;而中国城市则不然。中国比较而言属于一种农业的政治经济。在这种经济中,国家对农村的社会秩序与经济稳定具有很大的兴趣。农民阶级在20世纪依然是主要的社会集团,这并非偶然。1949年以后的政府仍将农村状况视为最主要之事,也不令人感到惊异。所以,中国政府关于发展农村工业的决定,即使不说是简单地由过去所"引起"的话,也是因为其适应上述历史发展的结果。在1949年以后的中国,对于经济发展有许多非常不同的政治性看法,而对于这些看法,农村工业却都能适应之。因此,历史上形成并延续下来的问题与可能性,不同于在某些时候所采取的特殊发展战略。

六 从欧洲经济史和发展经济学中所获得的更多教训

最后再看看19世纪欧洲的经济变化,可能会有助于弄清中国的情况。大多数研究19世纪欧洲经济史的学者都承认:在此时期,当经济发展出现在更多地方的时候,各地经济的整合也更加紧密了起来。一派学者把经济整合解释为技术传播、企业家追求谋利机会以及欧洲各国在此方面趣味相投的结果。他们还认为市场深入到了那些国家没有取消贸易障碍的地方。另一派学者则认为欧洲的国家起了更为活跃与积极的作用。法国大革命以及随后的拿破仑帝国保护了欧洲大陆市场,使之免于英国的竞争。这不仅促进了法国的工业化,也促进了比利时和瑞士的工业发展。一直到19世纪,政府在创建扩大市场所需的基础设施方面都扮演着主要角色。法国国家投资兴建公路,开凿运河,然后又鼓励更多的资本投资于铁路。在德国,旨在取消地方关税的关税同盟导致了经济一体化的发展,政府又兴建交通运输基本设施以及将货币标准化,这些都促进了德意志国家的形成。当然,政府仅靠自身并不会创建新的基础设施。调集资本的新工具不可缺少,同时财政制度的发展又将私人和政府两者都卷入其中。因此,在造成欧洲19世纪经济发展的力量中,既包含了纯粹私人的动力,又包含了国家的积极性。

关于欧洲的经济发展,亚历山大·格尔申克隆(Alexander Gerschenkron)提出了一种颇有影响的观点:对于后进国家来说,国家在工业化中所起的作用扩大了(格尔申克隆1962)。新技术进入更广泛的领域,通常意味着更大的投资,因此总的来说工业化的成本在上升。后进国家不仅需要通过国家的努力来动员资源,而且需要借助国家的组织本领来创建新企业。其他学者从实证的与分析的立场出发,对格氏的上述解释提出了挑战。格氏观点的一些论据,从实证方面而言甚为脆弱。该观点本身亦未解释供求的基本经济原则如何造就经济发展。就中国的情况来说,罗斯基已指出民国时代的经济发展,表现出私营经济部门的成长无需依靠国家的积极干预。然而,尽管有这些局限,格氏的阐述还是指出了后进工业化国家享有某些优势,例如它们能够从其他国家的成败经验中学习到许多东西,并且可以采用大多数近代技术与成功的发展战略,而不必再去试验各种不完善的方法。但是格氏此观点仍然是有局限的,虽然这种局限不很明显。它能够解释已经发生了的变化,所以可以说是很好的经济史观点。但由于不能预见政府将会做什么或什么会起作用,所以它不能很好地为发展经济学服务。对于追求经济发展来说,总是有多种选择,但格氏的观点却无助于我们去确定一个政府将会作出何种选择。由于时机与地方条件也很重要,所以没有一套政策能够保证经济发展一定成功。格氏的观点告诉我们成功的国家做了什么,但却没有说明其他国家为什么会失败。[1]

---

[1] 有两种主要的研究途径,至少是同样地重视成败两者。其一是从马克思主义的传统演变出来的关于附属国和世界体系的研究,认为那些在全球世界经济体系中处于边缘的穷国,在获得这种地位时会有系统的障碍。其二则是出于主流经济学的"新政治经济学",注意到当市场和实业家受到政府官僚和扭曲经济决策的封闭性利益集团干扰时,经济发展就不会发生。

经济发展的环境因不同的成功的事例而异。每个成功的事例都提供了一套可供学习和选择的经验。同时,由于在那些已被发达国家支配的领域里,落后国家很难与发达国家竞争,所以先进国家的成功也使得后进国家的发展更为困难。因此,其他国家的经济进步对于后进国家的发展,既提供了可能性,又设置了障碍。这种矛盾的统一,并不是20世纪的新现象。在英国刚刚才领先欧洲大陆之时,欧洲大陆国家就开始寻求一种有异于英国的经济发展方式,并试图与之竞争。欧洲许多地区在19世纪成功地回应了这一挑战。这些经验,与世界其他地区在20世纪的经验相并,从而产生了不同的发展道路。

凯斯·格利芬(Keith Griffin)将发展战略区分为以下六类(格利芬1989):第一类是货币主义的战略。此种战略为私营部门提供一个很大的运作范围,目的是使得市场运转,并期待经济的动力部门中的实业家与其他部门中的实业家发生联系,以使发展得到普及。第二类是"开放经济"战略。此战略依赖于市场,特别是外贸。政府追寻汇率政策、关税规则、进口配额和非关税贸易障碍,以影响促进增长的外国投资。第三类战略是工业化,其目标在于:采取为国内市场增加生产、发展资本财工业、为出口而生产(通常在国家引导之下)三种手段,或将此三种手段结合起来使用,以加速经济成长。政府的目标是:在知道不必最大限度地提高经济效率和扩大社会福利的情况下增加生产。第四类是以农业成长为重点的绿色革命战略。第五类是重新分配战略。此种战略寻求通过将资源交给人民和以人力资本进行投资的基本计划,消除财富与收入分配的不均。第六类战略,格利芬视之为社会主义的战略。这类战略之不同于资本主义战略,是因为在社会主义经济中私人所有权相对不重要。他又将社会主义的发展途径区分为四种,即:(1)榨取农业以扶助资本财工业的苏联(斯大林主义)模式;(2)实行工人自治和非中央集权化的南斯拉夫模式;(3)重视公社构架内的农村发展的中国(毛泽东主义)模式;(4)自力更生或自给自足的北朝鲜模式。

格利芬的分类,提出了许多可能性。他所举出的那些经济发展道路,其形成都有赖于各种具体的必要条件,而不同道路所依赖的必要条件中有很多是相互一致的。同时,这些道路也可能被许多特殊的理由所阻碍,而这些理由有时也具有共同的成分。追寻任何一种发展战略,都会引起许多变化。这些变化会将经济"向前"推进,但不一定是推进到与某种其他战略完全相同的那一点上。例如,追寻以自然资源为基础的出口战略,可能会导向与建立进口替代工业非常不同的方向。但是任何一种战略所引起的成功,都可以使得其他的"近代"变化(例如出现一种更有效和更高产的农业或者一种复杂的银行系统)成为可能。各种因不同的发展战略而成功发展的经济,都有若干相似之处;而沿着任何一条特别的经济成长道路前进所取得的成功,则又为以后的相似创造了许多可能性。当然,成功并不能期于必成。但是,既然可能还有别的战略在起作用,一种战略引起的失败并不代表总的失败,除非是能够证明导致这些失败的理由也影响了其他的战略。当我指出严格意义上的斯密型动力的种种局限性时,我是努力作出一种具有普遍性的解释。从逻辑上来说,许多因素共同创造了西欧与北美许多地方所经历的"近代"经济变化。除了斯密型动力之外,还有其他成长源泉,而这些源泉并不是来自斯密主义的动力本身。

七 经济史与经济发展

当我们从时间上的某一点朝后看,并且探讨一个经济是如何达到其现状的时候,我们通常能解释某些变化为什么发生。但是追溯这种变化的特别途径,并不意味着某种事情必定会发生,因为还有其他可能的变化途径存在。如果我们从某一点朝前看(譬如说,为了考虑欧亚各地的农业经济是如何发展的,我们从 1550 年出发朝前看),我们就会看到:若干重要的相似性(即古典经济学家们认为是欧洲特征的东西),也适用于中国。换言之,通过商业化而取得的成长,其未来的成就在某个时刻会受到人口压力的限制。后来欧洲突破了这个古典经济学家们所描述的世界,是当时的人们所无法预料到的。我们当然可以在事后来回顾过去,辨认各种先兆,并且描述一系列发展,但是却不能真正"预告"工业革命的发生。

在《国富论》一书中,亚当·斯密并未谈论该书出版后几十年内发生剧烈变化的世界。在此丕变的世界中,许多发生的事情,很大程度上是个人在创造和追寻发财机会时所得到的侥幸的和始料未及的结果。市场是将私人追求导向社会利益的重要渠道,但是社会利益却很难平均地施于所有社会集团,并非每个人都确实受其影响(哪怕是很小的影响)。沟通资源、劳动与产品的机制和程序所创造的经济变化,具有结构的和空间的局限。承认这些局限,一直被作为一个理由,用以解释为什么人类的雄心从仅仅改善个人命运,发展到为更大的人群造就更好的未来。但是在上述事例中的未曾料到的结果,却能够同样证明是消极的或积极的。事实证明:创造经济发展是非常复杂的过程,所以任何计划者都不能肯定地预见(更不用说有效控制)未来的结果。

经济史检讨过去的经验,为的是根据已确定的原则,解释某些结果。有些研究着眼于考察大跨度的变化。在这方面,最好的工作是在欧美经济史研究中。在亚洲,研究最为深入的是日本经济史。日本经济的历史发展的动力,似乎颇为适合那些最初从欧洲经验中得到的分析范畴。① 在这类比较中,关于中国的研究通常做得并不很好,因为很多的努力都用于解释工业资本主义为什么没有发生。当我们转而考虑中国在16—19世纪之间究竟发生了什么时,我们发现:在近代早期的欧洲和明清时期的中国的经济扩展中,斯密型动力都起了重要作用。中西之间的分道

---

① 马克思主义的范畴,在解释日本经济史时,和在解释欧洲经济史时,至少是同样地流行。而且,在欧洲与日本,马克思主义史学之外的其他史学,也是在大致相同的范畴之上建立起来的。

扬镳，直至工业革命发生后才出现。即使西人东来给了中国以西方式发展的可能性，上述差异仍然继续存在。

欧洲经济变化的经验，通常会使我们认为这种变化过程是一种一步接一步的、很自然的发展。我认为学者们有时夸大了欧洲经济发展的容易性。脱离古典经济学家那个可能性有限的世界，是一个意义重大的突破。相反，对于中国，学者们很少看到1949年以来的经济发展与经济史之间的延续或联系。因此，中国的经济史研究未给予我们其所能给予的帮助——由于过多地为没有发生的事情焦虑，研究者当然没有充分的时间和精力，来对确实发生了的事情作出有说服力的解释。而确实发生了的事情，在最终的分析中，又是能够与各种发展可能性联系起来的具体背景。

沿着一种"途径相依"①的历史轨迹，在时间的某一点上，总是有着多种的可能性。没有一组单一的和必然的变化，一定会"自然地"出现。有些变化比另一些变化更为明显，而一些似乎不可能的变化事实上又能够发生。既然欧亚(不仅是在中国和西欧，而且在亚洲其他地区与中东)的许多民族都创造了复杂的商业交换网络，因此我们并不很清楚欧洲的商业资本主义是否"自然地"导向工业资本主义。但是，一旦工业资本主义为经济成长创造出新的可能性，中国和其他非欧洲地区的经济变化的潜在轨迹，就摆脱了古典经济学家所面临的各种局限。然而，欧洲之外各地实际的经济发展道路，仍然千差百异并且不确定，同时还保留着一些与本世纪以前的经济变化轨迹的联系。

---

① "途径相依"(path-dependant)，是指现在的某种特定情况(或决定)对未来的可能性所产生的影响。通常用来解释技术性决策的意涵，如打字机上的字键的位置或铁路的轨距，一旦被决定之后，会对后来的技术或发明具有直接的影响。在这里，我以更广泛的意义来使用这个词，指过去的经济会影响到后来发展的可能范围。例如，已发展出农村工业的晚清社会，比一个已经有初步城市工业的社会，更容易造成乡镇企业的萌芽。

中 篇
国家形成

前言： 欧亚国家的形成

在1400年,沉寂的欧亚大陆,绝大部分地区都是农业地区,依靠农业过活。农民仰赖春雨和夏暑的按时到来,以保秋天庄稼成熟。在接下来的四个世纪中,越来越多的产品进入了不断扩大的贸易网络。在中国和欧洲,经济制度都以一种大体相类的方式发展着。但与这些重要的相似性形成鲜明对照的是,欧洲在政治组织方式上杂乱无章,众多的小型政治单位(包括城邦、主教领地、公国和王国等)并存。而此时的中国却是一个幅员广大的帝国,基本上不存在欧洲式的贵族、宗教机构和政治传统。如果我们从1400年出发来讨论欧亚的国家形成问题,我们将会预见到：如果从这种不同的起始条件出发,欧亚国家将有不同的发展道路。

就所有这些差异而言,中国和西北欧形成了两个相对较易比较的例子,因为它们的变化基本上没有受到许多外来的影响。在中国或西北欧的国家形成中当然都有多种因素在起作用,但是我们不必使我们的讨论围绕着对"内在"因素和"外来"因素进行明确区分的工作。这种区分是相对的,典型的例子是日本。日本曾经向中国学了许多东西,这些东西对解决日本国内的问题起了很大作用。但是18世纪的日本领袖和知识分子,已把日本内在的政治传统与从中国学来的东西区分开来。在东南亚的不同地区,印度、中国和伊斯兰的影响并存,使得作这种区分更为困难。对于对那些原有的和"纯粹"的要素和那些由更广泛的接触和影响所形成的要素的区分来说,这种由内在的和外来的因素所组成的二元性特征,乃是探索的基础。至少就我们所作的欧亚比较而言,为了避免这种由内在与外来的差异所造成的复杂性,将中国和欧洲进行比较具有特别的意义。因为在近代以前,中国和欧洲的相互影响很小,所以二者之间的比较,可以为将各种差别巨大的政治变迁道路进行比较的研究,提供一个基础。

对于国家形成的比较研究,一开始就遇到我们在研究经济变化时所碰到的那些令人头痛的难题。我们通常也是首先从欧洲经验中抽出政治发展的标准,然后进行分析。学者们在选取其认为重要的西方的特征时,彼此分歧很大。但是他们都重在研究西方政治的不同传统,而将中国经验置于一种次要的地位,着眼于中国经验是否符合西方的企盼而非中国的实际。中国学者习惯于探寻中国与欧洲的不同之处,将此作为中国的失败(如在民主制方面)或无能(如在西方式的财政活动方面)的表现。为了指出在欧亚政治研究中的欧洲中心论的局限,我将使用我在分析经济变化时曾使用过的方法,即找出中国和欧洲的国家都共有的问题。但是因为政治的意识形态和政治制度都大异于理性行为和市场制度等经济原理,所以我们有必要更深入地检讨政治的意识形态和政治制度,以创建一种超越欧洲中心论局限的评估方法。

但我们也不应撇开欧洲。欧洲强权的扩展(特别是在19世纪,囊括了非洲、亚洲和拉丁美洲),表明欧洲对于世界其他部分的政治发展是十分重要的。欧亚在政治上的这种不对称性,颇类似于其在经济上的不对称性,使得我们的比较研究变得十分复杂。这一挑战,很像我们在观察中国对日本的影响(或者中国、印度和伊斯兰在东南亚的影响)时所面对的挑战。但不同的是,不论我们对西方活动持积极或消极的看法(前者将西方影响视为进步的基础,后者则视为帝国主义的罪恶),我们对西方活动的重视,都远远超过我们在研究日本时对中国影响的重视(或在研究东南亚时对中、印、伊斯兰影响的重视)。这些受情感支配的看法,都加强了从欧洲中心论出发的对西方影响的重视。不仅如此,将"内在"与"外来"分开来的做法,还混淆了某些思想和制度变得本土化的方式。因此,我们一方面要努力解释那些源于西方的活动,是如何得以逐渐中国化的;另一方面也必须探索那些不能从西方活动中得到的中国的政治统治策略,是如何持续下来的。

本篇第四章为中国与欧洲国家形成的比较研究提出了一个分析的构架。第五章深入探讨国内统治的有关问题,以说明中国的战略产生一个农业帝国,与欧洲经验很少有相似之处。第六章对本篇进行总结,并从欧亚的观点,来对帝制时代以后中国的国家形成问题进行讨论。如果我成功地达到了目的,读者将会对国家形成问题获得一种新的观点,即把中国和欧洲的情况,都放到一个平等的分析构架中来看待,既看到二者的共同之处,也看到它们的各自特点。

第四章 近代国家形成的方向

引　言

　　人们普遍认为：欧洲民族国家形成的历史经验,已经对全球范围内近代国家形成的前景作了界定。但是人们在讨论国家的一般定义时,没有指明具体的历史环境。因此查尔斯·蒂利(Charles Tilly)对"国家"一词提出了一种广义的解说："让我们把国家定义为'强制执行的组织'。这种组织不同于家庭和宗教,并且在某些方面比其广大疆域内任何其他组织更为重要"(蒂利1990:1)。中华晚期帝国符合蒂利的标准,但它获得上述特征的过程,却与欧洲民族国家形成的道路不相符合。要评价中国与欧洲在近代国家形成的起点上的差异,我们需要考虑欧亚各地早先的历史状况。由于不同的历史经验,到1100年时,欧亚大陆各地的政治制度千差万别。

　　如果我们回到罗马帝国与秦汉帝国形成的时代,就会发现：在这个时代,中西的基本政治制度,比起此后至20世纪以前之间的任何时代都更为相似。罗马帝国衰落后,欧洲的政治权威在许多世纪中一直支离破碎,再也未能在一个帝国的范围内得到行使。拿破仑在19世纪初年取得的成功,已是罗马帝国之后一个欧洲国家所达到的最大领土扩张。但用中国的标准来看,拿破仑帝国的规模仍颇为有限,而且只生存了很短的时间。中国不仅一直维持着统一帝国的形象,而且不断地再创统一帝国的实体。1000 年前夕,在中国是中期帝国时代,而欧洲则处于中世纪时期。那时中西政治制度相似之处很少。10 世纪和 11 世纪之后,中西政治似乎更各自走向不同方向。与欧洲相比,中国的政治状况远为成功。但到了 19 世纪和 20 世纪,欧洲的强国又重绘了世界地图,迫使中国和别的许多国家成为一种更大的国际体系的一部分。因此,中西政治发展先前类似,而后明显不同。而这种相似与相异,后来又变成一个更大的政治体系中相互关联的部分。

以罗马帝国和汉帝国为一端,近代世界为另一端,中间相隔 2 000 年。这两个端极,都值得深入研究。在此端,对于早期帝国的比较研究,常以中华帝国与罗马帝国为主要范围;而在彼端,近代国家及其相互关系则是历史学与政治学的重要课题。在这两端之间的 2 000 年中的情况,则仍有许多问题尚待解决。原因是中西差异实在太大,不易进行比较,彼此间亦无明显关联。但是,恰恰正是在这个长时期中,我们能够利用有关的差异与相似,重新提出关于国家形成的思想。①

如果我们忽视国家形成中的非西方传统,而着眼于 20 世纪的国家,那就很容易使用从欧洲国家形成经验中得出的发展模式来分析问题,从而认为在决定各个国家的行为方面,上述更大的政治、经济体系起了决定作用。发展的结构与系统的结构,各有其自身优点。20 世纪国家的某些行为——例如建立警察机构、发展教育、调节银行活动等——的确像是一个近代国家的做法。同时我们也承认:新近建立的国家,较之早先

---

① 根据与近代民族国家的不同来评价农业帝国的重要著作不少,兹以维森(Wesson)1967 和帕森斯(Parsons)1966 为例。维森把帝国国家的运作,拿来与多国体系(具体来说,就是近代欧洲国家体系)中的国家的运作进行对比。帕森斯又加上了一种发展演化的尺度。他认为农业帝国不能适应近代世界;至关紧要的是,农业帝国不能把文化价值与政治制度区别开来,例如进行政教分离(见帕森斯 1966:69~94)。

形成的国家,似乎受外部因素的影响更大。但是对于20世纪的国家而言,究竟什么是必需的?什么是显而易见的?对此,人们很容易从假设滑到断言。同时,一个非西方国家的现在,及其与幸运地或倒霉地与西方相遇以前的历史的联系,也很容易被抹杀。因此,应当称赞赛达·斯柯克波尔(Theda Skocpol)及其同事"把国家带回来"的尝试。但是,我觉得他们以历史为基础的跨国家的见解太过极端:他们所谈的那些国家,直到西方出现时方有历史;这些国家与西方接触以前的经历,只是像一个摸彩袋,人们从中拿出工具,加以改造,以应付当代情况所提出的问题。

一 早期帝国的形成及其遗产

罗马帝国是一个脆弱的国家。它的建立以军事征服为基础,其官僚与财政两方面的能力都有限,从而使得帝国的政治力量受到挫折。它的政治控制颇不均衡而且通常来说在边远地区更为虚弱。在这些边远地区,本地豪强才是真正的统治者。罗马帝国崩溃后,西方不复有规模大、力量强的帝国政治结构。

在中国,帝国形成的过程进展不很快,统一帝国的终止也不很明显和不很必然。公元前10世纪的西周国家,缺乏官僚机制以维持中央对地方的有限控制。到公元前8世纪,王室仅享有象征性的权威而无实际统治的力量。主动权握于地方官员之手,他们致力于通过领土扩张,以培育其权力基础。在公元前5世纪至公元前3世纪的战国时代,政治家们的政治进取心,促进并且部分地造成了主要的社会与经济变化。这些变化包括农业技术的改进、商业的扩张以及新的军事与政治精英阶层的出现。

如果将视线由此转到1700年以后的欧洲,我们会很惊奇地看到:正是类似的动力,将欧洲从一个由支离破碎的政治单位组成的拼凑物,转变为一些相互积极竞争的民族国家——这些民族国家首先在欧洲争夺领土,而后又在欧洲之外争夺更大的地盘。上述中国与欧洲的情况,都可以说成是国家间的竞争。在一个以战争为动力的过程中,一些国家成功地扩大了其权力。同时,战争产生了对资源与人力的需求,而资源与人力又是通过发展正式的国家机能来动员和组织的。但是中西情况却有不同结局。在欧洲,形成了一种多国体系。在这种体系中,有一种脆弱的力量平衡长期存在,但不断为战争破坏。与此相反,在中国却形成了一个帝国。的确,欧洲从未丧失其多国体系,而中国则未真正经历过永久的分裂。在两个相距甚远的时代,中西国家形成方面有着类似的动力,而这种动力又导致了不同的发展道路。这应如何解释呢?

我猜测:对于这个问题的答案,部分地在于不同的竞争基础。具体来说,就是在于政治权力搜括与集中资源的不同能力。在欧洲,有几个经济财富的中心可供搜括,从而能够获得大量的金钱供长期战争之用。但是在战国时代的中国,却没有这种规模的资源,同时已有资源也不能集中到多个中心,从而维持多国竞争的情况。中国早期多国体系之不稳定以及这种体系之倾向于帝国,也是军事技能与军事组织之地理分布不平均的结果。当然,从罗马时代到近代早期,欧亚大陆其他地区也产生过帝国。但是,和别的帝国相比,中华帝国的特点在于它有能力使其帝国制度不断再生。这种能力部分地得自于帝国制度形成的时期,即帝国早期。

秦国的军事胜利,消灭了其他的竞争者,从而在广大的疆域内确立了秦朝的统治。但是秦代国家的局限性,很快就引起了问题。历代史家告诫我们:秦代国家强暴无情,使人民不胜其苦。人民反抗秦朝统治,欢迎汉朝的建立。这段历史也警告人们:对于帝国生存而言,关键的任务是确立对农民大众和地方豪强的控制。巩固帝国,较少地是一个军事上的难题,而较多地是民事统治方面的问题。秦代国家的弱点,在于它未能与中国社会中的各种集团建立一种稳固的关系。其所以未能如此,一方面是其官僚机构未能充分发展统治的能力,另一方面也是其政治上的想象力未能创造一种政治的意识形态,以指导政治实践、社会信仰以及个人期求。

汉代发展起来的官僚统治,草创于秦代。这种官僚统治的正式机构的基本特征之一是它一直深入到地方,并且把地方上的精英吸收到政府机构中。但是组织机构仅只是政治活动的框架:它提供了有效统治的可能,而这种可能尚有待于实现。只有那些被授予职位的人效忠于此制度的领袖而非各谋私利,否则这种机构就不能为在其创建时所订立的那些目标服务。直至中华帝国的第二个1 000年,才永久地解决了这个问题。但是,汉代国家在通过把地方豪强吸收进官僚体系的方法来限制其独立权力的方面,无论如何还是取得了一些成功。

汉代国家也力图创造一个在其直接控制之下的小农阶级,以减少其对于豪强的依赖。国家在直接从农民征税方面越成功,政府在获得资源方面对豪强的依赖也越不重要。因此汉代国家对农民的温饱,产生了强烈的兴趣。这倒不是出于某种利他主义的仁慈之心,而是因为人们意识到:一个经济上能够生存的农民阶级,是一个政治上成功的政府的社会基础。虽然汉代国家后来衰亡了,豪强势力在而后几个世纪中成为重新统一的障碍,但是这种把农民的温饱与帝国国家的成功联系在一起的基本政治逻辑,一直很明确。在这几个世纪中,军事资源集中到了北方当权者手中。他们先是彼此厮杀,而后其中的胜利者又移兵南下,并吞了南方。因此,军事资源之集中于北方当权者,推动了中国之再统一。虽然中华早期帝国已在此前四个世纪灭亡了,但是用以实现早期帝国统治稳定的官僚机器,还活在典章史册之中。随着中华中期帝国之成功建立,大众温饱的问题,对于确立帝国之合法性和建立政治的意识形态,至为关键。前一帝国留下的制度与意识形态遗产,是后一帝国赖以建立的基础,后者能够借之宣称自己是前者的合法继承者。罗马帝国也留下了重要的制度与意识形态遗产,由此发展出关于天主教会的政治作用的新思想和罗马法的新用法,但其帝国制度却后继无人。

二 以长期的眼光看近代国家形成

中国史学家认为:宋帝国在 1100 年时,处于一种最脆弱的状态。宋帝国在军事上远较其前之唐帝国弱小,处于女真、契丹以及而后蒙古的威胁之中。在 1100 年以后不到 30 年的时间中,宋帝国丧失了其一半领土。但是这种困境所反映的,是一个成功帝国所遇见的问题。政权嬗递也常会引起疆域分裂。以帝国统一的标准来看这种分裂,即是统一中断。中国与周边游牧民族的关系既久远又复杂。游牧民族对过定居生活的中国人的影响,形成了中华帝国变革的重要方面。但是这种相互影响,总是发生在非常不同的社会之间。与此相对照,欧洲的政治关系,是发生在比较相似的社会之间。如果把帝国世界的秩序想象为许多同心圆,那么朝廷就是其中心,帝国影响则由此辐射出去。由此出发来看,中国与游牧民族的关系所形成的结构,远比欧洲业已衰微的罗马帝国强固,并且根本不同于后来出现的欧洲多国体系。从欧洲的角度来看,1100 年时处于虚弱状态的中国,仍然远比同时期的欧洲列国强大。①

从 1100 年看以后,比较中国和为数众多的欧洲政治实体能够预见的政治前景,人们很难不同意:中国的未来,比欧洲那些公国、诸侯国、自由城市的未来,更为乐观。一个建立了文官体制的国家,可以通过制定条例规程,来限制统治者任性胡为从而治理着广大的领土。统治方略不断变化,以回应由农业、商业和都市化创造的良机——例如创立新的商税、放松对市场的控制、在边疆尽力创造新的财富,等等。与此相反,对于欧洲未来发展的可能性,充其量也只能说是很不确定,数以百计的小政治单位统治着有限的农业地区和规模不大的城市中心,彼此之间通常

---

① 这是麦克内尔(McNeill)《追求权力:公元 1000 年以来的技术、武力和社会》一书中的基本观点。

互相隔绝,各地经济生活也很少有紧密联系。以后将会如何?我们会觉得:中国将继续以一个经济发达的伟大强国而居于突出地位,而欧洲则在政治上支离破碎,经济上较为简单;因此中国对欧洲的领先地位将维持下去。然而,这种情况并未发生。

1100 年以后,中国仍然是一个农业帝国。但是欧洲却发生很大变化,在政治上从众多细小单位并存的一盘散沙,逐渐转变为由一个或几个强国支配的地位。欧洲的迅速变化,使得中国的帝国制度显得相对停滞不变。之所以如此,是因为我们常把政治变化看成是一些特殊原因的产物。与此形成鲜明对照的是,我们常认为在经济变化方面,增长(growth)与发展(development)是自然的。而政治的延续性(例如中国政治的延续性),却未被视为是"自然的"。因此之故,着眼于解释中华晚期帝国之生存战略的研究,迄今还不多。但是"延续性"并不比"变化"更自然,因此我们也必须解释中国人如何做到使帝国再生。与此相对照,关于欧洲国家形成的学术虽已十分发达,但有关分析的指导逻辑通常被置于一种"回顾推测"(backward projection)中,即从 19 世纪与 20 世纪出发,到近代早期去追溯成功者经验的起始。这种观点把某一种的欧洲政治变化作为发展的规范,而中华晚期帝国应当具有的政治实践的延续性则被说成是停滞。

有三个难题,妨碍着我们对中国与欧洲的国家形成问题的深入研究:

首先,在对欧洲国家形成方式的研究中,由于过分集中于对胜利者的研究,所以欧洲国家形成的方式被弄得走了样。学者们专力于探讨什么使得英国与法国特别成功,但这也导致了对欧洲其他国家研究的不足。这种不足,不仅忽略了造就后来的赢家(如德国、意大利)的原因,而且也忽略了使得许多较小的政治实体(如威尔士、威尼斯)成为输家以及导致一些大国(如波兰、瑞典)国土日蹙的原因。因此我们需要的,不是从 19 与 20 世纪去回顾欧洲国家形成的过程,而是从 1100 年向后展望,探讨各种国家形成的可能方式。而在这些可能方式中,某些制胜战略逐渐成为主导。这种"前瞻推测"的研究方法,乃是查尔斯·蒂利所大力倡导的。

其次,我们对"何为近代国家"的看法,来自于欧洲经验。因此在这个方面,问题更大。一些研究非西方地区的学者假设:每个近代国家都会拥有与近代西方国家相似的特征,如民主政治、大规模的官僚机构等等。然后再根据某些特定的制度之有无,去衡量一个国家的近代性(modernity)程度如何。我们通常能够更多地谈论一种西方的制度为何未在东方运作,而较少解释东方的制度为何运作。这与前面经济史研究中的情况相类,即对于不存在的事物的探求,并不能导致很好的解释。另一些学者的研究,则以下述前提为出发点,即:非西方的政治结构,大异于欧洲式的政治结构;但欧洲国家制度之普及,创造了所有国家都要遵循的标准。近来的研究论著,几乎都以欧洲经验为模式,以致中国国家似乎成了反常的事例。例如,伯特兰德·巴迪(Bertrand Badie)与皮埃尔·伯恩鲍姆(Pierre Birnbaum)在其《国家社会学》一书中,对国家下了两种定义:一种针对那些出现于欧洲的"真正"的国家,另一种则针对那些构成国际多国体系的"国家"。根据这种二元标准,明清时期的中国并没有真正的国家,仅只是在欧洲人将其国际秩序扩及中国后,中国才是符合上述第二种定义的国家。巴氏和伯氏对非西方国家的研究,着眼于这些国家"变异"的政治、宗教、经济等,是如何偏离了欧洲的常规。以欧洲国家形成的经验为正常情况,其他国家中长时期的统治历史常被扭曲。伊曼纽尔·沃勒斯坦(Immanuel Wallerstein)在此方面走得更远,巴迪与伯恩鲍尔还为非西方地区的原有文化因素留下余地,认为这些因素在使得一个国家之偏离西方模式方面起到了某种作用。而沃勒斯坦却认为在非西方地区,是世界体系创造了近代国家。他说:"我们认为:这些国家,是为了反映作用于世界经济之中的阶级力量的需要所创立的"(沃勒斯坦 1984:33)。沃氏使人们从巴氏与伯氏那种扭曲非西方国家的过去与现在的危险做法,走到一种对为何未导致欧洲式资本主义发生的历史的极端蔑视。上述这些错误观点,妨碍了人们去认识非西方社会在西方列强到来之前的国家形成过程。

第三,关于欧亚各国近代国家形成的问题,学界现尚未有定说。而中国历史学家所作的努力,又构成了此种未定之局的第三个,同时也是最后一个特征。中国史学家对国家问题的看法普遍悲观。这种看法来源于两种常有冲突的观点。一种关于中华晚期帝国国家问题的突出观点,强调统治的独裁与专制的性质。这种观点认为强有力的中央集权在极力强化国家,恰与第二种关于中华晚期帝国国家的普遍观点,形成鲜明对照。后一论点认为:这个国家只是一个低效、庞冗的官僚机器,根本谈不上积极有为地去做正确之事。上述观点不一定相互冲突,因为官僚机构可以很庞大,同时皇帝也在力争更多的权力。但这些观点都认为:在解释中国近代史方面,国家没有多少积极作用;进步或发展,都与国家无关。第三种观点主要是日本学坛的产物,强调地方精英(特别是有功名的士绅)在创造与再造一种它踞于其上的社会秩序方面所起的作用。士绅操纵官员以遂其欲;如果士绅认为官员太好强或太好管闲事,就将其排挤出去。但是,不管我们采纳以上观点中的哪一种,都难以据之确切地指出在近代中国的形成中,国家事实上起了什么作用,以及更为系统地评价晚期帝国国家是如何统治中国的。

要摆脱以上局面,我们必须提出中华晚期帝国国家的生存问题,并且从一种分析的观点,来看欧洲的非常不同的情况。这种观点,要能抓住中西国家形成经验中的相似与相异之处。我在运用这种观点时,考虑到三方面的问题,即国家面临的挑战、国家具有的能力和国家承担的义务。这里所说的国家面临的挑战,指的是在具体的历史环境中,国家企图解决的问题和企图达到的目标;国家具有的能力,指国家为达到其目的所能动员的人力与物质资源,以及国家所能发挥的工作效率;国家承担的义务,则是从意识形态上表现出来的国家对某些统治形式和统治内容的偏好,国家在决策过程中维护(或促进)某些特别的社会状况时,许诺将遵循这些原则。

三 欧洲的国家形成

1. 挑战

就 1100 年遍布欧洲的众多政治实体而言,在而后几个世纪中它们所面临的主要挑战是生存。在与外界隔绝时,小政治单位能够保持稳定。但欧洲中世纪历史的一个重要特征,是许多地区之间的政治、经济接触不断增加。这些接触导致了政治竞争与经济竞争。在中世纪后期,城邦国家占了上风,但后来又逐渐让位于那些较大的领土国家,后者则由那些成功地对城乡地区都实行中央集权治理的统治家族所创立。这些领土国家面临两种不同的挑战:其一来自国内秩序,另一则来自对外关系。

近代早期的国家通常为国王统治。这些国王颇易受到两种类型的国内威胁:一是贵族取代王室或对王室权力加以严厉限制,另一则是平民动员起来反对政府。为了对付可能由精英引起的危险,王室一方面希望使自己与贵族们象征性地保持距离,同时另一方面又为精英阶层的利益服务,以获得他们对国家大政方针的支持。对于人民(农民和城市居民都一样),国家着眼于创造各种社会控制的方法,以阻止那些反对国家权力扩展的抗议活动。但是这些国内问题,经常仅居次要地位。而居首要地位的威胁,来自相互竞争的政治实体所发动的军事攻击。因此,在一方面,战争是国家对外扩张的驱动力;在另一方面,战争也创造了一种直接的政治环境,来挑战国家与精英及民众的关系。

2. 能力

由于政治竞争经常导致武装冲突,所以各国统治者都建立了较大的武力。并非所有国家都会同样地卷入战争,但是作战(或者至少说是开发有组织的暴力的潜力),成为大多数成功国家的主要工作。雇佣兵成了一个较大的社会集团,同时军队也更加官僚制度化。军队按照新的权威原则与方针组织及指挥,成为那些成功的近代早期国家的革新性组织机构之一。为了维持这样的军队,国家不得不征收新的赋税。

在从商业中增加新税收方面,英国做得最为成功。这可以部分地归之于经济变化所创造的财富。英国国家创立了新的财政方针,从而得以获取这种财富。但是经济变化自身很难保证政治上的成功。例如,荷兰共和国本是欧洲最有生气的国家,但后来却被英国取而代之。其之所以如此,可以部分地归之于荷兰的政治未能利用经济变化以谋利。又如在法国,其财政问题在法国大革命时臻于极点。杰克·戈尔德斯通(Jack A. Goldstone)近来对此所作的重新评价认为:这些问题较少由英国与法国之间的经济差异所引起,而较多因为法国国家的政策失败(戈尔德斯通1991)。但是,即使在满足其财政需求方面不如英国成功,法国在17和18世纪依靠中央集权的国家,也大大扩充了财政收入。在整个欧洲,成功者是那些能够启动资源的国家。扩充财政能力,要求扩充官僚组织,以便创造和引导欧洲国家所获资源的流动。当然,各国发展起了不同的组织方式,例如勃兰登堡-普鲁士所创造的结构,就不同于英国或法国的结构。但总的来说,欧洲国家创造了新的官僚机构,而这种机构又决定了处于中央集权化过程中的欧洲国家的组织能力。

在分析欧洲国家形成道路的空间差异方面,查尔斯·蒂利的方法大有裨益。他把两种极端的情况作了对照。这两种极端,一为那种主要依赖强制性动员资源的国家,而另一则为那些大多依靠积聚资本性资源的国家。俄国与荷兰共和国分别为这两类国家的代表。在这两个极端之间,便是我们更为熟悉的"成功的国家":英国、法国、西班牙和普鲁士。这几个国家,尽管有差异,但在其国家形成过程中,都将强制性的集中与资本性的集中结合了起来。

3. 义务

为了达到一定程度的自主,欧洲统治者们对精英承担若干义务,而这些精英则要求其权力得到承认。这些义务中最主要的是政治代表(political representation)的观念和关于精英适当参政的定义。在英国,赋税问题与政治代表的问题密不可分。在法国,国会和国王对立法权与司法权的争夺,在十七、十八世纪一再出现。运用不同的方法,英、法王室成功地创立了各种权力,从而确定了精英只能起从属的作用。如果一个欧洲王室不能在政治程序和政治代表问题上承担某些义务从而达到一定程度的自主,那么后果将是灾难性的。波兰贵族对国王之选择与继承所享有的个人否决权,正是波兰王室软弱的表现。

欧洲国家对社会的义务,大体上是从权力与实际运作两方面作出的。19世纪以前政治的意识形态,在实际事务中作用很小。若是与中国作比较,我们会发现这是一个重大的不同。

四 中国的国家形成

1. 挑战

在中华帝国的第二个1 000年统治中,统治者面临的最主要挑战,并非创立一个与其他政治对手竞争的全新国家,而是重建和改造一个农业帝国。这个农业帝国统治着比以往更多的人口和更大的疆域。它并非许多大体相似的政治单位中之一,也不必像一个欧洲国家那样要大力向外扩张及与他国竞争抗衡。中国的国内秩序依赖有效的社会控制——这种认识,是中国政治古训以及而后历代政治实践的一大特色。对中国国家的主要威胁不是外力入侵,而是内部瓦解。因此,维持与重建国内秩序,既是国家的主要考虑,又是其行政力量投付最多的方面。

中华帝国所遇到的外部挑战来自北方草原。草原上半游牧民族强大的军事动员力量,经常威胁着中国的统治者。但是,这种来自草原的威胁,并非要分裂中国,而是要占领中国。在这一点上,蒙古人和满洲人可谓殊途同归。更早的胡人入侵,非但不是分裂中国,事实上反而导致中华帝国的重建与再统一。除了蒙古人外,成功的征服者都采纳了许多中国的统治原则与机构。因此中国反复地驯化了征服者。对清朝的建立者与统治者满洲人来说,采用中国的政治意识形态与制度,是其被汉人接受并得以建立有效控制的手段。在中国本部之外,清朝还把帝国疆域扩大到中亚,以巩固其世界秩序的范围。在明清时期,沿着中国的外围出现了一些越来越正规的国家——朝鲜、越南和日本。这些国家都在中国文化圈内。中国在与这些国家的外交往来中,通常宣称中国享有中心的和至高无上的地位。这些国家的政府通常也允许中国人如是说,尽管他们也越来越认为自己与中国平等(1600年以后的日本即是一例)。

2. 能力

在军事方面,中华帝国通常较弱。但是中国所具有的局限性,并未长期地损坏帝国的政治形式。军事上的虚弱,仅只引起统治集团的更变而已。相对于北方诸族的联合力量来说,宋朝的军事地位颇为脆弱,但这在某种程度上是一种自觉性抉择的结果。"安史之乱"促使唐廷大大削弱军事将领借以谋求割据的力量,而宋廷所为则正是步此后尘。宋朝军事上的虚弱,使之先丧失了华北,而后又被蒙古征服。当然,历史已证明:不仅在中国,而且在十三、十四世纪的欧亚大陆大部分地方,蒙古人都是一支战无不胜的军事力量。蒙古人仅能统治中国100多年(1264—1368年),其原因(至少是部分原因)是他们不愿更多地采纳中国原有的统治原则。大约300年后,满洲人建立了清朝。清朝的政府结构,基本上依前明之旧。因此,人们普遍认为:中国可以被征服,但中国的制度都会延续下来。这一点,对我们的比较研究至为重要,因为不像那些面临强敌的欧洲小邦,中国未有被瓜分或兼并的危险。即使在军事上失利,中国的统治能力仍能维持下去。这在列国纷争方兴未艾之时的欧洲,是无法想象的。

单从中国的观点来看,国家的能力随着时间推移而不断减弱。在帝国的疆域与人口增加的时候,无论是官员数目还是财政收入,都并未与帝国扩展保持同步增长。在中期帝国时代,国家放弃了直接控制土地分配与直接管理市场事务的企图。宋代以后,国家简化了对经济的管理,宁愿放弃直接控制,而以各种办法去影响日益操之于私人之手的经济。在中国史研究中,国家操纵经济能力的减退,通常被视为国家日益虚弱的象征。但是,倘若果真如此,那么国家所作出的所有关于减少国家控制或国家卷入经济事务程度的决定,都应被视为国家虚弱的象征。而这又与我们对于近代早期欧洲国家形成的常识相矛盾。因为在近代早期的欧洲,各民族国家越来越多地给予商人以自由,以创造不受国家规定妨碍的国内市场。19世纪资本主义的胜利,基本上是建立在西欧国家的经济独立的基础之上的。与欧洲一样,对于中国而言,重要的是:国家是否充分地从经济中获得必要的资源,以支持其所欲进行的各种活动。从这些普遍的标准来看,明清时期的中国国家,肯定不弱于近代早期的欧洲国家。

除了经济方面的问题外,中国国家也能对付各种挑战,保持对一个农业帝国的统治。政府长期维持着大运河这个水运系统,将富饶的长江流域与位于北方的首都北京连为一体。在18世纪,这个国家投巨资于长江沿岸的水土保持以维持大运河,建立边疆开发所需的基础设施,并且继续经营一个拥有数百万吨粮食的民间仓储系统。中国国家也完成了那些即使在欧洲也是很重要的工作,例如维持一支规模可观的军队和一个复杂的文官机构,更无需指出供养皇室和支持费用浩大的朝廷礼仪。即使是主要依靠税率颇低的农业税收,18世纪的中国国家还能享有财政结余。

3. 义务

在明清时期的中国,没有一个强大的精英阶层,能够以各种方式将其权力置于国家之上,从而限制国家行动的范围。事实上,中华晚期帝国的精英,大部分由科举出身,而科举出身者中又有一部分成为政府官员。即使是那些未进入政府的儒士,和进入政府者一样,都在预备考试的岁月中培养起了一种儒家意识形态。与在欧洲的那种国家-精英关系相反,中国国家力求使用精英以帮助国家进行统治。这在欧洲更是很难想象的,因为很多欧洲的精英是贵族,拥有独立于国家之外的权力基地。如果他们参加政府,势必威胁国家的自主性。

在欧洲,国家形成的意识形态,指的是力图限制精英在国家形成中的参与程度。在中国,国家形成的意识形态,则起源于一种截然不同的政治哲学。这种政治哲学把维持大众福利置于最优先的地位。国家权威仰赖于"天命"(上天之授权);这种天命在统治严重失误时能被收回,而统治失误的证据则为洪水、饥荒等等。为避免这些现象,官员们应当干预生态方面与经济方面的事情。"正统"这一基本概念,也以养育人民及调节人民生活为前提。中国的统治是基于道德的意识形态。不过,因为在欧洲历史上没有出现过类似的经验,学者们往往忽略了它对中国政治的重要性。在明清时期国家为人民创造福利的能力相当有限的情况下(至少以近代的标准来说是如此),我们很有理由不去理会中国统治者的政治意识形态,及其所倡言的对人民的责任。但是,当我们认识到在实质及意图方面,中国的政治意识形态均不同于近代早期的欧洲国家时,这就显出更深刻的意义来了。

要评估明清时期的中国与近代早期的欧洲在国家形成过程中的差异,我们需要将中西二者作直接的比较。但是,如果不以二者中之一方为标准来研究另一方,就很难比较这两种非常不同的历史经验。而以二者之一为标准,则又必然会导致偏惠此而不利彼。如果我们能提出一些普通的、抽象的或理论性的标准，那么就能克服这一障碍。但是，由于几乎所有这类主张最终都是出自于欧洲经验（只是未明说出而已），所以即使存在有一些以高水准的或概括性的理论为基础的抽象标准，那么充其量也是很不成熟的。这里，我建议采用另一种分析方法。此种方法包括两个步骤。第一，从欧洲的角度来评价中国的国家形成，但不是从某种抽象的角度，而是从一种历史的角度来评价，亦即如同对与之作比较的中国情况一样，我们对欧洲情况的研究亦应是以经验为基础的。第二，把习惯的做法颠倒过来，即根据中国的经验来评价欧洲，并看看这种做法，是否能迫使我们重新考虑一下那些在国家形成方面被我们视为自然、必然的东西。通过这种方法把比较中的主体与客体的地位进行转换，我们希望创立新的国家形成说。

五　从欧洲的角度看中国的国家形成

西欧民族国家的形成具有若干基本特征。莱因哈德·本迪克斯（Reinhard Bendix）特别重视在公民权扩大和大规模官僚机构建立时权威关系的变革（本迪克斯 1964、1978）。查尔斯·蒂利则认为战争与征税，推动了民族国家的形成（蒂利 1975、1990）。无论是公民权扩大和官僚机构形成这一组过程，还是战争与征税这一组过程，似乎与明清中国都无关。在中国，权威关系未有改变，公民权完全是个外来文化概念，而大规模的官僚机构则已存在了上千年。中国国家从不是那些旗鼓相当、力求军事上占上风的列国中的一个。其财政状况随着时间推移而不断变化，18世纪有结余，其前后则颇拮据。但对财源不足的反应，并未像欧洲新兴官僚制强国对于财源不足的反应那样，引起许多问题。这一切，是否意味着没有什么值得比较的呢？

绝非如此。本迪克斯和蒂利提出的问题，都值得放在中国的环境中加以考虑。从本迪克斯的问题出发，我们可以问一问：在中国，权威（authority)及权力(power)关系是如何决定国家与社会的分离的？从蒂利的问题，我们则可以问：对国家安全的根本威胁是什么？农业帝国的重建，是怎样地不同于在国家之间竞争中形成民族国家？

欧洲国家形成的经验，为在各个欧洲国家中国家与社会之间可能存在的关系，确定了一个范围。本迪克斯和其他人已证明：权力基础的改变，使得某些社会集团成为主要角色，能够定义政治权威的可接受与否。这种定义国家权力基础的过程，同时也定义了国家所承诺的某些政治原则。这些政治原则的倡导者，是那些要求其呼声不仅能被听到，而且能以具体的方式受到重视的社会精英。从而，"市民社会"的概念，是作为英国国家形成的一个部分而出现的。市民社会是一个限于一般国家活动之外的领域。在市民社会中，可以发现不同的范畴，例如作为"私"的个人范畴、"公"的范畴和宗教的范畴等等。当然，在欧洲，各地区的国家与市民社会的关系也有相当的差异性。英国有一个强大的市民社会，而德国的市民社会则很弱。但是这些变异可以用一套共同的语汇说出，亦即可以把这些差异，置于一个由各种社会可能性组成的单一文化系统之中。

在中国，国家与社会之间的区别并不这么明确。在政治方面，国家官员与社会精英之间的联系强得多，而二者都同样遵循一种儒家关于社会统治的策略。在下一章中，我们将更详细地探讨这种制度是如何运作的，而由此探讨我们可以看到：这种制度并未产生那种我们视为放之四海而皆准的国家与社会之间的区别。事实上，这些区别都是欧洲传统的特定历史产物。但是当欧洲的思想、制度与强权跨越大海之时，这些区别也变得在全球范围内都至为重要了。

如果我们把战争与征税作为推动国家扩张的两个过程的话，我们就会发现：在欧洲，这两个过程以各种方式相互交织，而中国并未以任何类似的方式经历这两个过程。中国的赋税基础长期未有扩大，但征税却根据需要而不时波动。国家委托地方精英代行管理社会福利职能,从而为国家节省了开支,部分地制止了上述需要的增加。政府虽面临周期性的财政危机,而这种危机通常又由用兵所致,但这并未导致新的财政制度的出现。在中国与欧洲,国家获取资源的能力都赶不上国家的需要。在此意义上,彼此的财政问题大略相似。但在近代早期的欧洲,这种能力与需要的缺口是长期性的。有些人对资源的权利本应当被规避或取消,但他们却竞相争取这些权利,从而又加剧了财政紧迫的情况。在明清时期的中国,这种缺口是偶发性的,而且在较低层面的社会力量能提出对资源的权利要求之前,中央政府通常即已宣布自己的权利。国家的主要权利是对土地的权利。早在16世纪赋税改革以前数百年,中国已建立了一个相对有效的组织机构以征收田赋。有时个体农户应直接向地方官员或其助手纳税,而有时他们被组织起来,由集体来负责纳税。不论在其中哪一种情况下,征税都常被效率低下以及各种困难弄得问题丛生,但是征税并未停止,而且通常能应付支出之需。欧洲国家没有完备的官僚机构来从土地上征税。它们尽力开辟过去未曾拥有的财源。它们都依赖商税与公债,而这在中国并不是经过深入探讨后采用的办法,因为中国国家的财政措施经常很不相同。中国人常常考虑节流而非开源;官员考虑财政改革时,通常竭尽全力去解决赋税负担的轻重及征税的公平性等问题,而不是努力以新的方法增加额外的收入。①

不同的政治逻辑,推动着农业帝国的再生过程和欧洲民族国家的形成过程。如果以欧洲为标准,那么中华晚期帝国历史的许多内容便变得无关紧要了,因为它们与政治代表、战争以及财政扩充等问题无关。但是,如果我们从一种中国的角度来看欧洲的发展,情况又会如何呢?

---

① 关于中国财政制度的泛论,见周伯棣1981年著作。关于中国财政制度的改革问题,可参考邓尔麟(Dennerline)1975。欧洲方面的情况,可参考阿尔丹特(Ardant)1975。

六 维持社会秩序的工具：一种中国国家形成观

官员与社会精英保障社会秩序的努力，可以表现为不同的方式。为求简化，我认为官员与精英合作以巩固社会秩序的主要社会控制手段可简化为三类：意识形态控制手段、物质利益控制手段与强制性控制手段。我所说的意识形态控制，指的是倡导正统观念与行动；物质利益控制指公开地或含蓄地提供某些好处，以换取人们对社会与政治秩序的接受；强制性控制则简单地意味着借助于暴力威胁或暴力实施，强迫人民就范。中国人承认这几种基本的控制（这一点，我在下章中还要从不同方面加以探讨），当然在运用这些手段时也有所选择（对此下章中也要讨论）。这里我着重要谈的是：从国家与地方精英如何运用以上三种社会控制方式来共同承担维护社会秩序的任务这一论题，我们能够对国家的统治能力了解到什么？

中国国家把道德说教作为统治的基本方法之一，目的在于教育精英与平民。对于未来的官员来说，钻研儒家经典及其注疏、历史等课程，是他们在学校中学习的主要内容。这些学校由官员与精英兴办，科举考试的内容则由官员确定。作为考试准备的精英教育，创造了一种将国家与精英连为一体的世界观。当然，精英也有超出科举考试范围之外的思想与兴趣（例如吟诗谈禅等），但这并不一定会与国家对精英信仰的期望相冲突。对于平民大众来说，国家尽力指导重要的宗教活动，确定皇室祭祀的神祇。国家常常也把拥有大批活跃信徒的神灵收入官方承认的神灵系统，但仍有许多神灵是地方民众信奉的。国家并不积极排斥所有未获承认的神祇，而只是剔出其中那些被认为有可能招致动乱的神灵。为了积极树立信仰和消除异端思想的影响，国家鼓励地方上受过教育的人士进行公共训导，讲解儒家关于良行懿德的古训，皇帝也下诏对普通百姓加以劝谕。

中国国家努力建立一套相关的策略,以限定知识分子的教育以及国家偏好的普通民众的信仰。这在欧洲是看不到的。在中世纪的欧洲,教育与学术跟天主教会关系密切,但独立思考的人们仍能摆脱教会认可的世界观并对其进行挑战。中国也有人能摆脱国家认可的正统思想,但他们的信仰很少被人们认真看待,从而也很少成为官方信仰的威胁。欧洲的教会在精英和大众的教育上都起了主要作用。如果从中国的意义上来解释教育(包括道德灌输),那么欧洲教会便控制着圣徒的产生及其在教会系统中的地位(类似中国国家之控制神祇)。在教育与道德灌输问题上,天主教会所起的作用与中国国家颇为相似。对于欧洲国家而言,这不仅意味着其责任较中国国家为轻,而且也意味着其能触及人民的方法较中国国家为少。教堂寺院在农村的分布远比政府办事处广泛,所以欧洲国家只好把触及农民心灵这类事交给教会。这与中国的情况恰成强烈对比。①

　　中国国家视农民的物质福利为最重大的问题。在汉代,国家通过授田,创造了一个自给自足的农民阶级。这意味着有人可纳赋税以支持国家。到1100年时,国家直接授田予农民所起的作用已不如前,但官员们仍继续讨论授田的好处,并承认拥有土地是农业社会秩序稳定的基础。正因如此,明清时期(特别是18世纪)的国家鼓励开垦荒地,并开拓中国边疆地区。一般而言,这时国家对农民物质福利的注意重点,从生产性活动转到了消费。为了社会秩序的安定,国家制定政策来稳定许多物资(特别是粮食)的供给。有时候官员们也从事物资的贮存、运输与分配(如果涉及盐、粮食、布匹或矿产,官员们也会认为这些活动有利可图)。清朝创建了一个复杂的粮食供给系统。在这个系统中,中央政府向地方官员收集关于粮价、气候和降雨的资料,以预测何时何地可能发生严重

---

① 这个区别在十九、二十世纪也很重要,因为在这时期世俗化是民族主义产生过程的一部分。见本书第六章。

缺粮以及研究如何作出反应。国家以常规的和非常规的手段干预食物供给状况。其工作的中心，是建立与维持一个储粮数百万吨的仓储系统。这些粮仓主要建立在县城和小市镇，代表着官方对人民物质福利的责任。这些做法在欧洲是完全无法想象的，更遑论能够做到了（魏丕信与王国斌 1991:507～526）。

尽管有相当的政策差异，中国国家通常遵循着一种基本哲学，即扩大与稳定生产及分配，以创造稳固的收入来源和安定的社会秩序，因为一个社会安定和财政健全的国家，依赖于健康幸福的人民。[①] 当然，中国国家绝非一个高尚无私的团体。它所遵循的政策，旨在再生和增长其安定统治的能力。其目的并不令人惊异，也并非罕见。重要的仅是它为了达到此种目标而进行的选择，而这些选择大不同于那些在欧洲传统中想象出来的具体目标与策略。物质利益手段，早在其成为近代福利国家的要素之前很久，在中国就已很重要。

在欧洲，中央集权推动着国家形成，并迫使中央政府去处理地方消费者、长途贸易和城市消费者对食物供给经营权的争夺纠纷。在此之前，食物供给一直主要掌握在地方政府之手。欧洲国家从未建立过什么粮仓网络（哪怕是规模不大的粮仓网络），以减轻粮食歉收和市场变化所导致的冲击。欧洲国家的主要忧虑是城市（特别是首都）的公共秩序，因此它们很少去协调大片地区的食物供给状况，特别是未予农民以任何帮

[①] 至少是有三种因素，使近代学者通常忽视国家的上述影响。首先，汉学家们见到的行政管理方面的文献，谈得较多的是官员希望事情应当如何去办，而对于事情一定要怎么才能办好则谈得较少；其他的公私文献则抱怨事情办糟了。二者连在一起，使人相信理想与官僚机构的实际运作互不相干。由于现在有更多的档案资料可以获得，我们也有更好的条件来实事求是地评价行政管理的俗务。其次，社会学家向来把国家的影响看得很小，因为这种影响与任何表现近代国家活动的努力范畴都不尽相符。很清楚，明清时期的中国国家并未企图以一种与最近二三十年中发展经济学家所能辨认的方式去促进经济发展，但这并不意味着中国国家不想或无力执行若干有意义的经济政策。第三，由于中国国家认真考虑的那些问题（例如土地分配和食物供给），在世界其他地方历史文献中并非也都显得很重大，因此历史学家也一向小看中国国家的作用。

助,因为它们未将农民作为物质利益控制的对象。这一点,又表现了欧洲国家在这方面的考虑及统治行为方面的局限性。

在中国,社会秩序也意味着政治控制。中国国家努力登记人口并鼓励人民告发邻人的可疑行为,其背后就有强制的威胁存在。国家对所有具有潜在反抗特征的社团都怀有戒心,不论这些社团是知识分子还是船夫组成的,或是某种介乎其中的社会集团。官员们害怕异端信仰,因为他们普遍认为情感与行动有密切联系,"错误"的思想很容易导致具有威胁性的行动。那些不附着于土地的人也是潜在的危险,不论他们是行商坐贾还是贩夫走卒。对于中国国家而言,主要威胁来自农村而非城市,因此它极力使人民依附于土地,并且控制人民迁徙。中国国家一方面允许,甚至鼓励人民迁往人口稀少的地方,一方面又强迫人民和平地留居原地,因而处于一种两难之境。在国力强大之时(例如 18 世纪),国家鼓励移民,较少通过强制机制强化地方社会秩序。相反,在国力较弱时(例如 19 世纪),国家较多依赖强制手段维持地方社会秩序。此时国家也更加疑惧人民的移徙流动,对其在边疆地区的虚弱地位也更为敏感。①

为了掌握人口变化动向,中国国家以两种方式登记户口:一种是为征税而登记户口;另一种户口登记则是 1100 年以后出现的,目的在于创造各种使人民为彼此行为负责的组织。官员们惧怕士绅操纵局势,因而明显地排斥士绅,不让他们起领导作用。某个家庭中某位成员犯下的罪行,可能会连累同组织中的其他家庭,除非后者告发前者的不法行为。因此,中国的强制性控制的目标,是创造一个安定的农业社会。在这个社会中,人民的行为不仅是个人乃至家庭的责任,而且也是其邻里的责任。此外,由于在许多地方邻里也是亲属,所以同时也是亲属的责任。中国法律在几个方面承认犯罪的社会背景,例如罪行的严重性取决于罪犯与受害者之间的社会关系,这种关系则又以亲属及邻里关系为背景。

---

① 关于晚期帝国在社会控制方面的作用,最佳的单部研究著作仍属萧公权 1960,可参阅。

亲属关系在强制性控制方面所起作用比上述更大。有一个共同的男性祖先的亲属团体，形成一个宗族。作为一个集团，宗族支配着其成员。个人如果行为不端，就会被开除出宗族。被逐出宗族是一种社会放逐，能够迫使不安分者远走他乡。由于宗族内的精英应当扶助贫困族人，所以宗族在物质福利方面亦起一定作用。有些宗族设有义庄以救助孤儿寡妇及穷人。宗族也设立族产以扶助族人子弟受教育。因此在某种程度上，宗族对其成员也采取道德的、物质福利的和强制性的控制手段。这与国家的控制相辅相成。

欧洲社会缺乏以一种高度集合的方式组织起来的延伸亲属网，而且也缺少中国亲属团体所借以使社会秩序再生的手段。关于强制性手段，欧洲国家在何级政府能够对何种犯罪行使司法权方面颇有差异，但它们重视的都是个人。民族国家的形成，包含了对许多对付个人的强制性控制方式实行中央集权。因此，在对犯罪之惩处有更大权力方面，欧洲国家越来越与中国中央政府相似，但却没有中华晚期帝国的基本统治机构。这再次表明：欧洲没有中国人用以创建和再生一个农业帝国内的社会秩序的机构与方法。

一般而言，在运用社会控制的意识形态手段与物质福利手段方面，明清时期的中国国家积极动员精英参与。但是国家也明显地限制精英在强制性控制方面所起的作用。强制性控制手段一直是正规的国家职能，直到19和20世纪才有变化。明清时期的国家与精英的关系显然提高了国家的统治能力，但是国家与精英的关系也表现了统治的不稳定性，即国家的统治能力有一种长期的波动。这种波动的基础，是公共机构（例如仓储、学校等）的不稳定。中国国家的统治能力没有任何明显的发展或退化趋势，我们所看到的只是起伏波动。

中国国家希望消除对国家权威的潜在竞争者。这一愿望驱使国家在中华帝国统治的头1 000年内，努力形成一个有效率的政府。在这一时期，强大的豪强常常是地方上的实际统治者，有时甚至是合法统治者。

在8—10世纪之间,豪强势力被摧毁。而后,在国家与豪强的后继者地方精英之间,发展起了一种复杂的关系。国家继续警惕地方精英对其权力的威胁,继续将小土地所有者作为社会的基础而加以扶持。但是国家也知道,吸收地方精英去从事非正式的工作,是明智的办法。由于精英的利益与国家的利益有许多方面彼此相符,精英有时也欢迎国家将责任委托给他们(例如19世纪办团练即是如此)。不过精英也偏向地方社会。为了保护平民(或者更常见的是,保护自己对资源的权利),并为了控制地方社会,精英也会抵抗国家。这在明清时期的抗税案件中屡见不鲜。国家因此一再努力绕过精英,同农户建立更直接的联系。这种努力有时也颇有成效。①

欧洲国家并不奢望让精英发挥与国家日常工作程序相符的作用。贵族精英拥有争夺权力与权威的基础。他们的力量,虽然在欧洲各地肯定有所不同,但对于国家建立者们来说,都是生死存亡的问题。而中国人早已解决了这个问题。欧洲国家所能够考虑的用做强制性控制手段的范围,如同用做物质福利的与道德的控制手段的范围一样,都比中国更为有限。欧洲国家的制造者受到贵族与教会的左右夹击,其正规的官僚机构又能力有限,所受限制颇多,不仅有其他人掣肘,亦为自身组织能力制约。国家缔造者所能产生的承诺,亦为其有限的能力所决定。他们所面对的挑战,更使得这些承诺直至19世纪才变得重要起来。

七 结论

中国与欧洲国家都拥有某些基本职能。它们都收税;它们都将正式的政府与非正式的精英统治结合在一起。在中国,国家权威的问题与对国家生存的威胁密切相关,实际政治亦与政治理想密不可分。在欧洲,

---

① 关于中华帝国早期的贵族情况,参见伊沛霞(Ebrey)1978及姜士彬(Johnson)1977。关于帝国晚期的士绅,见重田德1984和森正夫1980。

实际政治与政治理想都常被学者们一分为二地加以分析。因此,我们发现本迪克斯和蒂利采用了非常不同的方法,来分析相同的普遍现象。如果把他们二人的研究方法放在一起,我们会感到迷惑不解:在欧洲国家形成方面,政治理想与实际政治到底是怎样相互关联的?有人认为:在欧洲,政治理想(特别是关于政治代表与民主的理念),是作为对国家进行防范的一种手段,或者是作为对新兴的国家提出要求的一种手段,而从制度上清楚地表现出来的。在中国,政府内外的人们都有某些共同的政治理想,而且这些理想可望成为贯穿帝国时代大部分时期的政治实践。注意理想与实践,有助于我们对比中国与西欧的国家形成。

　　从上面所揭示的异同中,暂且可以得到何种结论?在欧洲大陆的两端,都可以发现相似的问题和可比的事件。在西欧与中国,国家都要维持国内秩序,防御外敌入侵,并征集进行这些活动以及其他活动所需的资金。中国与西欧的国家在满足以上要求的手段方面,选择范围亦有重合之处。因此,我们应当小心,不要把在中国也有的政治事务的类型,贴上欧洲的标签。在一种文明对另一种文明发生重大影响之前,两种文明中已存在许多相似之处,这使得二者可能会拥有并行的变化过程。① 在国家与社会、国家与经济的联系方面,中西也有明显差异。这表明国家形成是一个在历史上各有特点的过程。中国国家创立的统治方式,包括了许多在欧洲无有其匹的统治目标与统治技术。即使面临类似的问题,中西国家也会以独有的方式来看待问题,而这些方式恰恰揭示了中西国家在共同立场上所具有的局限性。

---

① 欧亚世界的不同部分,以并行的方式一同向近代世界前进。这是小约瑟夫·弗莱切尔(Joseph Fletcher Jr.)未出版著作的一个论点。参阅王国斌 1985 中对弗氏看法的简评。弗氏的看法很独特地以近代早期欧亚各地的文献研究为基础。

第五章 近代国家形成中的意识形态与制度机构

引 言

社会结构与意识形态构成了国家赖以创建社会秩序的条件。一个社会的特定结构造就了不同的人群(例如精英、农民、城市居民),而意识形态则确定了他们在社会中的适当角色和前程。如何把意识形态与不同的人群联系起来,必须作出若干选择。如前章所述,国家面临的挑战、国家具有的能力与国家所负的义务,在欧亚各地颇不相同。新兴的欧洲国家都面临类似的挑战,成功的国家都创造了类似的能力。在许多事例里,欧洲国家在形成民族国家的方面取得初步成功之后,它们担负某些政治见解的义务也变得明白了。中华帝国面临一种不同类型的挑战:外部威胁并非来自相似的农业政治实体,而来自游牧与半游牧民族;国内秩序更受国家关注,而为维持城乡社会的稳定和延伸对其广袤领土的控制范围,中国的国家也创造了许多办法。在这些条件下发展起来的政治意识形态,大异于欧洲国家发展起来的政治意识形态,这是很自然的。

一 近代早期欧洲及明清时期中国内部的国家-经济关系

人们常把英国和法国资本主义的发展,与某些关于经济活动的政治观点连在一起。有一种观点强调:在市场上,有一个从积极的、政治上的家长专制主义向无差别的、自由放任主义的转变,这种自由放任主义使得经济活动的进行不受政府干预(汤普森[Thompson]1971)。另一种观点则强调:国家在制定经济活动的规则与肯定个人财产权利方面起了重要作用,而肯定个人财产权利,又给予人们为己谋利的活动以保障与激励,因为他们知道努力的成果会得到保护(诺思[North]1981)。但是也有一些学者指出,市场能够发挥正面的影响,使人们以建设性的方式,将其对利益追求的欲望,转向服务的场所(赫胥曼[Hirshman]1977)。不论从何种立场来探讨近代早期英国与法国政治经济的变化,都会发现有新的政治原则在运作,而这些原则目的在于保护个人的经济机会。地方政府急于保护本地集团的利益,从而要求控制资源与市场。而民族国家则与单个的经济行动者结盟,以消除地方政府控制资源与市场的权利。因此,新的政治经济的形成,遇到了民族国家对抗地方当局的问题,以及个人权利与财产的问题。

在英国,国家在动员资本与管理工业两方面所起的直接作用极小。到了20世纪,德国与俄国的经验成为其他国家发展的典范。换言之,20世纪的国家,对其本身能够并应当在经济发展中扮演何种角色,有更多的期许。

明清时期的国家跟上面勾画的欧洲变化都不相干。对于个人的经济权利或自由的私人经济活动,没有什么新的见解出现。国家也未推行任何工业化计划。但这并不是说中国人不知道市场及其重要性。与早先那些老的分析相反,近来中国经济史研究显示:中国国家对于商人与市场持积极态度,因为商人与市场的活动带来社会效益。一些中国官员甚至相信商人能够完成官员难以胜任的任务。在18世纪关于粮储问题的讨论中,这种观点反复被提出宣扬。但是支持私人市场活动,并未为中国官员带来任何伴生的新观念(例如发展个人的财产权利,或者在政治学与经济学之间作出任何概念性的突破)。国家依然积极关注着农业经济并促进农业经济的扩展与稳定。这些任务创造了一种国家的工作日程。从下章可知,这种工作日程一直到帝国以后的时代仍然很重要,但是其起源却可追溯到中国统一为帝国以前的几个世纪。古代经典教导统治者要施仁政。人们可能会怀疑这些教诲对战国时代的统治者们的影响到底有多大,因为他们都企图增加武力与资源以扩充领土,并抗御怀有同样目的的敌手。到了帝国时代,仁政的概念有了更具体的含义。例如,模仿古代田制的各种土地分配方案,目的都是使人民生活安定,因为如果人们经营同样的田产,社会就会均富安定。每个朝代都做过分配土地的努力,但国家从未能把私有土地拿过来重新进行分配。这些社会福利方面的努力,与赋税征收有密切的关系。土地分配的目的,是不断地再造一个小土地所有者的社会,而这些小土地所有者人人都向国家纳税。因此国家在授田之时,也在创造其赋税基础。不仅如此,中华早期帝国国家还力图实现自我管理,以创造一个社会基础,消除对国家安全构成主要威胁的豪强家族。简言之,社会福利、赋税征收和自治,都是国家土地分配方案的目的。在设计经济活动时,为了税收与社会稳定,国家可以作出各种政策选择。而在这方面,明清时期的国家具有一种复杂的政策选择传统。官方的选择动摇不定,但有两种普遍的观点确定了包容各种可能性的两个极端。第一,国家能够选择积极干预的政策,以控制或指导经济活动。这种努力包括关于采矿的规定和以盐引交换粮运等。第二,国家仅满足于调节私营经济活动,甚至非正式地委托或依赖他人帮助达到国家的目的。这方面的例子有市场监督、依靠士绅赈灾等。在国家直接控制与间接监督两个极端之间,有各种各样的方式,用以改变、疏导或限制私营经济活动。在整个18世纪,官员与思想家们在寻求稳定与发展经济的方式上,虽有相当的技术性差异,但也有根本性的一致。他们都支持这样一种农业经济:在其中,商业起到重要,但仍是次要的作用。有些人较重视商业,另外一些人则更重视农业,但这个分歧并不严重。在关于如何组织物质世界的各种看法之间,并没有很大差距。

总之,我们可以看到:(1)中国国家促进农业生产,例如促进开垦荒地、兴修水利,以扩大并稳定粮食和经济作物的生产;(2)中国国家调节商业性分配,以达到各地内部经济的均一与地区之间的平衡;(3)中国国家在18世纪鼓励移民开发边疆,使得人口与资源基础维持了相对平衡。到18世纪,国家在此三大领域内的努力,支持了两种各有特色的农业经济:(1)各种小规模的自给自足的经济。这类经济在扩展中的清帝国的疆域内不断再生着。(2)一种复杂的大规模独立经济。这种经济由国家经营,以求社会稳定。增加生产和调节分配,能够适合这两种经济中的一种。而移民则能创造新的小规模经济,或者使边疆地区在经济上融入一个更大的社会。国家通过这两种农业经济形式,促进了社会繁荣,以获得人民的支持,从而肯定其统治的权利与能力。当我们思考经济方面的问题时,可以看到,在"国家要做些什么才能取得胜利"这一方面,欧洲中心主义的看法不能解释中国的实际状况。当我们从国家经济的关系转到国家与社会的关系时,情况更是如此。

二 民族国家与农业帝国形成中的中央集权及地方秩序

贵族和城市,是1300年时欧洲最普遍的两种政治单位。贵族拥有庄园,而城市对更高的政治权威只有很弱的从属关系。将要出现的国家,都面临着取代贵族与城市精英的斗争。在日后成为德意志与意大利的那些地区,存在许多所谓的自由城市。这些城市与贵族精英联手,能够比英国与法国的贵族更为成功地抵抗国家的建造者。英、法中央集权国家的形成，都要求王室承认贵族的某种政治参与权，由此又发展出欧洲的政治代表制度。在国家努力扩大其财力与官僚机构的力量的同时，也更加清楚地划出一个"公众领域"(public sphere)。在此领域中，社会精英(特别是城市资产阶级)能够确定一个属于自己的空间并捍卫之。随后，人们也承认在国家及公众的范围外，应有一个私人的天地。社会与政治权力及社会与个人的关系的这种再编组，与国家权力的扩展同时发生。国家力求不通过其他任何集团的中介，而加强其与个人的关系。这一点，在英、法两国尤为明显。强大的国家确认个人权利，以确保有一个对此有回应的安定社会。

明清时期的国家面临着完全不同的情况。正如前章中所讨论的那样，中国国家很早就已解决了贵族要求独立于国家之外的权力与权威的问题。到了宋代，已无贵族能够向国家的权威挑战。社会精英可能会动摇皇室，但国家并无必要与之妥协交易。强有力的精英人物也不要求政治代表制度。国家努力把个人作为独立的人加以统治，但并无需要排斥中介集团，相反倒依靠中介集团来承担维持地方秩序的责任。

在近代早期的欧洲，国家在与贵族精英争夺权力的同时，也经常心怀焦虑地戒备着农村的群众抗议。但是对于很多政府来说，城市化的后果更堪注意。如何管理一个正处于城市化过程中的国家，对于处于中央集权化中的政府是一个主要的挑战。政府企图建立的国内社会秩序，主要是指由国家的官僚机构统治的城市社会秩序。对中华帝国而言，国内秩序的问题是城乡两方面的。但二者之中，农村社会秩序对中国统治者更为重要，因为他们最感担忧的，是农民骚动而非城市居民骚动。他们畏惧农民，并非畏惧农民个人，而是畏惧农民作为一个集体而被那些罔顾王法的领袖诱入叛乱。这些领袖永远是国家惩治的首要对象。这种想法出自中国的统治原则，即根据社会角色与社会关系，而非某种抽象的个别性，来给人下定义。人们在社会中所处的地位，从本质上来说是等级性的，不论他们是农民还是叛乱参加者。即使明清时期的中国国家不像欧洲国家那样有需要粉碎贵族与自由城市的权力的问题,那么它仍有自身的严重问题要对付。其所遇困难的根源,在于缺乏足够的官员对这个农业帝国的各个地区进行县一级的统治。对此地方统治问题的解决办法,是国家维持中华晚期帝国长治久安的关键。

三 中国与西欧的地方秩序诸问题

正如英国的经验促成了经济与国家的分离一样,它也促成了社会与国家的分离。一个强大的市民社会,基本上能够自己管理自己。在英国与欧洲大陆,宗教组织能够管理许多不在世俗当局掌握中的事务。例如慈善事业,在近代早期主要是教会的事;在而后几个世纪中,也可由各种志愿机构操办。由于国家很少插手经济,所以其在地方福利方面所起的作用也很小。

这种英美的地方自治的传统,被有意识地表达为一种参与的民主,而国家则被视为一部中央集权机器;二者是截然分离的。甚至在政府已成为地方的一部分时,地方治理仍被想象为是自下而上的,与来自中央政府的自上而下的统治相对立。在欧洲内部,"市民社会"(civil society)的强弱也有颇大差别。德国比起英国来,是社会弱而国家强,法国则介乎德、英之间。人们认为中央集权的国家将提倡个人自由,作为消除中介集团而加强国家权力的关键。与此相对照的是德国。德国国家的形成更多地依赖于社团,同时也受各种社团力量的制约。此外,欧洲国家的中央-地方关系,也必须置于一种多国体系内加以观察。欧洲各国的生存空间,必须依赖其对外关系来加以维护;换言之,各国都必须拥有足够的军事的和财政的能力,以对抗敌国,保障本国安全。然而,中国没有类似的市民社会,也未处于多国体系之内,因此欧洲的中央-地方关系的发展,并不能为我们研究中国提供充分的帮助。中国国家对地方秩序关注的中心是农村社会。其对农村社会秩序之关注,远比欧洲国家要更系统。在中国,为达到中央对地方秩序的控制所必需的垂直结合的程度,远远超过任何欧洲国家。

中国官员以及近代学者都肯定:在帝国时代,在地方一级统治农业社会,有各种困难与限制。但是我们应当记得:正是这种地方统治的普遍成功,使中央集权国家在统治农业帝国遭遇到困难时,提供了化解厄运的转机。在世界历史上,没有别的任何国家,能像中国这样在 2 000 多年的时间内,成功地应对挑战,创造地方统治的工具。在中华帝国统治的第二个 1 000 年中,越来越多的人民迁移新地并开垦了更大的疆土。这要求地方政府采取富有创造精神的方针策略,旧有的制度与政策在实施技术上肯定也更为完善了。其中最重要的一种策略,我们可以称为"新儒家关于社会秩序的策略"。这种策略向地方精英提出了促进社会安定与增加大众福利的新方式。

宋儒朱熹与其同时代人支持精英通过善行而在巩固社会安定方面发挥作用。这些善行可以代替那些公认为不能令人满意的政府活动。① 但是,从更普遍的意义上来看,人们认为精英的努力只是对官方维持地方社会秩序的努力的一种补充,而不能代替后者。这种官方与精英双方努力的结合,在清代采取了特有的形式,这种形式揭示了政治准则如何在一个农业帝国各地被落实。

士绅家族及其他地方精英对于维持地方社会秩序的重要性,很早以来已为学者所注意。大约 40 年前,费孝通即已把士绅视为 20 世纪 30 年代官员与农民之间的基本中介(费孝通 1953)。晚近施坚雅(G. William Skinner)指出:中国国家的规模,相对于中国的人口而言,一直在收缩。这一点,是学者们认为明清时期精英牺牲国家以发挥其在地方事务中更大作用的出发点(施坚雅 1977:19~20)。日本学者更直接地考察了士绅自身的利益与动机。重田德勾画了一种士绅控制地方社会的理论。在

---

① 例如朱熹以社仓来替代王安石的"青苗法"。

他故去后,其他学者又对此加以改进完善(重田德1984)。日本学者的研究集中于长江下游的经验,倾向于强调在明代后期与清代,士绅坚持牺牲国家而对地方社会进行控制(森正夫1975—1976)。

继日本学者之后,美国学者近来的研究也着重于19世纪国家-社会关系的变化。在这种变化中,地方精英承担起了比过去更大的责任。罗威廉(William Rowe)在其关于19世纪华中内河港口城市汉口的两本书中,指出了一种新型的通商口岸的出现。在彼处,城市社会秩序的管理,严重地依赖于商人和其他精英组织城市的努力(罗威廉1984、1989a)。冉玫铄(Mary Rankin)在其关于太平天国以后数十年长江下游若干地区的著作中,追溯了地方精英的活动。这些精英在其重建社会秩序时,要求发挥更广泛的作用(冉玫铄1986)。罗威廉与冉玫铄都将其对19世纪中国社会变化的分析,与一种"公众领域"的概念联系了起来。在这种"公众领域"中,精英承担了更多的活动(罗威廉1990;冉玫铄1990)。这个概念,形成了将19世纪中国与近代早期欧洲社会变化进行比较的焦点问题。

在我们欣然接受这种关于明清时期国家-社会关系的变化的观点之前,还应当考虑某些空间与时间上的限制。事实上,那些认为国家-社会的关系自明代后期以来一直在变化的看法,其空间范围通常限于长江流域,特别是长江下游若干地点。另一关键的地方性证据,则来自19世纪新兴的城市中心。在关于这些问题的许多研究中,研究者常常未想到中国这个农业帝国并不只是局限于长江下游和大城市,也未想到18世纪作为一个国家积极有为的时期,大异于17与19世纪。

18世纪中国民间仓储系统的空间差异,表明了某些学者在中国所发现的"公众领域",尚有待进一步加以具体论证。① 冉玫铄与罗威廉明白

---

① 详见我在《养育人民:1650—1850年间中国的国营民仓系统》(魏丕信[Pierre-Etienne Will]与王国斌1991)中所作的研究。

指出了他们所举事例的地理根源,但是他们对其所研究的、与"公众领域"有关的地点之外的地区的情况,却谈得不多。① 但是,在那些并没有许多与"公众领域"有关的事件的地方究竟存在着什么?这对于我们对"公众领域"的普遍理解很重要。18 世纪的民间仓储制度显示:在那些官员们能够指望"公众领域"的地方,他们就依靠之;在其他的地方,官员们则取而代之。说官员们"依靠"一种公众领域,实在很别扭。这表明:这个概念可能很不适合我们对于中国的政治与社会的看法。在 18 世纪的中国,儒家关于维持地方秩序的策略,并未给予精英或官员以地方秩序惟一监护人的特殊地位,而是根据不同地方的情况,承认二者都是监护人。

18 世纪中国国家的粮食管理制度,包括全国每一府州按月向朝廷报告粮价以及天气和收成情况。官员们据此来决定如何最好地使用粮食储备和对商品运输施加影响,以期在全国大大小小的区域中平衡供求。此种制度瓦解于 19 世纪,从而又引起了许多与 17 世纪后期相类的情况的出现。

19 世纪仓储制度的衰亡,系由此制度内外因素所致。在内部因素方面,维持此制度运作要求不断加强组织上的努力,但是官员们在此方面却面临各种困难,从而使得仓储制度遭到削弱。嘉庆皇帝于 1799 年采取了一个重要步骤,取消了地方社仓必须向地方官员报告其活动的规定,同时地方官员也不必再向省里报告社仓的情况。在外部因素方面,由于军队对粮食的需求增大所引起的仓储减耗,需要更多的资金来购置粮食,而这些资金却很难筹措。这种由官方管理并协调省内与省际仓储活动的 18 世纪仓储制度,遂告衰亡(魏丕信与王国斌 1991:75~92)。但这并未意味着官员与精英建立仓储的努力亦告停止。

---

① 在中国研究领域中,第一个使用"公众领域"一词的学者是萧邦齐(Keith Schoppa 1982)。他实际上已注意到了空间差异,但其他追随他的学者却并未对空间问题表现出同样的敏感。

在19世纪,一些省份的地方官员和精英,仍继续努力为粮仓筹集资金并管理粮仓。在一些地方,由于官员无力或不愿仅靠自己来维持正规的粮仓,所以较之18世纪的情况,此时的仓储活动更多地变为精英的责任。但从全国来看,更为明显的是粮仓储量全面下降,也不再有集中的管理与协调制度。

依靠地方精英维持农村粮仓,很难说是19世纪的新情况。在明代后期,乃至雍正、乾隆时代,江苏与浙江的社仓,并不像全国大多数地区那样在官方管理之中。但是,19世纪仓储情况所显示出的是:一种精英活跃的江南模式,可能已变得更为普遍。对于社仓,官方很少加以领导,更不进行系统监督。因此,要是我们想象有一种中国式的"公众领域",那么它将是出自官方积极性的减弱,而非如同在欧洲一些地区那样,是精英对国家提出一系列要求的结果。

较之近代早期世界中的任何国家,中国更注重把"教化"作为政治统治概念的根本。明代正统时期(1436—1449年),很多县份都兴办了社学,并将此作为一项官方事业(五十岚正一 1979:296)。到清初,这些社学仅有少数还存在(至少是在名义上还存在)。清代地方学校最普通的形式是"义学"。在边疆地区,义学由政府兴办,以教化当地人民。在内地,则是地方精英响应官方号召兴办义学(小川嘉子1958;五十岚正一1979)。梁其姿关于明清社学的近作证实:在创办与维持社学方面扮演主角的,是地方团体的领袖而非官员。虽然梁氏的研究主要是针对长江下游的情况,但也包括了来自其他一些地方的证据。这些证据显示:在长江下游地区之外,地方精英也在地方教育中起了主要作用。[1] 但是这种长江下游模式究竟有多普遍呢?

---

[1] 当然,对长江下游而言,梁其姿已指出:"社学"一词在明代使用较为普遍,而"义学"则在清代更为流行。她也发现:在长江下游,在对地方学校的资助与管理方面,官员与精英的相对重要性,从明到清有一个明显的转变,即明代依靠官员办学而清代则依靠精英(梁其姿1989)。但在长江下游以外的地区(例如广东)"社学"的名称一直沿用到清代(1822《广东通志》144卷,1~9)。

在边疆省份,国家明显地在义学创办中起了较大作用。在《会典则例》中可以看到许多记载,说在贵州、云南两省以及在四川、湖南、广东等省的边远地区,官员努力兴办义学(《会典则例》卷396,第1～96页)。官员特别把义学与对少数民族的教育联系在一起。政府兴办义学成功的最佳例证,是18世纪有名的官吏陈宏谋在云南带头创办了650所义学。正如罗威廉的研究所示,陈宏谋令其属下官员负责发展义学,并且反复询问办学情况,使得属下官员难以敷衍塞责。陈宏谋指出:官员们创办义学的资金来源很多,例如地方预算盈余、常例公费、职田地租、未入账的新垦田地的收益,以及地方精英的捐献(罗威廉1989b)。不论何时,只要可能,陈宏谋还为义学寻求田产,使之有可靠的资金来源。精英在兴办义学方面的作用,通过捐款捐地表现出来。但他们的努力,并非义学增加的动力。与长江下游的情况形成鲜明对照的,是官员在云南明显地起着主导作用。

长江下游和云南两地精英与官员在义学兴办方面所起的不同作用,与18世纪的经济核心地区和边远地区精英与官员在社仓兴办方面所起的不同作用,大体上相似。在这两个极端事例之间,义学兴办如同社仓兴办一样,包含了官私双方努力的结合。

从意识形态方面来看,学校与粮仓是相互补充的。促进教育与经济福利是地方官的两大任务,因为"教养"人民被认为是治国的基本特征之一。① 不仅如此,全国各地官员与精英所起的作用虽有不同,但是对于促进教育与经济福利而言,彼此却也相似。但是,在18世纪为协调这些活动而发展起来的组织形式,并不是一种单一的、平面结合的地方系统,而是若干分离的、垂直结合的机构。地方社仓存在于一个较大的仓储系统

---

① 黄六鸿在1694年刊出的《福惠全书》的"凡例"中,希望读者同他一起收集关于"教养"内容的资料。在该书中,仓储实际上是放在"教养"条之后的"荒政"条中加以讨论的。这是因为赈灾是一个很大的题目,足以使之从经济福利的其他内容中分离出来。见黄六鸿1984:61～66。

之中;而这个系统本身,是国家用以影响食品供给状况的一种主要手段。地方仓储的直接功能是在大灾之年救济农民,偶尔也为来年播种提供种子。但地方学校的功能却是多重的。国家在边疆地区兴办学校,目的是通过儒家社会伦理观念的灌输,去"开化"少数民族。但是在内地,地方学校通常被视为有前途的男童求学的第一步。有些在地方学校学习成绩优良的学生,渴望到外地继续深造,以求达到科举考试成功的目的。国家能够通过科举制度控制教育,因此并不需要像仓储系统那样,由中央来控制学校管理。

在地方上兴建与维持义学的努力,如同那种旨在征集粮食的努力一样,都涉及到官员与精英二者。在教育方面,官方与非官方所扮演的角色的界线颇为模糊。这一点,也表现在"县学官"的问题上。用伍思德(Alexander Woodside)的话来说:学官的位置,尚未完全官僚制度化(伍思德 1990:182)。县学官既非正规官员,又非真正的非官人士,这种情况使人很难在官方与非官方之间划出一条明确界线。因此,在中国,所谓"公众领域"中的"公",包含着官员与精英双方的参与。这种参与的情况在不同的时期与地点颇为不同。官员与精英的努力相互交织,因而在"何为国家"与"何为社会"之间,不可能有明确界线。① 对比 18 世纪的情况与 19 世纪的情况,彼此之间确有重大差别。但是这个差别,并非官方与精英之间的差别,而是由中央政府主导或操纵的行为与更完全地依赖地方积极性的行为之间的差别。而地方积极性既出自地方官员,也出自地方精英,而且通常同时来自双方。19 世纪行为之有异于 18 世纪者,使地方的制约更为明显。

---

① 我强调官方的与非官方的努力相互结合,而非二者之间有明确线,但这并不意味着官员与精英的作用不会偶尔发生冲突。例如,从伍思德关于教育的研究来看,"学官"的情况就是颇有争议的(伍思德 1990:182)。但是我觉得这种争议,并未导向那种欧洲许多地区出现的国家与社会之间的根本区别。

四 18世纪对中央控制之追求及其对近代中国的影响

很久以来,学者们已注意到:明清时期的国家在人力与组织方面所受到的制约,阻止了国家深入农村社会。这种看法使人会想象:国家建立地方社会秩序的努力很难成功;如果政府真的想作这种努力的话,也只能通过委托地方精英承担责任的办法,才能成功。有的学者认为:地方精英有其自身优先考虑事项和自身的追求,而且这些考虑及追求通常与国家的有关考虑与追求截然分离,甚至相互对立竞争。如果我们把前述看法与此种见解联系起来,很容易得出如下结论:大体而言,国家与地方秩序的关系十分有限。关于国家和地方精英的策略彼此分离或相互竞争的证据,最明显地见于关于赋税问题的研究。① 在其他问题的研究中,似乎也常常存在一种假设:如果不是由国家出钱,那么有关活动所追寻的利益也必定与国家的利益相异。我则认为情况恰好相反:在物质福利与道德灌输的领域内,国家与地方精英的策略是大致相同的。这种策略运作于18世纪的全国各地,办法是中央政府通过垂直结合的汇报程序,协调(如果说未达到充分控制的话)官员与精英的共同努力。官员们根据他们对地方社会结构与地方经济的评估,确定他们卷入有关事务的范围。一般而言,18世纪与19世纪政府在维持社会秩序方面的差别,只是高层官员力求管理地方社会的程度之差和手段之别而已。

18世纪的仓储制度表明,国家有能力建立一个巨大的和复杂的结构,以影响各地的物质福利。当然,从财政与组织方面来看,这个成就是很脆弱的。但是这样一种复杂的粮食征集、储藏、转移与分配制度,终究维持了好几十年。因此,一个有能力取得这种成就的政府,也企图在其他领域施加垂直控制,这也不足为奇了。

---

① 例如詹姆斯·波拉切克(James Polacheck)关于同治中兴时期苏州士绅的重要文章(波拉切克1975)。

在道德灌输方面,清代皇帝十分重视施行"乡约"制度。"乡约"一词,在宋明两代都是指一种地方社团组织。在这种组织中,人们通过适当的教育与物质帮助,以促进社会和谐。南宋时人将"乡约"设想为一种人们得以组织起来救火、御寇和救助病残贫民的单位(和田清 1939:51~52)。在明代,明太祖于 1388 年号召建立"乡约",作为一种地方教育机构。著名人物如王阳明与吕坤也倡导"乡约",将其作为一种被 20 世纪学者视为自治或地方精英控制工具的机构(松本善海 1977:131~138;和田清 1939:119~126;清水盛光 1951:338~360;韩德琳[Handlin]1983:47~51、198~199)。但是正如莫里斯·弗里德曼(Maurice Freedman)在 25 年以前即已注意到的那样,清代前期与中期的统治者赋予"乡约"一词以新的意义,即作为一种宣扬官方见解的大众宣讲机构(弗里德曼 1966:87)。康熙帝在其圣谕中,提出了 16 条训示,劝导人民要勤俭、善待亲邻、倡导正学、及时完税以及组织起来防御盗贼。通过乡村宣讲系统(即"乡约"),人们将听到生员对这些条目的讲解(萧公权 1960)。雍正帝不满意其父以文言写出的上述训示,颁发了他自己作的详细解释。许多通俗读物也加强了皇帝们努力的效果(梅维恒[Mair]1985)。这些活动依靠没有正式官职的地方精英进行,他们也认为宣扬正确行为是儒家的职责。国家努力组织和管理这些宣讲,将其作为一种不同于其他地方行动的活动。在某些情况下,国家也指望县令本人作宣讲。早在 18 世纪,就已有一些人抱怨这种乡村宣讲制度效果有限。这部分地是因为缺少一种与仓储会计相类的制度(仓储会计制度可以追踪粮食的征集与支出)。但是,即使乡村宣讲制度不能像仓储制度那样有复杂的组织和成功的运作,其政治意图仍然很清楚。18 世纪统治者控制下的乡村宣讲制度,也是一种专门从事道德灌输的垂直结合的机构。统治者期望官员们把这些宣讲作为一种特别的活动而加以密切注意。

除了这些物质福利的与道德灌输的制度外,18 世纪的中国国家也投入了相当的努力以实施保甲制度。这种制度使人民相互监视,也给予他们安全。在地方控制的三类手段(即物质利益的、伦理道德的和强制性的手段)方面,18 世纪的国家力图创建各种特有的机构来施行这些手段。这些机构是垂直结合的和功能具体的;通过这些机构,一个中央集权化的国家能够组织地方社会秩序。这些制度为精英的参与设立了明确的规定。这种参与的水准和范围因地而异。①

盛清时期促进社会秩序的儒家策略所取得的胜利,明显地依赖于官方有能力保证精英的参与以及扮演国家为之确定的角色;而国家确定这种角色的根据则是儒家伦理原则。我们可能会认为,官方迫使精英参与国家确定的社会工作日程,招致了精英的反感;这种反感是前述有关制度的主要弱点。而在 20 世纪后期,无论在东方或西方,人们在感情上都抵制任用制。不仅如此,对于我们了解最为充分的明清时期精英——江南的士绅精英——而言,在明末清初时期确有抵制官方插手地方事务的记载;士绅精英能够并愿意在没有国家介入的情况下管理本地事务。②但是从国家的观点出发来看此情况,是否也会有相似的看法,并不是十分清楚。如果精英真的在没有国家参与的情况下成功地维持地方社会秩序,那么这只不过是简化了统治这个农业帝国的工作任务,从而使得官方可以将精力转到其他方面的问题上而已。在精英能够并愿意采纳儒家社会与伦理观念的地方,缺少官方监督的问题,很少引起人们的忧虑。更广泛一些说,对于那些通过垂直结合、功能具体的制度来维持社会秩序的 18 世纪的活动而言,其限制较少来自官方与精英在这些事务上的对抗,而较多来自官僚机构在能力方面所受的局限与在意识形态方面的变化。

现在我们再回到粮食供给的经营管理问题上来。在此方面,官僚机

---

① 关于官方对控制地方机构的政治关注的另一个标志,出自陈宏谋在江西的活动。他努力在地方机构中更正式地利用宗族。他认为应为每个宗族设立一个领导职位,而取得此职位的人则负责向地方官员报告当地秩序(陈宏谋《培远堂偶存稿》卷 14,35A)。
② 例如在赈灾方面,见森正夫 1969。

构对地方活动的监督,代价可能相当大。从仓储而言,必须收集许多分散的农村粮仓账目,核查每年数目是否平衡,然后将有关数字汇集成报告,逐级呈上。这一套手续,需要地方官员有才干和耐心,才能完成。随着仓储变得更加普遍和储粮增多,完成这些手续的困难也加大了。如果犯了错误,通常很难在以后的查账中发现,因此精确的控制日益变得不可能。

在监控地方活动(如农村粮仓)方面遇到困难,不仅仅是一个组织能力的问题。上级政府也可能担心地方官员将钱粮挪作他用。由于害怕地方官员可能会玩花招,雍正帝也限制地方官员在农村粮食管理方面所起的作用。也正是出于这种顾虑,嘉庆帝于 1799 年决定终止国家对地方农村粮仓的监督,因为他觉得维持这种监督,必然导致一些县衙门中腐败盛行(《仁宗实录》卷 50,第 24~26 页)。中央政府不得不决定究竟是地方精英还是地方官员更可信赖。前者可能会在道德义理的积极力量驱使下,对自身利益加以引导,主动地关心地方事务;而后者则会把监督工作列为其众多职责之一,但由于人力不足,实际上无力履行。①

因此,在确立地方秩序方面,物质利益手段与伦理手段的相对重要性随着时间推移而变化,是不足为奇的。接近 19 世纪中期,国家在意识形态和物质利益方面所负的义务,已被蒙上了阴影。叛乱的威胁,导致了新的挑战,即需要动员人丁建立民团,并且榨取充分的收入以支付军费。与在财政优先考虑项目上的这一转变相伴的,是日益依赖地方官员与地方精英,指望他们去协调许多为保护与维持地方秩序所必需的活动。这意味着一种更大的地方协调策略,即把物质利益的、伦理道德的和强制性的控制手段,更多地在地方上协调,而较少地把那些功能具体的活动作垂直结合。这些变化肯定削弱了中央政府管理地方事务的能

---

① 出于嘉庆帝之料,19 世纪的官员继续在地方仓储中起作用,有关事例见星斌夫 1985:297~289。

力,尽管许多省级与地方级官员仍然面临灌溉、蓄水和赈灾方面的问题。① 确实,在叛乱所引起的纯粹军事危机的旁边,是那些继续要求国家干预的社会问题。但是,因为在较为边远的省份,官方行动常出于军事上的考虑,所以我们研究这些地区时,应将它们与那些经济上处于较为中心地位的地区区分开来。同时,对于后一类地区的地方政治与社会变化,我们也较为熟悉。因此我们主要注意的,实际上是那种可称为"江南模式"的地方统治方式。在这种方式中,精英在创建社会秩序方面起了突出的作用。

我所称为"江南模式"的地方统治方式,并不意味着仅限于19世纪后期的江南。但这种维持地方秩序的统治方式的实施,的确在江南具有最强的传统。自明代后期以来,江南的精英一直在地方事务中,明显地起着这样一种作用。虽然江南精英的活动在全国也具有较为普遍的重要意义,但自明代后期至清代后期,全国的情况发生了变化。在18世纪,出现了一种强烈的趋向,即追求各种垂直结合的官僚机构的控制,将精英的活动置于官方监督之下。在精英力量不强的地区,官方发挥了更为积极的作用。在18世纪,这种控制的空间结合十分紧密。在清帝国广袤领土上,地方一级的政治统合的基础,是中央政府对于精英与官员所扮演的不同角色的认可。这种政治统合所取得的成功,又依赖于建立一定程度的协调、监督与控制。而事实已证明:在不断变化着的社会与政治环境中,这些协调、监督与控制不可能维持下去。江南的精英受18世纪官僚机构变化的影响最小。官民共同分担的维持地方秩序的工作,在江南主要由精英承担,官方干预极少,即使在18世纪亦如此。当18世纪的体制瓦解之时,维持地方秩序的江南模式遂成为一种明显的替补

---

① 为了避免把对地方政府活动的协调与监控的削弱视为国家衰弱的一种广泛的标志,应注意国家活动的两个特征。第一,中央政府有能力在19世纪后期大幅扩大财政征收。岁入从18世纪的3 000万~4 000万两跃至1885—1894年10年平均数的8 350万两(魏光奇1986:227;滨下武志1989:79);第二,政府继续动员军队以镇压叛乱,而随着军事上的胜利,官员们(例如曾国藩与张之洞)努力在西北和西南重建社会秩序。

方式。当然,官员与精英在促进地方秩序方面所扮演角色的可转换性,并不意味着他们各自选择执行的政策总是相同的。不仅如此,精英也并非一定表现出比官员更接近当地人民。白凯(Kathryn Bernhart)发现:士绅并非19世纪后期江南广泛开展的抗税活动的领袖。这表明江南的地方精英,并不一定以我们在同期中国其他地区发现的下级士绅所采取的方式,来捍卫桑梓。①

18世纪与19世纪之间政府组织与政府行动的制度变化,也包括了政府活动(例如仓储)的衰减。儒家学者关于创建地方秩序的策略的言论,又为这种衰减加以粉饰,因为儒家古训并未明确地要求中央政府在创建地方秩序中发挥作用。朱熹关于地方机构的基本思想,后来被许多学者以各种补充的方式加以改进发展(这些学者中,甚至包括王阳明在内,尽管人们通常认为王氏的哲学观点与朱氏观点相对立并且是对后者的挑战)。这种思想认为应争取地方精英参与地方长官主持下的地方秩序建设计划。在18世纪,中央政府在促进精英参与地方秩序建设方面,常常起了积极作用,但在19世纪起的作用却小得多。其结果之一,是上述儒家创建地方秩序的策略,可以用不加变动的基本语汇,在不同的空间范围内表现出来。在此意义上,它具有一种"分形"的性质:在明清时期的中国,不论我们从何种空间范围去看,可能都会看到这种儒家关于社会秩序的策略的不同表现。② 当然,在如何最好地实现地方秩序方面颇有争议,而这种争议常表现为"封建"与"郡县"之争。但是,这些差异,是在一个共同的意识形态范围之内表达出来。因此,即使实际上人们对于官员和精英如何管理地方机构方面意见有分歧,但是各个机构所表现出来的意识形态基本上仍是一致的。

---

① 抗税问题,将在本书第八章中较为详细地讨论。
② "分形"(fractal)一词,由数学家曼德尔布洛特(Benoit Mandelbrot)发明,意指某些不规则的几何形状,在不同比例的空间范围内,其不规则的程度会保持一致。因此,"分形"的形状看起来都是一样的,不论它是小到须用显微镜观察,还是大到只能从飞机上才能看到,见格莱克(Gleick)1987。

这种"分形"的性质,为前述国家与社会之间没有一条容易划分的界线的观点,留下了余地,允许不同层次的政府来体现创建社会秩序的各种原则。那些为实施地方社会秩序而发展起来的制度,也可在或大或小的空间范围内复制再造。最后,创建秩序的精英与官员,都被连成各种同样具有不规则多面体性质的网络。一个地区内的地方精英人物所拥有的社会关系,比全国性精英人物为少。后者对社会秩序的关注,也是一种更大范围内的对地方的关注。诸如"公众领域"和"市民社会"一类的术语,被迫接受了这种不规则多面体的性质。而这种性质,对于就我所知的近代早期欧洲的经验而言,是一种陌生的观念。这种性质也掩盖了在近代政治规范实施方面的变化轴线。较早的研究认为有一个权力从中央到省级领袖的转移,而较近的一系列论题则是关于精英活动在地方一级的扩大。在此,我认为连接中央与地方的垂直轴线的破坏,是一个从18世纪活动到19世纪活动的根本性变化。

五 农业帝国之滑入近代以及"公众领域"和"市民社会"的出现

从地方机构的观点来看,18世纪后期与19世纪前期的中国历史,似乎是以一种颇具讽刺意味的方式,把若干关于近代社会变化的观念扭结在一起。在18世纪,各地粮仓被组织成为一个跨越这个农业帝国的储备系统。而后仓储制度的衰落,又将此机构排除出了我们的视野。而在以欧洲为基础的关于近代社会变化的观念中,这种机构是完全看不到的。因为这些观念偏重于城市,并且强调那种创造了国家、私营经济和市民社会之间的鲜明界线的力量。以这些范畴为基础的关于近代社会的幻象,到20世纪后期已不复存在,但这些概念的力量仍继续在起作用。中国农村粮仓的消失,非常适合我们关于"传统"帝国衰亡和近代国家兴起的观念。

教育方面的变化,也符合流行的"帝国瓦解"的故事线索。儒家教育之让位于西方教育,意味着作为道德灌输的地方教育,已经丧失其基本的吸引力。不仅如此,国家也不再与教育紧密结合。但具有讽刺意味的是,在帝国以后的时代,地方政府承担起了教育的责任,而且通常是从过去控制地方学校的精英与宗族手里接过此种责任。此种情况与那种"市民社会"正在出现的看法颇为一致,因为在"市民社会"里,政府掌管着各种诸如教育之类的基本性活动。

只要我们把眼光往后移几十年,那么上述中国与欧洲社会变化的相似性就没有多少说服力了。1949年以后,农村的口粮管理,被当做一项基本的政治挑战,又重新出现了。虽然具体的制度安排和这些活动所体现的意识形态内容与清代并非很相类,然而在地方农业社会里的许多社会与政治问题具有一种历史的延续性,却是可以肯定的。[①] 自1949年以后,政治与教育也再次紧密地结合在一起。国家对初等教育的做法,与明清时期的情况有极为类似之处,即国家力求通过对少年儿童的教育,把自己关于社会的道德理念,施加于社会。当然,现在的初等教育包括有许多从西方引入的工具性知识课程。但是这些"西方"的科目,显然并未较为广泛地涉及"西化"问题。

19世纪和20世纪中国的社会与经济变化,具有其西方的根源。这些变化明显地有异于那些早先的历史相似现象。西方的变化,既成为中国的榜样,又成为中国的机会和障碍(特别是在19世纪后半叶以后)。尽管中国有长期的城市化历史,但19世纪的通商口岸明显地为中国的城市化增添了新的内容。城市中心成了最有可能出现"公众领域"和"市民社会"的地方。当然,在欧洲,正是城市容纳了"公众领域"和"市民社会"等事物的社会形成。但是欧洲的政治主要是一种城市现象,而中国的政治则是农业帝国的政治。本章所讨论的中国有关制度,都是面向农村的,或是旨在跨越城乡的。对于中国城市的新发展(包括那些20世纪

[①] 这些问题在王国斌1988a中已较为详细地提出。

出现、与"市民社会"类似的事物),我们应当以某种方式将其与已在中国存在了漫长时期的农村社会联系起来。

在许多关于"公众领域"与"市民社会"的讨论中,根本的问题并不是弄错了相似性,而是没有将这些相似性置诸各自环境中,然后由此得出可供分析之用的推断。我认为主要问题在于:对于中国的"公众领域"而言,应当以一种方式,具体说明其与西欧"公众领域"相同及相异的各个方面。这种方式要求我们发现相同之处,同时也弄清根本差别。运用诸如"公众领域"等术语的危险在于:片面的认识将会导致人们对若干社会或政治变化模式的期待,但事实上人们尚未清楚地看到这些变化。

在"公众领域"与"市民社会"的讨论中所说的中国与欧洲之间的差异,可能同二者之间的相似性一样令人惊异。例如在宗族的作用方面,罗伦斯·斯通(Lawrence Stone)说:"近代国家是氏族、家族和上层阶级间的良好的主人-附佣关系等价值观念的天敌,因为在这种社会与政治的层面上,这些价值观念直接威胁到国家那种'人民应首先效忠于国家'的要求"(斯通1979:99)。然而,在中国,当国家变成"近代"国家时,它依然依靠宗族团体。在20世纪前半叶,社会与政治的变化为宗族创造了各种含混不清的角色。例如,冯桂芬把宗族视为国家教育与抚养人民的基础。他借助于古代的宗法制度,建立了一种宗族与国家之间紧密联系的概念。作为一种以宗族为基础的政治制度,宗法制度并未将宗族与国家截然分开。为了促进宗族在地方政府中发挥更大的作用(尽管是借助于宗法制度),冯桂芬分两个步骤进行了分析。首先,冯氏借助于古代的原则,肯定了国家与社会之间有一种连续统一性,因而二者并非处于对立状态,而都是一个更大的整体的组成部分;其次,他想使宗族在地方政府中为国家服务。在他所想象的地方秩序中,国家能够把宗族视为实行保甲、社仓和团练等制度的基础。官员与精英的活动,日愈被认为都是国家统治方法的组成部分,而宗族则为加强官员与精英的相互影响,提供了组织上的中心(冯桂芬《复宗法议》)。

冯桂芬的立场,已远离 18 世纪官员及乾隆帝的立场。18 世纪的官员与乾隆皇帝十分注意维持对地方的垂直控制。但冯氏却很自如地提出一种"封建"统治制度,而这种制度又依赖于一种更大程度的横向动员。冯氏对长江下游地区宗族的倡导,要求承认宗族是一种多目的的准官方组织。他认为宗族组织的完善化,是一项加强而非削弱地方政府的新发展。然而为成功地加强地方政府而付出的代价,是减少由国家决策的垂直结合。

18 世纪政策的特征,是官方的监督与官僚机构的垂直控制连为一体。19 世纪后期地方精英的努力,不再受这种监督所制约。尽管像冯桂芬这样的改革者认为其努力是为了加强地方政府,但是由于没有垂直结合,遂使得这些地方精英的活动,对于一些西方学者而言,似乎成了一种与官员活动及官僚机构活动相对的"公"活动。我认为,这些活动中的所谓"公"性质的出现,更多地出于官员为促进和控制这些活动所作的努力减弱了,而较少出于精英所作的努力发生了变化。

如果我们真正地理解了中国与西欧在公众领域方面的这种平行发展,就可以期待其他的相似变化。对于宗族的进一步研究表明:下面所谈到的邓尔麟(Jerry Dennerline)所作的探索,很容易就可证明是一种蛮干。邓氏以其对华氏义庄的分析为基础,对宗族在政治变化中的作用提出了一种广泛的解释(邓尔麟 1980)。他认为:该义庄处于法人社团发展的基部;亲属团体的活动自 18 世纪以来,一直在向法人社团的活动靠近。地方政治逐渐为一些地方精英所支配,而这些精英的职位又依赖于他们的法人领袖地位。即使义庄的形成系由对于礼义规则及传统的家族性忠诚所致,但以这些义庄为基础而形成的法人团体所具有的政治潜力仍是新事物。尽管邓氏文章未讨论这些变化的"公"的性质,但这些变化倒也很支持其他学者所研究的"公"的性质。邓氏帮助人们去想象地方社会达到紧密结合并与国家分离的各种可能性。然而,在鉴定宗族在地方社会中的作用方面,迄今并无定论。这种不明确,反映了在如何去看待清代后期地方政府的问题上,人们的看法含混不清。冯桂芬旨在使宗族成为地方政府统治的一个基础,而邓尔麟则大力主张宗族是社会与国家分离的基础。我们应当采纳何人之说呢?很难回答。这表明:对于清代后期与20世纪的政治变化,我们尚未能清楚地看出其所有方面。

当然,关于清代后期与民国时代地方政府的研究成果正在增多。孔飞力(Philip Kuhn)关于地方政府的经典之作,明确地描述了20世纪初期地方政府发展的若干可能前景(孔飞力1975)。他认为一个全国性的国家,努力维持对地方当局的垂直控制。这对于地方政府的参与制以及代表制的形成,施加了限制。孔氏著作发表以后出现的其他英文论著,探讨了西方政治思想与中国政治概念的相互影响,以及清代后期和民国时代地方政府行动的制度特征(闵斗基[Min Tu-ki]1989;汤普森[Thompson]1988;杜赞奇[Duara]1988)。这些研究以及其他关于地方和省级政治变化的研究成果,促进了我们对各种复杂变化的了解,但是它们在观点与分析上可能都有一些局限。本章所提出的有关研究问题,可能会有助于说明这些局限。

中国与欧洲在统治的意识形态与制度上的差异极大,使得运用西方的分析范畴来对明清时期中国国家的活动进行分析十分困难。中华帝国的再生与扩展,所依赖的策略大多不同于欧洲近代国家的形成过程。对中国而言,近代国家的形成过程必须解决农业帝国统治策略方面的各种问题,或者代之以一种新的工作程序。下面,我们就来谈谈近代中国国家形成过程中的一些复杂情况。

第六章 1850年以后近代国家的形成

一 近代世界中的冲突

在19世纪,欧美的政治、经济力量扩张到了亚洲、非洲、拉丁美洲和中东。许多新的政治单位(如殖民地)形成了。一些过去久已存在的国家(例如中国)虽没有正式变成殖民地,但也受到对外关系变化的持续压力,不得不根据西方人的喜好和希望来限定政治和经济的关系。自第二次世界大战以来,这些19世纪的政治征服关系已大致瓦解。但是殖民主义和毛泽东所说的"半殖民主义",已在世界各地的国家形成方面留下了深刻的印迹。

这种国家的国际体系,对于不同国家相互关系中的行为规范,提出了一些非常实际的限制,并确定了一些具体的期望。在国家与社会的关系中,国内变化的动力,与国家之间的行为,是互相分离的。有些学者特别重视国家之间的关系这条轴线,他们之中有几位(例如沃勒斯坦[Wallerstein])走得更远,认为这种国际体系决定了非西方国家的特征。但多数学者仍承认国家-社会关系中的国内轴线是明显存在的。国际与国内这两条轴线,到底如何限定国家得以再生和改造的空间?这是过去关于19和20世纪国家形成的研究所遇到的主要挑战。由于各国大小不一,而且在与西方接触之前,它们有组织的政治历史长短也各异,所以上述两轴线何者更为重要,也因国而异。我们应当根据这两个标准,注意观察19和20世纪中国国家形成的国内轴线。

当然,中国国家形成的国内轴线,并未脱离西方的影响,因为西方国家为其他国家提供了仿效(或者有意识抵制)的模式。今日的政治领导人能够自觉地采纳许多政策和策略,来引起各种具体的政治变化,达到各种从外部输入的政治目标。但是,以别人已达到的成就作为自己对未来企盼的基础,并不能保证自己所为一定会成功。人们所设计的变化蓝图,往往不能很好地符合实际,因而常常出现若干未曾意料到的后果。例如,晚清的省议会,并未发挥君主立宪制下或共和制下的那种民主政治的作用。相反,省议会虽然促进了皇帝和帝国官僚机器的垮台,但是并未为帝国以后的政治秩序创造一种新的制度。

对于政治变化的企盼,通常也以那些从外国输入的关于政治发展的理论为基础,而这些理论又根据的是学者们对西方历史上的政治所作的阐释。然而,这种做法有两个大问题:第一,过去关于政治发展的研究中所揭示的西方政治史,应当如何去解读领会,向来就有争议。在许多研究成果中,学者们只是按照某些政治理想去构筑欧洲的变化,而并未从历史的角度来加以验证。第二,国家的形成,明显地根植于具体的历史变化方式之中。因此,把外国的政治观念,引入对某一国家的国内情况的分析,是很危险的做法。这一点也证实了,近代中国和欧洲的国家形成是多么的不同。

二 19世纪中国的国家形成

人们通常认为:19世纪的中国国家过分虚弱,所以难以对付国内叛乱和外国压力所引起的挑战。这种看法部分地依赖于以下事实:清朝于

1911年灭亡,而这一"不可避免"的灭亡又可以追溯到清朝与外国的纠葛以及国内叛乱。当然,从某种角度来看,晚清国家的确不能应付它所面临的许多挑战,但是导致国家垮台的危机,并不是叛乱,也不是1890年以前建立的那种对外关系。从1911年向前去看,很容易忽视晚清国家到底如何看待它所面临的种种问题,以及为了对付所遇到的困难,它实际上能够做些什么和确实做了些什么。

从近代民族主义者的观点来看,欧洲人将一系列不平等条约强加于中国,从而损害了中国的主权。中国未能在欧洲人所创立的国际体系中赢得一席之地,而20世纪早期的日本却成功地获得了世界强国的地位,二者形成鲜明对照。这些看法都对,但是问题在于:中国是怎么失败的?是不是中国过于虚弱,以致国家完全无力抗拒列强加给中国的一系列不平等条约?可能并非如此。当中国与欧洲人开始接触时,中国所参照的是它过去与外国人(主要是北方的游牧民族)打交道的办法。例如,允许外国人居住在中国境内某些特定地点,让他们自己管理自己的事情,享有治外法权,这些在清代国家处理与北方游牧民族的关系时,都是可以接受的。通过任命外国人为海关官员来调整对外贸易,对于清代国家来说也是可行的,因为这意味着中国人有一个与外国人打交道的中间人。由于海关收入到了后来才变得远比预期的数量更为巨大,所以我们不应认为清代国家早先使用外国人管理海关和实行低税率的想法,就一定是不合理的。不仅如此,在中国因在中日甲午战争和八国联军入侵中战败而被国际列强强索巨额赔款之前,中国人能够感到他们有信心解决外国人的新挑战。对于解决叛乱引起的困难,他们的信心更是明显。

在1850—1873年之间,中国的国家面临着全国各地的叛乱。太平天国(1850—1864年)运动始于粤西山区,而后通过华中沿长江而下,太平军定都于南京,在中国最富裕的地区建立起统治,有效地将清朝的控制排除于外。镇压太平军,需要动员大量资源,并采取新的建军方针。

在华北，又有捻军起义(1851—1868年)。捻军活跃在淮河流域，似乎对清朝威胁较小一些，所以直到清廷打败太平军之后，才被镇压下去。除了太平军与捻军之外，还有西北和西南各地的回民起义，也到1873年才被最后消灭。动员人力和物力来镇压这些叛乱，需要财政上和组织上的创新。除了开征厘金(国内商品流动税)来供养与叛乱者作战的军队外，清廷还以未来的海关收入作担保，向外国举债，用以镇压回民起义。新建的地方军队打败了叛乱者，而有些省份的官员也通过控制这些地方军队而日益势力强大。

大部分地方军队是在19世纪70年代动员起来的。此时的中央政府，相信它已经平息了19世纪中期的叛乱所提出的挑战。在国际上，虽然中国对越南的影响被法国取代了，但是直到甲午战争之前，中央政府仍然能够对外交事务感到放心。在看待世界以及对外关系的关键方面，清廷也在慢慢地修正原来的看法，以适应欧洲人的到来。而这些修正并未导致对国家统治能力的明显威胁。甲午、庚子两役后日本和八国联军所索取的巨额赔款，以新的和致命的方式损害了晚清国家。但是从财政方面来看，在此之前，19世纪的中国国家已经表现出了它还有能力开征新税，以对付新的开支。

1849年中国国家的财政收入为4 250万两白银，其中77%来自农业而其余来自商业。36年后，到了1885年，财政收入上升到7 700万两以上，而这个增加主要是由于商税增加了3倍。清廷具有以此方式增加收入的能力，这很难说是国家虚弱的表现。但是与后来的情况相比，1885年较1849年的增加又算不上什么了：在1911年(即清朝的最后一个财政年度)，财政收入接近于30 200万两，其中农业税从1885年的3 000万两增至5 000万两，各种杂税约为4 500万两，商税则超过20 700万两。所以，不论国家怎样虚弱，在征收赋税方面绝不虚弱。不幸的是，仅仅对日本的赔款数额，就等于一年的全部财政收入；而庚子赔款之数，更一倍半于岁入。这些勒索使得中国的财政状况非常不稳定，并且最终导致了财政崩溃。但是财政上的虚弱,也不是清朝灭亡的直接原因。相反,国家无力控制新军和各省议会才是致命性的问题。即使国家能够成功地对付这些挑战,财政紧张状况仍然也会变得更严重。总而言之,致使清朝垮台的,不是旧有的问题,而是新的力量和新的困难,而这些新力量和新困难又与19世纪90年代以后才出现的对外关系变化相联系。由于在许多战线上前景都不确定,晚清国家也无力去规划、提出和实施一种统治的策略。过分强调那些致使清朝垮台的力量,而不注意晚清统治的其他特征,会使我们看不到清代和清代以后的统治策略之间的联系,特别是低估国家控制地方社会秩序的重要性(这种秩序主要是农业社会的,而且跨越广阔的地区)。

三 20世纪中国国家形成的轨迹

　　学术界对于"近代"中国政治变化的评估,通常集中在西方相应的思想和制度上,这是不足为奇的。这种方法可能是适当的,甚至是不可避免的。"近代"政治变化的命运,很容易与是否成功地采纳了西方的政治意识形态和政府组织形式纠缠在一起。人们可能会有很好的理由,可用来为其政治价值观辩护,并为其所喜欢或不喜欢的统治确立判断的标准。然而我们用以对那些导向不同方向的变化动力进行区分的分析能力,不应当局限于由这些价值观所限定的可能性。当我们思考"近代"中国的政治时,我们通常认为传统是国家近代化的一种障碍。将"近代"与"外国"等同,而将"传统"与"国内"等同——先是政治人物,而后是学者,大家都如是认为。我们可以用这种等同,去解释政治人物所想象出的那些重要难题与所作出的重要决策。但是这种等同仅只是在小范围内可以看到;从大范围来看却是含混模糊,没有多少说服力。

　　欧洲近代国家的形成,包含着议会制度和民主意识形态的形成。但是民族国家的建立,依靠的是官僚机器的发展和权力的日益集中。中央集权的国家通过财政征收而不断增强其对社会资源的要求。① 的确,这两个过程既相互补充,又相互冲突。就近代中国的情况而言,在通过建立新的中央集权化官僚机器和军队以取代原有的那些自治性质较强的政治形式方面,中国与欧洲并不相似。欧洲在 1300 年时,是由上千个独立政治单位组成的大拼盘,到了 1900 年时才变成一些民族国家。② 而中国的情况却完全不是这样。明清时期的国家努力执行一种儒家的保障地方秩序的策略,而这种地方秩序对于该农业帝国的不断再生起了一定的作用。促进这种国家和地方社会秩序的意识形态动力和制度动力,明显地与地方自治的观念相互联系在一起。而在欧洲,民族国家的形成,却与地方自治的观念发生冲突。

就中国的地方自治问题而言,20 世纪的环境远不同于其前几十年的环境。这时中央政府已经非常虚弱,特别是从执行一种统治全国的策略方面来说,更是如此。中国的中央政府是靠与外国政府的关系来支撑的,因为列强认为一个统一的中国更符合其利益。特别是在 1927 年以前,真正的权力掌握在地方军阀手中,而这些军阀对地方秩序的重视程度差别很大。在最富庶的地区,军阀希图实现稳定的地方统治,所以他们留心不去破坏地方经济。但是在贫困的边远地区,军阀们却常常采取大肆掠夺的手段,一旦一个地区被榨取干净,他们就离此而去。

杜赞奇(Prasenjit Duara)是一位非常认真地研究中国情况的学者。

---

① 要了解关于国家形成和近代政治的两种非常不同的观点,可参阅蒂利 1975 和本迪克斯 1978。蒂利和该论文集中的其他作者,都非常重视财政征收、战争和官僚机器;而本迪克斯则强调君主权威向代议制权威的转变。有些关于欧洲国家形成的研究,认为非西方的事例已被人们弄得支离破碎,见巴迪(Badie)和伯恩鲍姆(Birnhaum)1983。另一方面,吉安弗兰哥·波吉(Gianfranco Poggi)关于近代国家发展的论著,则简单地将近代国家限之于欧洲历史。而麻烦的是,政治社会学者很容易把这种欧洲国家形成误解为一种普遍意义上的近代国家。在波吉论著的标题中,也没有什么字眼提醒读者该书只是一部关于欧洲历史的著作(见波吉 1978)。
② 蒂利关于欧洲民族国家形成的长期论观点,与他对资本主义发展的分析是相互结合在一起的。见蒂利 1990。

他从近代国家形成的角度,分析了中国县级和省级政府的许多方面。他关于民国时代政治与社会的观点很受人们注意。但问题是:在他讨论"近代国家"的书里,却未继续分析中央政府。在某种程度上而言,这是完全可以理解的,因为明清时期的中国国家为"近代"国家发展所提供的起点,与近代早期欧洲的政治发展有着本质的不同。然而,因为未考虑到中央政府及其与省级和地方级政府的关系,杜氏关于中国国家形成过程的讨论也被大大截短了。一般而言,在中国的环境里也存在着许多政治变化的可能性。如果我们对于这些可能性更为敏锐一些的话,我们就不能将我们对中国政治变化的可能性的看法,局限在那些由欧洲经验所提炼出来的可能性之中。

政治学者维维恩·舒(Vivienne Shue)在一篇引起争议的文章《国家之探索》中提出:1949年以来中国农村的地方干部,从功能上来看,是明清时期士绅精英的继承人。她解释说:如同士绅一样,地方党干部面对着本地社区和国家,在政治体系中起到掮客和中介人的作用(舒1988:75～121)。她对明清时期的情况及其与1949年以后的相似性所作的粗略勾画,尚有许多方面可进一步修改完善。例如,"地方"在空间范围方面的差异就非常重要:明清时期中国的地方士绅生活在全国各地,但是他们并未全体一致,也并未以今日地方党干部的方式出现在村子里。干部比起士绅来更加接近本地农民,他们对本地农民所负的责任也大大超过士绅精英。在关于空间规模对晚清山西进入本地政府的精英的种类之重要性的讨论中,罗杰·汤普森(Roger Thompson)指出这个问题清代已经存在(汤普森1988)。然而舒所作的基本比较仍然是有用的,因为她指出了在政治的竖轴线方面的结构相似性。正如地方士绅一样,地方干部在社会上和政治上所占有的地位也甚不明确:他们既是地方社会的一部分,又是中央国家的代表,尽管在1949年以后,国家深入地方的程度远远超过以前。

舒在另一篇文章中还指出了在经济改革时期,中央-地方的政治关系可能会出现什么样的主要变化(舒 1988:25~52)。从她的论述中,我们可以得出这样的结论:由于转向市场机制,地方干部在资源配置方面的责任减弱了,从而促进了中央政府对地方干部行为的控制能力;换言之,地方干部责任的减弱,使得新型的领导体制成为可能。在这篇文章里,由于舒断言这些变化都是新出现的,所以没有将这些变化与明清时期的情况进行比较。明清时期的政府当然不可能以现今政府所能采取的方式去推进市场机制,但是二者之间的差异并不像我们设想得那么大。首先,地方干部负责管理的活动减少,这种情况更类似于较早时代的情况而非较近时期的情况。因此大致而言,改革使我们回到一种现在与过去之间有更多相似之处的情况。其次,中央政府更加容易以一种明清时期统治者也理解的方式,去引导和操纵地方的领导活动,限制地方官员所负责的活动,以促进中央政府对地方政府的控制。

　　要理解今天地方干部所负的责任是怎样设想出来和怎样被履行的,就要认识在明清时期这些责任是如何确立和执行的。即使儒家关于地方秩序的策略已不再主导国家的意识形态,但是在那些努力为帝国以后的政治体制设计新方案的人们心中,儒家策略的痕迹仍然可以见到,尽管新方案所用的词语与过去截然不同。① 因此,尽管儒家思想不再主导现实政治,但这并不意味着它已被一套自欧洲发展出来的政治与文化模式所取代。事实上,各种政治演变的可能性,都是建立在其文化结构的基础之上的,甚至是对此结构的一种回应。表达集体利益的市民社会,基本上就是一种欧洲的历史产物。在当代的中国社会中,"非官方"和"不正统"结合的现象依然可见,证明这种自治领域并未出现。② 对照日本的例子,也有助于我们了解中国政治演变的情况。日本人采纳了与中国相似的儒家统治理念,同时也保留了其固有的传统。不过到了近代,

---

① 见王国斌 1988a 中就生存问题所作的有关论证。
② "非官方"和"不正统"的结合,是林培瑞(Link, Perry)、迈德森(Madsen)和毕克伟(Pickowicz)提出的(林培瑞、迈德森与毕克伟 1989:2)。

他们远比中国人更能接受西方的统治原则,而关键原因之一是日本在强制性的经济控制和可获得资源的空间范围方面,都比中国更接近欧洲。日本总体的政治、经济与社会变化,也与欧洲国家有更多的相似之处。

四 从历史的角度看1949年以后的中国国家

学者们在中国研究中所作的分工,使人很难看到帝国时代的国家形成和帝国以后时代的国家形成之间的联系,更勿论使人理解这些联系了。1911—1949年的时期,被从明清时期和中华人民共和国时期剔了出来。很少学者以系统的方式,跨越这条1911年的分界线去研究国家形成;而跨越了1949年分界线的学者,又更为稀少。这意味着:许多当代专家的研究构架,强调的是中国与其他社会主义国家的相似之处,或者是中国在一种较大的国际环境中的地位。当中国学者想从历史的角度来思考现在时,他们认为历史的连续性通常是文化的特征(例如宗族的重要性)或中国情况的某些特定方面(例如中国广大的幅员)。国家形成的连续性一般不很明显,而在中国20世纪国家形成的经历与前此几个世纪国家形成的经历之间的差异,则清楚可见。学术界未有跨越长时段的研究,是情有可原的。在1911—1949年间,在国家形成方面的主要挑战,是统一国家和抗拒外敌入侵。以中华人民共和国的建立为最高潮的中国革命,在国家、社会和经济之间,确立了一套新的关系。因此,人们有充分的理由,从比较的角度出发,来研究中国20世纪国家形成的经历和看待中国和其他国家都共有的那些问题与可能性。

关于20世纪国家的研究成果,也加强了那种认为20世纪的中国与20世纪之前的中国脱节的看法。大体而言,许多关于20世纪国家的论述,都不出以下三种看法:第一,按照国家在资本主义经济中所扮演的角色,来为国家画像,即描绘国家是怎样促进资本积累、经济增长和资产阶级的支配的。第二,按照国家的政治制度和统治的意识形态,来为国家下定义,即断定国家是怎样将那些与民主理念一致的政策加以规范化的。第三,按照有利于近代管理的理性的官僚机器,来界定国家(阿尔弗德[Alford]与弗里德兰德[Friedland]1985)。

这三种观点,在西方关于中国的研究中都颇具代表性。就国家与资本主义的关系而言,有关研究强调明清时期的国家未能促进近代经济成长,而民国时代的经济发展则被视为完全是私有部门中出现的现象。这些看法,和那些认为1949年以后国家大力扶持经济的看法,彼此恰成对照。即使学者们强调1949年以前和以后的经济活动之间存在各种联系,这种对照仍然十分鲜明。① 国家与民主关系的论题,很受那些研究19世纪晚期议会和当代政治的学者的注意。② 最后,关于官僚机器的论题,在关于中华人民共和国时代党与国家的研究中,一直居于中心地位。③ 在以上三个方面,虽然已有一些重要研究成果,但就中国国家形成的研究而言,这些论题中的每一个,只是提出了一些不充分的看法。将它们合在一起,也只是一种研究欧洲国家形成的分析构架,因为资本主义、民主以及官僚机器三者,只是在西方才同时发展起来的;其主要特征,都根植于欧洲特定的历史环境;它们之间的关系,基本上也出自欧洲的历史条件。在国家形成的问题上,从欧洲经验所获得的企盼支配着人们对中国的研究,而这种支配又使得我们特别看重那些在西方历史背景中显得重要的问题,而轻视甚至忽视那些在中国国家形成的内在传统方面具有重要意义的问题。当然,当代的中国国家与明清时期的国家有很大的不同。这一点确实很重要。然而同样重要,但却

---

① 明清时期的情况,见费维恺(Feuerwerker)1984;民国时期的情况见罗斯基(Thomas Rawski)1982;从历史的角度来看1949年以后的经济,见柏金斯(Perkins)1975。
② 关于历史上的和当代的民主的问题,见傅因彻(Fincher)1981和纳桑(Nathan)1985。傅因彻极力主张:1905—1914年间中国的立宪改革、自治和省议会等试验,应视为欧洲以及亚洲所进行的政治试验的例子。纳桑则将当代关于民主的论争,完全置于上个世纪中国人努力领悟民主这个西方概念的背景中。
③ 最重要的论述是舒尔曼(Schurmann)1968。利伯索尔(Lieberthal)与奥克森伯格(Oksenberg)1986,是新近出版的攻击官僚机构组织问题的著作。

并非同样明显的是,当代国家仍然是过去国家的继承者,它们之间存在着一种血缘联系,尽管这种联系被我们就20世纪的中国所提出的那些问题所遮蔽了。下面,我们将从中国国家在帝国时代和帝国以后时代的经历,来看一看国家与经济、国家与意识形态、国家与官僚机器的关系问题。

1. 国家与经济的关系

自1949年以来,中国经济经历了根本性的变化。随着重工业在20世纪50年代所取得的重大发展,工业扩展到了更多的地方,并形成了城市工厂工业。但是与农业帝国有关的那些老问题仍然可以见到。这些老问题(至少是部分地)以一种近乎两个世纪之前常见情况的方式,延续了下来。例如,1949年以来官方对于市场的态度,颇类似于明清时期已出现的那种态度;国家对于操纵和控制交易过程的关注,也并非一种新事物。中国的思想家们,从未洋洋得意地声称贸易自由主义至高无上。今日的国家,扩大了国家对生产和分配的干预范围,但其指导思想与过去的观念并非截然不同。官员们力求组织和管理经济,但他们所面临的选择和制约,也包括那些从过去的官员们那里继承下来的基本问题。例如,如何促进经济发展并保持地区间的平衡、保障社会平等与维护地方治安,都是跨越帝国时代和当代的问题。当然,经济发展的实际含义已经从根本上改变了,但是当今天的官员们考虑经济发展的问题时,其出发点仍然类似于明清时期的官员,尽管后来所用的词语发生了重要改变。①

明清时期和1949年以后国家与经济关系方面的这种相似性,在中

---

① 偶尔也有这样的情况:不仅观点,而且言辞,也与明清时期的用语直接呼应。当官员们表达其对农民弃农经商的忧虑时,他们不断重复那些明清官员所发出的抱怨之词,而且他们的忧虑也是出于同样的理由:官员们担忧农业产量不够,并觉得如果人人都去经商赚钱,就没有人愿留下来种田了(苏黛瑞[Solinger]1984:273)。

国农村表现得最为清楚。在农村,国家扩大了对生产与分配的控制,但是自1978年起,在许多方面又后退了,变得更加类似明清时期的国家。国家力求用较少的直接投资(相对于1978年以前的标准而言),来促进农村的繁荣。具体来说,20世纪80年代以来乡镇企业的发展,乃是以农村工业为基础——这一点完全不同于其他国家工业化的进程。其他国家工业化的结果,使得大多数的农村工业迁移到城市。但中国却不然。因此,如果我们认为中国农村像世界上其他地方的农村一样已经根除了农村工业,那么这种乡镇企业的发展战略就没有什么意义了。然而目前国家所考虑的发展政策,基本上仍受到人口结构的限制。只要千百万中国人仍然生活在农村里并继续从事农业生产,国家就必须考虑前代政府所考虑的问题。当代的技术和增加农业产量的能力,有效地使得现今的情况有别于几十年和几百年以前的情况。但是过去和现在中国国家与农村经济的关系之间的相似之处,仍然比大多数学者所看到的更多。

2. 国家与意识形态的关系

关于民主的论题,将我们引向意识形态这个更大的论题。人们不断地强调,儒家的意识形态,截然不同于共产党的意识形态:儒家强调和谐,而共产党强调斗争;儒家主张等级制,而共产党主张平等;儒家保守,而共产党激进;等等。差异固然很重要,但是这种对比却是盲目的。如果与西方传统进行比较,儒家的理想与共产党的理想之间的相似性就清楚地出现了。儒家的治国思想反复地宣扬一种消除不平等的信念,例如土地分配方案、号召限制私有地产等,都出现在每一个朝代。从儒家的立场来看,共产党的土地改革可以说是中国历史上土地重新分配的最伟大胜利。儒家的目标是调节人民生活和教化人民的心智,而1949年以后的共产党也有相似的目标。尽管这些目标的实质与形式均已改变,但是国家对人民的基本责任,即塑造人民的个性、创立社会的和经济的保障等,仍旧是中国悠久传统的一个部分。① 无论在帝国时代还是当代,人民都有权利为了自己的利益而要求国家介入。这些权利可以贴上父权制的或是依附关系的标签。但是,要求国家履行其职责的各种压力,形成了一种"协定"。孟子已经讲得很明白:如果国家不能履行其义务,农民就有"权利"造反。这种把国家与其臣民连在一起的逻辑,与西方的传统非常不同:在西方,人民拥有政治上的权利和正式的制度机制,来向国家表达意见和对国家的决策施加影响。

西方关于民主制和代议制的观念,在今天的中国也日益受到重视。但是,在这些制度和意识形态的原则被引入中国文化时,实际上已在若干重要方面发生了改变。例如,美国人通常将他们的个人的权利,看成是一种保护其私有空间免受国家侵扰的手段;而中国人对代议制和民主制的看法,却更多地表现了他们的下列愿望:要使得领导者对自己的行动更加负责,以及在领导者不能代表人民时,把他们赶下台。中国人民最重视的是反对地方干部的胡作非为,而不是采纳另外的一种统治制度。他们所期望的是一种合乎道义的领导,即旗帜鲜明地反对受贿和腐败的领导。而明清时期的和当代的国家也都重视这些问题。在谈到中国人的民主观念时,我们不应当忽视中国传统中那些很早就有的关于"权利"的观念,因为这些观念无疑会保留到以后。当然,民主制与代议制的观念起源于西方,这并不意味着中国人不能领会这些观念的含义和重要性。但是,把中国人(即使是受西方文化和思想影响较多的城市居民)心目中的政治概念想得过于美国化或欧洲化,将是十分危险的。

---

① 我在此处展开了的论证,与白鲁恂(Pye)所作的论述相似(白鲁恂1985:196)。但是他所解释为"中国民众明显地渴望民主"的那种现象,我却认为是人民对其权利的积极企盼——他们希望将这种权利加之于当局。在如何把有关评估与过去联系起来的问题上,我和白鲁恂也有分歧。我认为:在较早的时代,民众的企盼,是由他们对国家和精英的感受所造成的;而白鲁恂则似乎把黄仁宇(Ray Huang)关于明代的看法普遍化了,认为明清时期的国家主要是从事礼仪活动(白鲁恂1985:43)。

3. 国家与官僚机器的关系

有关国家的研究中的最后一个论题，是官僚机器的问题。在中国，今天的官僚机器当然比明清时期的官僚机器更加庞大和更加复杂。但是，努力去区别近代的和近代以前的官僚机器，可能会使得我们忽视二者在若干方面所具有的可比性。首先，当代的官僚机器也面临着一些明清时期官僚机器所熟悉的问题。例如，在生产和征收方面，政府应当主要与单个民户还是集体确立关系？在明清时期，这基本上是个征税问题；而在当代，这既是生产的问题，又是征税的问题。其次，我们把地方干部视为当代国家渗透入地方社会的象征之一。但是，地方干部的薪水是用地方财政支付的，他们也是从地方社会中挑选出来的，并且几乎没有希望脱离本地而爬到高层。正如我在前面讨论维维恩·舒的著作时所指出的那样，地方干部是在国家与本地之间搞平衡，就像他们所取代了的地方精英过去之所为一样。当然，较之过去的地方精英，今日的地方干部的政治地位更为正式，角色更为明确，而且他们所属的地方社会也不再与1949年以前的情况相同。但是，地方干部仍然同过去的地方精英一样，既是国家的代表，又是本地的成员。只有在中国，一个近代国家才会以这样巨大和系统化的努力来统治一个农村社会。这是因为：只有在中国，才一直存在着一个如此重视农村社会的国家。

在中国国家形成的传统中存在着各种联系。这些联系所提出的问题，可以与欧洲国家形成的问题作一比较。而这些联系的存在，又证实了将经济、意识形态和官僚机器作为普遍论题的重要性。同时，即使只是粗略地看一看这些论题，就能看到那些没有历史深度的分析所具有的局限性。如果有意或无意地忽略充分的材料，就会将一种情况硬套进那些它难以适应的范畴。这种事总是有可能发生的，因此对于那些主要受欧洲的分析范畴启发而作出的研究（即使是很好的研究）来说，最大的危险可能也就在于此。

在很多方面,中国的国家肯定已经发生了变化。若把 1949 年以前和以后的国家相比较,就可以看到:1949 年以后的官僚机器,在道义性的、物质利益性的和强制性的资源方面,都超过了 20 世纪早期的官僚机器。正如施坚雅和埃德温·温克勒(Edwin Winckler)多年以前指出的那样,随着时间的推移,国家所采取的社会控制方法也有所不同(施坚雅与温克勒 1969)。近年来,在这方面出现了一个明显的转变,即从道义的或意识形态的感召转向以暴力威胁为后盾的物质刺激;这个转变并且已经成为正常状况。

五 民族主义与民族国家

欧洲人所创造的世界秩序,为政治行为和政治态度确定了新的概念用语。在这些概念中,很少有像"民族主义"这样难以掌握的。民族认同感所赖以建立的方式,是由传统向近代转变的一个关键内容,而且对个人、社会、国家和国际体系本身都至为重要。在欧洲国家中,建立民族认同感被视为民族国家形成的一部分。当人们形成一种更有强制性,而且与国家相一致的社会结构时,国家就取代家庭而成了个人效忠的主要对象。在非西方的国家中,民族主义的觉醒常常伴有一种深刻的愿望,即希望把自己和自己的人民与西方国家和西方文明区别开来。因此,这种民族主义反映了对殖民主义的反抗,成为反殖斗争的特征之一。这种宣扬民族认同感的努力,其动力是那种拒绝某些贴有西方标签的事物的愿望,辨认西方文化的侵染,引导人们去探索真实。自觉地拒绝欧洲的态度、行动方式或生活方式,也使得人们从自己旧有的传统中,挑选出那些被认为是纯洁的元素,并以此发明创造出新的传统。

对于"民族主义"来说,重点不一定是国家本身,而是由可以感觉到的种族联系、共同拥有的领土等内容所限定的其他一些内容。当民族主义不一定支持现有的国家的时候,社会认同和政治认同的不稳定性就会变得很明显,而且欧洲国家形成的逻辑以及欧洲19世纪民主主义的特定形式,似乎又成了研究其他国家形成过程的指导思想。在中国,少数民族的种族特征早已为人们所察觉。所以中国政府通过传媒所倡导的民族主义,一直是一种多种族的民族主义。以种族为基础的冲突,一直被限制在清朝所创立的"大中华"的范围内。在新疆和西藏,叛乱也只是偶然发生。

明清时期中国认同的文化建构,对我们理解20世纪中国民族主义的性质十分重要。然而这个明清时期的文化建构的背景却往往被某些近代国家形成及民族主义的论点弄得模糊不清。葛尔诺(Ernest Gellner)在其《民族国家与民族主义》一书中,勾画出他所谓的"农业文化政体"(agro-literate polities),这似乎是与世界上最大的政体——中国——的实际经验正好相反。对葛氏而言,文化与政体的结合是近代民族主义的要素,而且这种现象只发生于工业化开始改造农业社会之时。他认为:在农业文化政体的社会中,"几乎所有的事物都反对以文化疆界来定义政治单位"(葛尔诺1983:11)。有些复杂的农业社会试图将人分为不同的群体。例如在南亚社会中,文化并没有扮演社会整合的角色;相反地,它经常把人们水平地或垂直地分裂为不同的文化群体。然而,文化将人们结合起来却是明清中国社会的一个特征。不论是满人征服中国以前或以后,国家和社会精英都根据宋明理学的策略来创造公共秩序。尽管这种儒家的结构并无意要包含所有的民间信仰,农民仍然与精英共享同样的儒家文化秩序。①在明清时期所建构出来的"中国人"的文化意义,与政治行为有着密切的关系,也是后来清帝国崩溃的一个直接原因。

这种"中国人"的文化认同的建构,有助于解释何以在20世纪的中

---

① 我并不是说精英与一般人对所有的文化都有一致的看法。实际上,正是这两者之间的差距,导致了18世纪以来儒家试图对民间活动进行更严格的控制,不过,现在的讨论所要强调的是,官员、精英及老百姓共享一个文化世界。在其中,这两个群体对恰当的行为及欲望,基本上有着类似的企盼。

国,并未出现较小范围的"民族主义"来与中国民族主义相匹敌。然而,就许多方面来说,明清时期中国认同的文化建构是相当弱的。基本上,"中国"并不是一般人所认同的基础,因为大多数人所认同的乃是地缘或血缘等较小的群体。到了20世纪,中国国家及民族主义的形成,则与列强的入侵和冲突有十分密切的关系。这与先前的中国认同的文化建构很不一致。在20世纪前十年及20年代,城市居民批评政府向日本借款及第一次世界大战后对西方列强妥协。报章舆论激起了城市精英及普通百姓的爱国热情,导致城市中大规模的抵制外货和示威抗议等活动。这种民族主义当然是20世纪的现象,而且也符合近代史上所发生的民主主义的类型。但是葛尔诺的民族主义理论,并没有提到明清时期中国的情况及民国以后的变化,更别说提出一套解释了。明清时期国家的确促进了精英与百姓均认同的文化基础,而晚清及民初官员和知识分子所认知的"国家",基本上是以文化实体来定义的。如果没有这种明清以来通过政治与文化结合所产生的强烈的文化认同,20世纪中国的"国家"观念将会很不一样。按照葛尔诺的定义,20世纪初是中国民族主义的时代。然而事实上,此时并没有他所谓的文化与政治的结合;相反,受西方文化影响日深的城市精英与农村百姓之间的文化差距越来越大。后来的几十年间,国家也越来越无法扮演建构民族国家的角色。当精英越来越习惯于援引西方的方式来面对并解决问题时,他们与百姓的文化差距就越来越大。在20世纪10—20年代,20世纪的"国家"危机的观念并没有被大部分农民所接受。所谓的国家危机,只被中国城市精英所承认。这种新的民族主义,直接挑战了先前中国认同的形式。民族主义的建构,变成是一种以城市为基础、以外国人为反抗对象的运动。因此,"国家"这个抽象的观念,在不同的空间范围内具有不同的具体意义。而救国这一目标的达成,则只是依靠官员和人民在特定地区内的努力。由于缺乏全国性的制度结构,受到驱策而欲救国的官员和精英,只能在较小的空间范围内进行努力了。就省级而言,这种"国家"观念并不意味着其国家建构的努力是为了追求省的独立;相反,这些努力是抱着一种"全国性"的目标的。换言之,不同地区或单位在追求国家建构时,都集中在"国家"印象的塑造上。因此,尽管省、县及中央政府之间并没有实质的制度去联结其对国家建构的努力,然而正是这种对国家的印象使之彼此联结。这种"国家"观念,为中国政治提供了一个新的焦点。

六 中国国家的延续

中国国家形成的传统,不同于西方国家形成的传统。施坚雅在其关于明清时期城市等级结构的研究中,对两类城市等级结构作了区分:一类是自上而下的行政等级结构,另一类则是自下而上的商业等级结构(施坚雅1977)。政治控制通过前一种结构从上传到下,而物资和服务则顺着后一种结构,向上汇集到更大的集中地。这两种结构不仅相互交织,而且甚至还有重合。但若加以分析,二者仍然是不同的,因为它们是由不同的过程所创造的。行政等级结构由县治、府治、省治和首都(北京)组成;而构成商业等级结构的,则是由包括从定期集市到经济大区贸易中心的各种市镇组成的市镇网络。在欧洲方面,查尔斯·蒂利以施氏对明清时期城市等级结构的研究为基础,提出了若干欧洲国家形成的新见解,并解释欧洲国家是如何动员资源并对这两种等级结构确立行政控制的。他从对中国的研究中获得启发,创立了一种关于欧洲国家形成的空间层面的新观点(蒂利1990)。

蒂利不仅提出了在中国和欧洲的国家形成过程具有可比性的观点,而且他将中国和欧洲相提并论的做法,也重新提出了以下问题:既然欧洲民族国家所赖以构成的因素与中国所赖以成为一个农业帝国的构成因素颇为相似,那么欧洲的民族国家为何并如何从这些因素中形成呢?中国和欧洲都在不同的空间规模上保障了社会控制和物质资源,而这些不同的空间规模又应作何解释呢?为什么在像中国这样的区域,没有出现一种稳定的多国政治制度？而在欧洲，为什么没有一个国家能够控制一个较大的区域？在这些关键性的差异中，有些差异明显地与不同的政治意识形态有关，并且也与不同的国家在创立和执行统治的策略方面的愿望和能力有关，而这些策略则又以上述不同的意识形态为基础。在过去的2 000年中，中华帝国的国家并非一成不变的磐石，但是它的指导思想是一种将促成国家统一作为典范的领土观。当然，在中国历史上（特别是在中华帝国统治的头1 000年中），也有持续的分裂时期，但在统治的意识形态方面，这些时期并没有出现什么新东西。在这些时期，也没有新的领袖去寻求以新的统治逻辑为基础，建立有异于其他领袖所为的地方自治。他们心中的模式仍然是统一的帝国。中国人很早就成功地创造出了支持这种看法的基础结构。这意味着：在以后的时期，要重新创建和重新形成帝国制度，总是有现成的意识形态资源和组织资源可以得到。中国的国家统治一个幅员辽阔的帝国的能力，确实依赖于国家在意识形态方面能够为人普遍接受。否则，如果国家只是力求从军事上保卫自己的话，就会在强制性资源和控制手段方面引起严重的问题，从而造成国家的瓦解。欧洲早期诸帝国没有创造出一个像中国那样的帝国统治的意识形态和制度，也不能够以本书上一章所勾画出的那些方法去依靠地方精英。明清时期的国家有能力根据各地地方社会结构的特点，改变国家的策略和人员配备。这种能力，和施坚雅所提出的"明清国家对各地赋税和军事的重视程度是可变的"之观点（施坚雅1977）结合起来就可以显示出：帝国时代的国家，在全国各地变换统治技巧和目标，以促进统一和控制。

中国是一个农业帝国，这个农业帝国的生存逻辑在19世纪以前一直都运作良好。但是，为什么在帝国以后的时代，中国仍然以统一的形式生存下来了呢？事实上，在20世纪前半叶的大部分时间内，"中国是一个统一的国家"这种说法，是颇令人怀疑的。军阀们在各地建立了强制性的控制，尽管在意识形态上没有提出什么新东西。他们代表了在组织国家统治的各种基础方面的潜在转变。而后,由于日本的侵略,中国是否会再变成一个统一国家,前景变得更为渺茫。但是,即使人们不能很有把握地预见中国将会重新统一,中国国内外的各种力量也支持再统一的前景。在20世纪40年代后期,共产党和国民党都力图控制全国。中国的社会精英都想成为这个饱受战祸之苦、应当统一的国家的领袖。在国际上,列强在第二次世界大战末,也开始把一个统一的中国设想为国际体系中的一个重要角色。中国共产党的胜利迫使西方强国改变了立场,并且推行孤立中国的政策,力图削弱共产党统治的元气。具有讽刺意味的是,这倒给了中国共产党一个机会,使之能够专力于解决国内问题,而不是像晚清的国家和20世纪初期的政府那样,不得不分出精力来对付外国。因此,20世纪50年代的政府能够成为明清时期国家所开创的广大疆域的主宰。

七 结论:历史上的和理论上的国家形成

我们一直从比较的角度,来看明清时期的和近代的中国国家形成。就国家间的比较而言,明清时期和近代并不是寻常的时期。对于帝国以后的时期来说,许多学者或公开或含蓄地拿中国国家与西方国家形成作比较。这种比较所用的标准,是将"西方"等同于"近代",而将迄今还未西方化的"东方"贴上"传统"的标签。其他的学者,则从一种体系的背景下来看中国。此外,还有一些学者强调历史的连续性。

如果我们把欧洲中心主义的模式视为研究发展道路的指导的话,那么这些模式肯定非常不适用于中国。但是,如果从近代欧洲国家所担负的各种功能出发来考虑问题的话,那么我们仍能够把这些国家所产生的国家统治的策略,与明清时期以及近代中国进行比较。我们发现有一些功能(例如征收赋税、对抗来自邻国的威胁、保障国内稳定等)是所有国家都具备的,但是这些功能的具体的和实质的意义、它们相对重要性以及国家所面对的社会组织,却可以完全不同。

当代的国家形成,将历史上的国家形成过程、推动当代国家自身变化的动力以及这个国家使用以外国经验为基础的模式所进行的试验,都联系到了一起。现有的多种可能前景,是由过去经验的差异所创造的。这些差异扩大了我们的眼界,使我们更多地知道在哪些方面各个国家变得彼此相似。但是,我们用来判断成功和失败的尺度,仍然局限于那种主要是来自西方列强的经验。

今天世界上所存在的独立政治单位,从种类和数量上来说,都远逊于1200年时的情况。自彼时以来,国家形成一直在世界各地进行着。现在,成功的国家所具有的特质已变得更加一致。① 如果我们借用生物进化论的术语来作比喻,那么就是"门"的数量减少而"种"的数量增加。但是在国家必定面对着什么(即国家所面临的挑战)、国家能够做到什么(国家所具有的能力)和国家必须做什么(国家所负的义务)这些问题上,各国之间仍有重大差异。近代的世界充满了国家,但是它们都是经由不同道路而来的。它们所走过的道路,直到今日仍然在它们身上留有标记。

世界上并没有一种单一的国家形成的过程。这种过程从来就没有过。在1800年以前,欧亚两端都面临着类似的问题,但是提出和处理这些问题的方式却不同,因为这些方式是更大的统治策略的一部分,而这些策略本身就各不相同。维持人民生存、征收赋税、实施社会控制,这些都是国家形成的要素,但它们并不能以同样的方式适用于不同的国家。意识形态也很重要。在不同的环境中,不同的争端会具有特别的重要性。因此,欧洲国家可以供养城市人口,而不必像中国的国家那样,需要一种宏大和完善的意识形态,来促使国家履行家长式的责任。欧洲"没有代表就没有赋税"的观念,在19世纪中国人的眼中,可能是一种耸人

---

① 这是蒂利1990的一个主要论题。

听闻的海外奇谈。在另一方面,近代早期欧洲国家所面临的一些挑战,却与中国所面临的挑战相似。这些相似之处提醒我们:欧洲的问题并不是独一无二的,更不用说欧洲的扩张使得其国家形成的逻辑变得具有普遍性了。

自1800年以来,非西方地区越来越深地卷入了由欧洲的扩张所开创的国际政治经济网络。因此,人们很容易从这种国际体系,或者从西方民族国家所发展起来的那些特征出发,来看待其他地区的国家。然而,在中国,现在与过去的联系持续不断;这较之欧洲那种现在与过去的分离,并不更奇特。当然,并非世界上所有的地区都像中国那样拥有强固的国家形成的传统。但是,这些地区在不幸地与西方遭遇之前,也都拥有与欧洲的政治发展模式并不相干的历史。除非我们去寻找这些地区国家形成经历中的历史层面,否则就很难避免在研究不同的国家形成过程时,把具有普遍性和特殊性混为一谈。

下 篇
社会抗争

前言：政治与抗争

一 民众抗争：研究的问题与难点

在历史记载与研究中，民众抗争常常占有一个突出的地位。它能够使我们想到英雄精神，想到献身大义和谋求私利。它是超出日常生活方式的事件，虽然备受指责，但也激发想象。对于学者来说，民众抗争对他们重现和解释复杂历史事件的技巧，提出了根本性的挑战。对此挑战的反应，包括三个彼此相关的方面。

第一，以往关于民众抗争的研究，主要是通过考察参加者的意图与愿望，讨论人类动机的性质。一些学者的眼光盯着抗争者的利益，即抗争者与赋税、食品价格、工资等的物质利害关系。"利益"问题直接导向对以下问题的考虑：究竟有多少集体行动被掩埋在政治、经济的问题里？这个考虑强调人类动机的理智性，但是仅只利益并不一定会导致行动，因为一种理智的考虑，也包括抗争者对于成功地说服当局尊重其要求的期待。即使抗争者的利益与当局的利益相互歧异，双方仍必须使用一种共同的计算方法，来决定什么是冲突的合理解决办法。因此，一些学者选择了一种不同于上述强调利益的看法的观点。他们为抗争者所表现出的反对当局的情绪与情感辩护,认为这是一种发动人们奋起抗争(即使抗争注定会失败)的光荣感与尊严感。

第二,对抗争的研究通常面临这样一个问题:人们如何组织起来表达其不满?单个的个人一般不会随便或自发地聚集起来,而是通过某种组织或某些关系才走到一起来的。如果没有正式的组织,人们就通过居住方式、工作场所、宗族或友谊的纽带相互联系,而这些纽带则为集体行动募集人员创造了关系网。因此,对抗争的分析,重点在于那些将个人行动转变为集体行动的过程。集体行动的这个方面,帮助我们提出两个普遍而又重要的问题。我们先作一个起码的假设,即:集体行动的参加者,就像他们在个人行动时那样,怀有各种企图。因此,由个人行动向集体行动的转移,涉及参加者的决策:不论是为了解决同样的问题,还是为了使他人为你去解决此问题(即"搭便车"),究竟在什么时候,集体行动会比个人行动好?由于对于人们如何动员起来以进行集体行动的认识,会使我们更为广泛地去注意各种可能存在的社会组织,因此,对于集体行动的研究,还有助于提出另一个主要问题:如何从个人行动中创建社会结构?

第三,对民众抗争的研究,也考虑到权力的各种特征。动员人民起来行动的能力本身,并不能保证抗争一定会发生。当局是抗争的另一参加者,其态度与能力也限制着集体行动的机会。当局能够用两种方式来减少抗争发生的可能性:(1)他们能够与潜在的抗争者进行对话并在关键的问题上达成协议,从而减少暴力发生的可能性。通常只是在当局不能以一种和平的方式来解决问题之后,冲突才会发生。(2)拥有权力的人们(不论是官员或经济方面的精英)也可能建立具有绝对优势的强制力量,从而使得人民相信集体地提出自己的要求是不明智的。在力量悬殊的情况下,抗争常常是个人的和温和的。在此方面,只要看一看那些使用被詹姆士·斯科特(James Scott)称为"弱者的武器"的奴隶和农民即可。对民众抗争的研究使我们去探讨:在何种权力之下,人民会组织起来集体地表达其要求?

从学术上来说,对抗争的研究最初出现于19世纪的社会理论与欧洲历史学。历史学家对欧洲的社会抗争活动的看法的改变,反映了历史认识论的变化。对于用从19世纪社会理论中得到的认识规律例如用宿命论的进程来解释过去和预见未来,认为物质的与客观的因素胜于信念的与主观的因素,等等,历史学家感到不能满意。这种不满,又迫使学者们去创造另一种对欧洲历史的认识。

二 欧洲的民众抗争

以往许多关于社会变化的看法,曾从爱米尔·涂尔干(Emile Durkheim)和卡尔·马克思那里获得灵感。这些看法在对民众抗争所作的基本解释方面有很大影响。涂氏将民众抗争视为社会脱序的一个范例,而这种脱序又是出自剧变中的社会所具有的紧张状况。他对日常与非日常、正常与脱序所作的区分,鼓励人们把抗争视为对常态的突破以及社会没有妥善运作的表现。另一方面,马克思则认为民众抗争应处于阶级斗争的中心,是每一个发生变化的历史时代的主要特征;贯穿于这些变化之中的阶级斗争,其类型不断变化,反映了阶级关系的改变。对于马克思来说,民众抗争是历史变化的推动力量的一个必然要素。

在20世纪60年代欧美兴起的欧洲社会史研究中,民众抗争研究处于中心的地位。一种要发现一般民众生活史的使命感,激励着新的一代学者去探索社会冲突。只有很少的历史活动是既有普通民众参加,又留下了书面的记载的,而社会冲突正属于这类历史活动。新的社会史学尊重大众(间或也包括大众的呼声),并以两种方式把抗争与大规模的社会变化联系起来:第一,小规模的行动代表了民众对世事变化的反应;在整个社会发生变化之时,这些抗争行动的内容也在改变。例如,抗税活动让位于反政府示威,工厂罢工取代抗议食品涨价,等等。在此意义上,民众抗争提醒我们注意：对于由别人所发动的巨大历史变化，普通人是如何作出反应的？第二，抗争本身，也是构成更大规模政治运动的砖石。因此，从本质上来说，17世纪法国的佛隆德(Fronde)运动，是反对王权扩张的一系列抗争活动，而这种王权扩张最清楚地表现为创立新税。同时，法国大革命也包括反对食品价格过高和赋税过重的抗议活动。在社会史向政治学靠拢的趋向中，民众抗争突现了出来，但是这不是帝王的政治，而是工匠、小商人和工厂工人的政治。民众抗争很适合一种根据大理论来评价历史变化方式的分析构架，不论这些大理论是来源于涂尔干、马克思还是韦伯(Max Weber)。

20世纪60和70年代的社会史研究，在80年代受到文化与思想史研究的挑战。后者虽然仍保留着民粹派与左派政治的痕迹，但通常用对个人经历的解释取代了早先的对集体行为的分析。有两组对于历史的解释，即使没有被完全否定，也是受到了有力的挑战。第一，历史变化在其轮廓上，不再被看得很简单。我们不能再声称可以轻易地预见未来的变化。第二，认为理性和目的性是引导人类行为的主要因素的观点，也遭到批评。在对民众抗争的研究方法上的这一转变，表现了在一个具体主题的重点背景中，还有更大的变化在影响着社会科学和人文科学的研究。这是一个由强调客观的状况、过程和事件，向注意从主观方面再现历史真实的转变。人们仍然行动，但是他们行动的理由与感情的关系，通常比与理性的利益的关系更密切。

人类的动机与理解，在20世纪60与70年代的社会经济史研究中显而易见，但在近来文化史与思想史关于民众抗争的研究中则颇不然。例如，在一次工厂罢工中工人争取适当工资的斗争，以往可能被视为单纯的自利行为，而现在其动机的形成则似乎是依据于荣誉感。学者们重新认真阅读文献，更加注意有关文句，将其作为探究动机如何形成以及行动对于参加者有何意义的向导。比较中国与欧洲的抗争与集体行动的形式，会怎样促进我们对这些事件的认识？在考虑此问题之前，我们先简单地看一看关于中国抗争活动的历史记载,而这些记载同欧洲是有所不同的。

三 中国的民众抗争

在中国的政治意识形态和对历史变化的传统看法中,民众抗争占有一个特别重要的地位。抗争统治者,是当局未能维持人民福利的结果。这个逻辑在解释政治变化方面很有影响。王朝的兴衰都与对人民的统治是否得当密切联系在一起。赋税沉重和在困难时候官方不予救助所引起的抗争,都部分地促进了王朝的没落。

更近一些来说,在中华人民共和国,马克思主义的分析构架基本上支配了对民众抗争的研究。在农民抗争方面,中国学者耗费了很大精力。他们相信这些抗争代表着阶级斗争,而阶级斗争则是历史变化的火车头。这种史观,正如中国传统史观一样,对于如何分析隐藏在这些事件后面的个人动机的形成以及这些事件的意义,并不太感兴趣,而是注重于那些已被阐明的历史后果。如果说今天的中国学者把这些斗争视为驱动社会变化的工具,那么过去的中国学者则将这些斗争看做是重建善政的行动。儒家认为民众抗争走的是一条时代循环的弧线,而共产党则认为走的是时代前进的道路。在最近十多年中,这种在历史研究中"以阶级斗争为纲"的做法不再盛行,从而对民众抗争的分析也失去了其吸引力。在此时期,美国学者关于中国集体行动的不同形式的研究,则是重在将中国的史料证据与欧洲的经验理论相互结合起来。例如,裴宜理(Elizabeth Perry)在其关于捻军起义与华北共产党活动的著作中,将起义设想为农民谋求生存战略的延伸所可能导致的后果,而这种生存战略则又根植于中国一个特定地区的生态环境与社会之中(裴宜理1980)。周锡瑞(Joseph Esherick)对义和团起义的描述,通过大众文化所创造的社会环境与事件之间的关系,追踪一个社会运动的形成(周锡瑞1987)。

史谦德(David Strand)的研究,展现了北京人力车夫的情绪与目的;他们的罢工,有若干因素与我们在欧洲城市罢工中所看到的因素相类似,也有若干只是20世纪20年代中国城市环境所特有的因素,因此是两方面因素的结合(史谦德1989)。罗威廉(William Rowe)在其关于19世纪汉口史研究的第二本书中指出:与欧洲城市比较,中国城市中的社会抗争相对较少;而这则是由有异于欧洲情况的中国城市社会结构的特点所致(罗威廉1984、1989a)。这些关于中国群众运动的近著,都肯定中国的民众抗争,可以用欧洲的分析范畴进行比较并理解。然而这些事件本身,却走着彼此相异的历史道路。因此,共同性和相似性只有在较大的架构中才讲得通,而这些构架又必须能够解释我在本书上篇中所谈到的那些不同的经济与政治变化方式。

第七章 食物骚乱

引　言

在17世纪后期至19世纪中期的西欧,食物问题常常是民众抗争运动的热点问题之一。学者们生动地描绘了这些抗争事件,并对这些事件与当时政治、经济的现实之间的关系,作了令人信服的分析(鲁德[Rude]1964、1974;汤普森[Thompson]1971;路易斯·蒂利[L. Tilly]1971;查尔斯·蒂利[C. Tilly]1975)。在明清时期的中国出现的若干社会冲突,与西欧的情况有惊人的相似之处,但是在食物骚乱(即由食物问题所引起的群众抗争)方面,中西也存在着却较少为人所知的相似之处。中国老百姓群聚起来要求降低粮价,阻止把粮食运到外地,并抢夺藏在粮栈里的粮食(王国斌1982)。因食物而引起的冲突,不论在中国还是西欧,都常常发生在歉收使得食物较难获得之时,这并不令人感到奇怪。在1771—1773年法国的许多地区,情况即是如此。在这些地方,歉收引发了食物骚乱,并成为更为广泛的经济危机的开端(这次危机的特征,被一位朗魁多克[Languedoc]的官员刻画为"既无工作又无面包")。从在一段关于清代西北食物骚乱的记述中,也可以看到同样的关系存在于歉收与食物骚乱之间：

> 年谷丰登，粮价平贱，各处佣工，庶几尚有生计。倘遇旱涝之时，粮价昂贵，则拥作无资。一二奸民倡之，以吃大户为名，而蚁附蜂起，无所畏忌（中国人民大学 1979：卷 1：289）。

在收成的好坏与经济活动的一般水准之间，存在着一种密切联系。这在欧洲和中国灾年发生的食物骚乱中，都可以找到证据。歉收无疑增加了食物骚乱发生的可能性，但是如果认为歉收与因食物供给紧张而展开的斗争之间，只是一种简单的因果关系，并且以此种关系作为研究的出发点，那只会对食物骚乱及其背景作出片面的——实际上也是错误的——刻画。

认为歉收与食物骚乱之间只有一种简单联系的看法，与下述两类证据相矛盾。第一，在大量的事例中，歉收并未引起食物骚乱。1709 年法国的情况即是如此。在中国，众多的地方志记录了灾年，但是并无证据说明在这些年份中都有食物骚乱发生。① 仅凭歉收，并不能说明食物骚乱的爆发。例如，我们可以看一看勃艮第（Burgundy）在 1766 年 12 月发表的《普选书》（the elus gene-raux）中所使用的下列沉痛语句："尽管这是勃艮第省在农业获得大丰收的一年，但仍然经历了匮乏所带来的一切困苦，并且处于饥馑恐惧的边缘"（卡普兰[Kaplan]1976：卷 1：208）。在法国，在 18 世纪 60 年代的粮食贸易自由化政策的支持下，粮食越来越自由地向更远的地方流动。这种流动又引起了地方粮食的匮乏，也增加了食物骚乱的可能性。同样地，1743 年春季，中国中部许多地区也发生了食物骚乱。镇压骚乱的省、县官员都认为粮食外运以及由此引起的

---

① 乔治斯·鲁德（Georges Rude）1974：23。中国地方志通常记录收成特别好和特别坏的年份，但并没有包含每次发生歉收就有食物骚乱的事例。

本地粮食难于自足,是引起民众抗争的主要原因(王国斌 1982:772～
774、780)。许多人都要求获得食物供给,但在食物的流通与分配方式
上,这些要求又彼此制约,并且常常不能相容。因此,中国与西欧的食物
骚乱,看来都是这些要求相互竞争的结果。很清楚,歉收的威胁造成了
食物供给不可靠,而民众又没有多少社会保险措施来对抗可能发生的意
外。许多社会力量都要求获得食物供给,而这些要求又相互竞争。当这
种竞争威胁到民众生计之时,他们就要起来保卫自己获得食物供给的权
利。但是,这基本上并不是一场人与自然的斗争,而是一种发生在缺少
食物的人(在欧洲,通常是妇女)与控制着食物的人之间的有意识的对
抗。歉收只不过使已经是问题丛生的状况更加恶化而已。

中国与西欧的食物骚乱的相似性,既体现在冲突事件的种类方面,
也体现在这些冲突所赖以发生的环境的特征(至少是某些特征)方面。
对于不稳定的食物供给,出现了许多相互竞争的要求;这在中国与西欧
也都是共同的境况。这些共同之处,提出了一系列有关食物骚乱的背景
与原因、食物骚乱与更大的社会进程相结合的问题。在中国与在西欧,
食物骚乱的经济环境是否相同？国家是否扮演了类似的角色？食物骚
乱是否表现了东西方历史经验的共同特征？进行一系列的比较,将会得
出这些问题的答案。而某些关于中国与西欧食物骚乱的资料,则为这种
比较提供了基础。我们这里首先要进行的工作,是把食物骚乱置于中国
与西欧食物供给的流通方式及其管理的架构之内进行分析。

一 中国的食物骚乱

明清时期的粮食流通,包括一系列的交易活动,其范围自地方市场
上的小额买卖,一直到大规模的收集、运输和远地销售。农民肩挑少量
粮食到附近的集市或到稍远一点的城镇,卖给小贩或者当地富户。农民
和小贩也直接把粮食卖给消费者、米行捐客和大批购入粮食以远销外地

的米商。当地富户则既为日后在本地出售而收储粮食,同时又将粮食卖给捎客与米商。这些交易活动并非17或18世纪的新发明,因为其中的每种交易类型,都能够在11世纪的文献中找到证据。① 这些由宋代米商和捎客开创的商业活动,有许多一直延续到20世纪。而支配地方交易的商业惯例,在过去1 000年的大部分时间中,一直都有人在大力支持。这使得人们不禁产生出一种幻象,认为这些活动是一成不变的。② 总之,就这些制度形式中的某一些而言,确实存在一种时间的延续性。而这种延续性,又加强了那种"传统的与不变的中国"的普遍观点。然而,着重于某些挑选出来的制度形式而得出的停滞论观点,是缺乏判别力的。这种观点也不承认在商业组织和在商业性食物流通方式上的变化。

不同的经济作物与手工业的专业化生产,是明清商业活动扩展的前提(李文治1981)。专业化生产的发展,导致了那些以商品粮为生的人口不断增加。在很多事例中,粮食来自有余粮的远地。其结果之一,是更多的地区被纳入复杂的粮食流通网络。这些网络主要以水路为基础,因为水路为粮食运输提供了最廉价的途径。然而,粮食流通网络的日益复杂,并不一定意味着流通渠道在地理上变得更为宽广。粮食贸易路线可以被战乱破坏。在接近剩余粮食来源的地区的粮食需求的增加,会减少运往较远地区的粮食的数量。在此时,粮食贸易路线也可能收缩。例如在19世纪,湖北省吸纳了较以前更多的四川、湖南粮食,而这些粮食原先一向是经过湖北运往长江下游的。在19世纪初期的华南,广西所产粮食越来越多地被本省消费,因而输往广东的粮食数量也相应减少。就

---

① 关于11世纪粮食贸易的基础性研究,见斯波义信1968:142~185。关于15—17世纪之间的西北粮食贸易,见寺田隆信1972:120~179。关于18世纪湖南与长江下游的重要粮食贸易,见重田德1984。
② 关于20世纪前半期的粮食贸易,见天野元之助1953。地方粮仓和富人贷粮和减价售粮,可能不及以前诸世纪普遍,但储备粮食以便在青黄不接时或歉收之年为贫农提供粮食,作为一种理想,仍然受到支持。1934—1936年间国家补充仓储的努力,见于内政部编《仓储统计》中的逐省查验。

一个省的范围而言,情况亦然。有些县过去售粮给其他县,如今其所产粮食也开始更多地在本地消费。湖南南部的祁阳县即是一例。在18世纪初期,该县生产的粮食销往各地;但自18世纪下半叶起,本地所产粮食开始越来越多地在县内消费。① 在这些例子中,商业性贸易把余粮地区的粮食运往远近不一的缺粮地区,供应那里的消费者。但作为对相对需求发生改变的反应,在上面各例中,粮食流通的范围都收缩了。这种变化,和不同地区通过专业化生产与贸易而在经济上日益结合为一体的普遍进程彼此相悖。专业化生产的地区依赖粮食输入,而生产多样化的地区则要保留本地生产的粮食供自身消费,二者之间出现了对粮食供给的竞争。地区之间的生产专业化和较小地区内部的生产多样化,推动着各种粮食流通空间规模的发展,这些空间规模性质各不相同,但彼此又松散地联系在一起。18世纪贫瘠山地开垦的扩大和人口的增加,引起了土地和劳动实际报酬的剧减,也加剧了不同的粮食流通规模之间的紧张状态。

在粮食流通方式的变化中,收成变化所起的作用很大。由于收成的变化,在某一具体年份中,向某一特定方向流动的粮食数量,可能有很大波动。米商寻找丰收价贱之处,大量收购粮食,运往粮食严重短缺的地方。② 粮食来源和运送目的地的可变性,意味着减少了由歉收引起短缺的危险。在18世纪的中国,许多地方的人民平常消费本地生产的粮食,但是他们和另外一些依赖输入粮食生活的人一样,都能够指望在灾年得

---

① 全汉昇和高乐(Richard Kraus)已注意到了在18世纪初期和20世纪初期之间,沿长江而下的粮食数量有明显的缩减。见全汉昇和高乐1975:77~78。施坚雅指出:四川、湖北和湖南的人口增长,是18世纪20年代至19世纪40年代之间这些地区运往长江下游的粮食减少的原因。见施坚雅1977:713注30。广西一向为广东提供粮食,但其供应能力也在削弱。这从两广总督李鸿宾、广东巡抚卢坤、广西巡抚苏成额1830年的奏折中可以清楚地看到(这些奏折藏于第一历史档案馆,归类于《朱批谕旨》财政·仓储·道光二十年九月二十日和二十一年九月二十一日)。关于祁阳的例子,见1867年《永州府志》,卷5:16B。
② 关于收成的相对状况对粮食贸易的影响,湖南巡抚杨锡绂在其1748年奏摺《陈明米贵之由疏》的开头部分中已作讨论。该折见《皇朝经世文编》卷39:21。

163

到额外的粮食供给。但是这种保障并非没有其弊端。不同地区所需要的和所能得到的粮食，数量每年不断变化，从而妨碍了粮食的稳定流动，并且在关于一个地区可保留多少粮食和其他地区可得到多少粮食的比例问题上，增加了发生争执的可能性。

在十八、十九世纪的中国，几乎所有的省份都出现了食物骚乱。① 无论在粮食输入地区还是在粮食输出的地区，都听得到要求粮食降价的呼声。如果粮食输出地区的人民阻止粮食出境的行动成功，就威胁到粮食输入地区人民的食物供给。在丰收之年，粮食充满了本地市场和更大的贸易网络。但在歉收之年，在那些所产粮食不仅养活附近人民，而且通常还进入更大贸易网络的地区，食物骚乱就会发生。在发生食物骚乱的地区，收成并不一定特别坏。别的地区的歉收可能增加对此地区所产粮食的需求，因此而导致的情况，颇类似于当此地区遭到歉收，但是对该地粮食的需求却依然如故时所出现的情况。在洪水或久旱毁掉了所有的粮食作物时，自然就不可能要求得到粮食了。若在一个广大的地区出现一连串严重歉收或是几次颗粒无收，则将对更多的人产生更大的威胁，其程度会超出食物骚乱事件的范围。② 食物骚乱也发生在真正的生存危机时期，但并不一定只是发生在大规模生存危机的环境中。

任何人，只要掌握着商业性粮食流通的某一个方面，在供给稀缺的时候，都有可能成为民众抗争的靶子。那些能够在本地出售或出贷粮食的富户，往往也售粮给贩运粮食到外地的米商。从本地市场上抽出粮食贩到他地，使得富户受到指责，说他们囤积居奇。当食物骚乱发生时，人们常常认为富户应对骚乱负部分责任。江西巡抚陈宏谋对1742年冬和1743年春发生的食物骚乱所作的描述，就是一个典型例子（陈宏谋

---

① 有两部使用起来很方便的资料汇编，为我们提供了中国大多数地区食物骚乱的记载。一是《康雍乾时期城乡人民反抗斗争资料》，卷1，281～309；卷2，562～593。另一是李文治编《中国近代农业史资料》，卷1，973～984。
② 关于灾荒和国家救济，魏丕信（Pierre-Etienne Will）作了出色的分析（见魏丕信1990。有关分析，亦见王国斌与濮德培（R. Bin Wong & Peter C. Perdue）1983）。

1763：卷 15：20B~21A)。一份关于 1751 年浙江温州和台州的食物骚乱的奏折,内容与陈宏谋所述一致(中国人民大学 1979：卷 1：255)。而另一份关于 19 世纪 30 年代湖南西部食物骚乱的文章,则强烈地谴责富户是造成这种情况的原因(邓显鹤 1851：卷 13：33~34)。

牺牲本地交易以进行外地贸易,也可能激发反对商人的活动。米商运粮到外地,便减少了本地可以获得的粮食。掮客大量收集粮食卖给米商,也减少了本地的粮食供给。因此二者都受到骚乱者的非难。小贩也未能逃脱攻击;而提高粮价并限量售粮的米店,其存粮往往被群众强行夺取。①

中央政府很少宽容那些以阻止粮食的商业流通的方式来妨碍商人的活动。但是对于降低粮价的要求,国家有时也表示同意。1726 年,福建发生食物骚乱,要求将米价降低 1/10。这次骚乱受到当地政府的镇压,但雍正皇帝得知骚乱者被逮捕的消息后,责备有关官员说,他们在抓人之前,应当先看看粮价是否确实已经降低。② 由于国家支持粮食应在本地平价流通的理念,所以囤积粮食、哄抬市价的富户和商人都受到批评。民众希望粮价低平,并且希望国家进行干预以稳定粮价。但从官方的立场来看,绝不能使民众与富户及商人的直接冲突合法化。官员们常常迅速地逮捕闹事者。强夺粮食通常也被视为"奸民"或"刁民"的行径。在另一些场合,官员们也注意到歉收引起骚乱,而参加骚乱的人也不一定是那种道德败坏、经常作奸犯科的闹事者。③ 官方对食物骚乱所作出的不同反应,反映了国家食物供给总政策的目标。

---

① 例如,1741 年夏离开广州的商人们,被企图将粮食留在广州的人群截住。与此相类的是,1742 年春,从广西到广东的长途粮食贸易,在沿途许多地点被希望买到或借到粮食的人们阻拦。在 1741 年夏,为行商提供粮食的米行牙商也受到攻击。而在 1751 年,福建省厦门县的五家米铺的粮食被抢走。见《康雍乾时期城乡人民反抗斗争资料》,587~588、307~308、580。
②《雍正朱批谕旨》(1738 年),卷 2、5、64。
③ 用来表现食物骚乱参加者的种类的称呼,例子可见《康雍乾时期城乡人民反抗斗争资料》,281、284、285、294、299。

清代国家管理食物供给流通的基本目标,是保证各个阶层的人民和那些不能单纯依赖本地的生产与交换的地区,都能够获得粮食。追求地区差价的长途贸易,导致了粮食从有剩余的地区向需要输入的地区流动。18世纪的清代国家承认这些流通方式的重要性,因而对于那些通过将遥远的供求来源连接起来而谋利的行商活动,也予以肯定。国家甚至通过减免通行税和特许使用禁航的海路,来鼓励行商进行特定的粮食贩运,以应付歉收境况(魏丕信1990:208~225)。

在粮食的长途流动方面,国家也起了一种直接的和积极的作用。从富庶的长江流域各省和靠近北京的省份征收的漕粮,有一部分在运往目的地北京的途中转向,运往缺粮严重的省份救急。位于县治的政府粮仓(即常平仓),任务是买卖粮食以减少粮价的季节波动,也能够获得改道运来的漕粮。国家也进行省内外常平仓之间的粮食调拨,以应付粮食分配方面的急需,以及增加粮食不足地区的储备。最后,常平仓在市场上购买粮食的活动,有时也包括某一县或省的官员到另一县或省采购粮食(王国斌1982:769)。这些官方的粮食流动,与商业性流通相重合,有时促进了,而有时也打断了商业性的粮食流动。国家采取的粮食流动措施及其对长途商业的政策,一同造成了粮食从余粮地区向缺粮地区的流动。

国家在允许长途粮食贸易并直接鼓励粮食长途转移的同时,也支持较穷阶层的人民获得本地的粮食供给。常平仓的春售秋贷,减少了粮价的季节波动。在歉年,常平仓将更多的粮食分配给人民,避免粮价超过丰年的一般水准。对依靠富民捐赠和按田地征课来收储粮食的社仓和义仓,国家也予以扶助。这些粮仓有权要求得到一部分本地生产的粮食,并保障粮食在本地小范围内的流通。人们指望富户向这些粮仓捐赠粮食,并在歉年减价出贷或出售粮食(王国斌1982:768~769)。国家的努力,特别是对社仓和义仓的扶助,加强了"惯常"的流通(即富人在"自由"的市场关系之外向穷人提供贷款、资助和减价出售的方式)。

总之,国家反对富户囤积粮食,并维持各种可在歉年供粮的粮仓。官员们努力增进本地的粮食流通并且稳定粮价,以预防食物骚乱。因此食物骚乱参加者对获得粮食的期望,也以"国家应参与本地粮食流通"这样一种假设为根据。这些粮仓倘不能提供粮食,确实也会引起骚乱,情况与那种发生在市场上或富户粮仓前的骚乱相似。[1] 另一方面,逮捕那些阻挠运粮外出的人,又表明了国家支持那些从事长途贸易的商人要求获得粮食供给的权利。这种官方行动减少了在本地市场上可获得的粮食数量,并抬高了粮价。因此,官方对于食物骚乱的反应,表现了国家负有双重的任务:一方面是稳定地方粮价,另一方面则是将粮食从低价地区转移到高价地区。官方对于发生在粮食流通的三个领域(即商业的、惯常的及国家的粮食流通领域)中的食物骚乱的反应,是由国家维护自己的流通领域、支持与限制商业的和惯常的流通领域的努力所决定的。[2]

二 欧洲的食物骚乱

在18世纪的英国、法国、意大利和西班牙,民众聚集起来阻止粮食流动,要求降低面包价格,并且常常强迫有关方面低价出售粮食与面包。查尔斯·蒂利将这些事件置于以下两个历史大进程的背景之下:(1)商业化以及国内粮食市场的形成;(2)国家的形成与政府食物供给政策的变化。粮食交易的扩张,是此时期所出现的以下三种趋势的组成部分:(1)农村工业的发展导致农村人口依赖于商业性的食物供给;(2)从农村人口中招募而来,并由国家购买粮食供养的常备军不断扩大;(3)依靠

---

[1] 例如,1742年春,河南偃师县有七八十人聚集起来向已经借出大量粮食的粮仓借粮。他们被驱散后,又有一百五六十人聚集起来,冲入官衙要求放赈。在1752年春,湖南湘乡县的官员认为已经减价售出了足够多的粮食,但一些人还要求官方更多地出售粮食。又卖了一天粮食后,还有人要求再卖,于是官方逮捕了这些人。见《康雍乾时期城乡人民反抗斗争资料》,567~569、569~570。
[2] 关于这些流通领域的详细讨论,见王国斌1982。

商业性粮食贸易获得面包的城市不断发展。这三种食物需求,将粮食吸收进了新的渠道。国家为增强中央权力以及维护城市公共秩序而制定的政策,对这些新渠道的出现也助了一臂之力(蒂利 1975)。下面,我们首先考察英国与法国交易结构的变化。

格拉斯(N. S. B. Grass)在其关于英国谷物交易的经典性研究中,将商业性流通分为三种类型:在 12 世纪,贸易主要发生在庄园之间;而后城镇的成长,促进了地方市场的发展;在 17 与 18 世纪,都会市场和出口市场结合起来,一道取代了以前的地方市场(格拉斯 1915:200)。阿兰·埃佛利特(Alan Everritt)对食物贸易作了更详细的研究,把都铎王朝时期的"开放市场"(open markets,即公共市场 public markets)与"私人市场"(private markets,即谷物会所、货栈以及位于外省城镇的小酒馆饭店)区别开来。从制度上来区分,开放市场的服务对象是各种领土单位,而私人交易则跨越更大的地域,在已经开始地区专业化生产的国内各地之间运送货物。长途贸易的发展以家族联系和个人联系为基础。多数从事贸易的人目不识丁,信誉的观念也因人而异。这些问题都制约着交易规模的扩大。然而,尽管有这些障碍,以外省消费为主体的私人贸易仍在发展(埃佛利特 1967:466~592,特别是 566~567、516、530、545、531)。

此外,为了供给伦敦、出口、王室和武装力量,还有三种市场也发展了起来。伦敦的成长,要求私人交易增加比英国其他地方更快。格拉斯已说明了伦敦市场组织的这一特点,并强调掮客在调集供给伦敦日益增长的人口所需的食物方面所起的重要作用。最后,出口市场同供应王室以及部署在欧洲大陆上的英国部队的渠道的增加也有联系(格拉斯 1915:157;埃佛利特 1967:507、524)。埃佛利特对这些发展,作出了以下令人信服的解释:

> 人口迅速增长及其日益集中于城市或工业中心(例如伦敦、诺维奇[Norwich]、泰因赛德[Tyneside]以及西部各纺织业城镇),破

坏了迄今为止基本上仍是自给自足的各共同体之间的平衡,并迫使这些共同体依赖于市场供给。人口的集中、市场交易规模的扩大、可供耕作的"未开垦"地区的减少以及地区专业化的加强等,使得本地资源不能满足这些共同体的需要。在此同时,16世纪的价格上扬,可能也导致了农业产量的提高;而为时人经常抱怨的17世纪的货币紧缩,则刺激了信用交易的发展。结果某些年份显示出:在生产较为发达的地区,某些商品有大量剩余,而只有私人贸易才能处理这些剩余商品(埃佛利特1967:564)。

16世纪的人口增长,助长了以地区专业化为基础的工业产品和城市产品的生产。贸易规模通过新的流通结构而不断扩大,又支持了这种地区专业化。这些流通结构包括各种新型的商人。他们的那种以城市为基地而到处旅行的生活方式,产生了一种独特的社会观。埃佛利特警告我们不要把开放交易与乡村、私人交易与城镇简单地等同起来。但是他又使用这个对比,来描绘那些随着食物流通新渠道的发展而出现的"关于社会与社会责任的不能兼容的观点"(埃佛利特1967:568)。

伍舍尔(A. P. Usher)在其对法国粮食贸易的研究中,分析了18世纪以前的商业性粮食流动的结构及其后来的变化。在18世纪以前,地方贸易和长途贸易二者在制度上各不相同。城镇市场可以在一个小区域内以一些方式联结起来,例如一个生产市场上的粮食可以供给一个消费地区,或者一个大的消费市场可以由很多较小的生产市场来满足。批发贸易以两种形式进行。一种被称为"布拉提埃"(blatier)的小麦批发商,使用自己的资金在一个市场上买粮,然后运往另一市场出售。其交易的规模相当小,而且他们也可能会被地方当局禁止进入城镇市场。在沿主要河流的富饶地区,另一种形式的批发贸易较为发达。河边城镇的居民建起了仓库,以供从大城市来的商人来此采购。在一些地区,这种仓库是由略有资财者、在此市场上购粮的资产阶级分子,或者从大城市来的商人建造的。这种多种人士致力兴建仓库的情况,说明了食利者、本地资产阶级和来自大城市的商人,在发展粮食批发贸易的方面具有共同的利益(伍舍尔1913:37~38)。

在17世纪后期和18世纪,城镇市场与批发贸易在制度上的裂缝被沟通了。成长中的城市,需要将其粮食供给增加到上述仓库贸易所能动员的水准之上,从而促进了这种沟通。从灾年救荒开始,一种直接向生产者购粮的国家采购制度出现了。商人一直深入到市镇以下,为生产者提供了一种稳定的需求来源,从而使得生产者直接进入了更大的交易网络(伍舍尔1913:39~40)。在法国,这种交易变革需要摧毁存在于地方贸易与批发贸易之间的障碍。在英、法两国,交易结构的根本变化发生在16世纪与18世纪之间。这个变化为欧洲的食物骚乱创造了条件。

在农业衰退和经济停滞的时期(更勿论经济紧缩的时期了),食物骚乱变得更为频繁,并且延续到农产品价格上升、经济活动增强的时期。通过新的渠道扩大粮食流通,有助于吸收连续的丰年所生产出来的大量粮食。1750年的衰退,以粮价低迷而工资相对较高为标志。这次衰退过去以后,上述对食物供给的各种新要求肯定出现了,从而引起价格上涨和工资下落。此时食物骚乱也更加频繁地发生了。①

在这些变化中,国家扮演了一个积极的(有时是不明确的)角色。埃佛利特认为:英国国家未能接受16世纪长途商业新制度的发展,是斯图亚特王朝衰落的原因之一(埃佛利特1967:586)。但是在以后的几十年中,国家并不仅仅是在适应这个新的市场现实。贸易的成长,并非只是一种受个人理性地追求自身利益的逻辑所驱动的简单、平稳和自然的进

---

① 关于17世纪中期至18世纪中期的农业衰退,见威尔海姆·阿贝尔(Wilhelm Abel)1980(奥利弗·沃尔蒂施[Olive Ordishi]英译本)第158~193页。乔治斯·鲁德断言:在1660年议会通过了首部谷物法之后不久,英国的食物骚乱就开始了(鲁德1974:24)。但是他可能说错了。奥斯维特(R. B. Outhwaite)和安德鲁·阿普里柏(Andrew Appleby)所描绘的发生在1595—1598年间的骚动,似乎可以贴上"食物骚乱"的标签,尽管这两位学者都未求助于鲁德或汤普森关于食物骚乱的研究。见奥斯维特(R. B. Outhwaite)1978;安德鲁·阿普里柏1969:142~143。

程。汤普森(E. P. Thompson)坚信:在英国,自由贸易政策要求废除所有那些对粮食流动加以限制的成文法、习惯法和惯例。原有的反对囤积居奇和垄断收购的法律受到挑战,并于1660—1772年之间逐渐废除——这些被废除的法律,过去曾依靠禁止在远近市场上贱买贵卖粮食的办法来调节粮食流动。汤普森指出:"自由市场不但对政治性经济是一个新的突破,同时也瓦解了旧有的道义性经济"(汤普森1971:136)。从事长途贸易、追求经济利益的商业阶级,找到了政治上的代言人,而且在1660年以后的一个世纪中,能够在关于废除支配地方市场的立法争论中获得胜利。

路易斯·蒂利对法国食物骚乱的分析显示出:在创立新的粮食流通渠道方面,法国国家起了一种领导的作用。17世纪后期的两位官员波瓦依斯基尔贝尔(Boisguilbert)和沃班(Vauban),将法国农业存在的问题,归咎于粮食的商业调节系统。随后在18世纪,法王颁发了若干整顿粮食自由流通的诏令,实际上是用许多税则和规定对此予以批准。对粮食供给的控制权,也从各级议会转到王室官员手中。这些议会常常禁止粮食流出自己的地域,而王室官员则有时强迫生产者将小麦上市。王室以牺牲各级议会为代价,在司法论争中赢得了胜利。随着国家将权力集中于中央,粮食也慢慢开始更为自由地流动(L.蒂利1971)。

然而,法国国家不像英国国家那样明确地是某些特殊利益团体的坚决支持者。18世纪的法国,在一种旨在保护地方消费者的食物供给伦理和一种偏爱长途贸易的粮食自由放任主义之间,出现了旷日持久的争议。正如斯蒂芬·卡普兰(Steven Kaplan)在其关于路易十五时期法国食物供给的两卷本著作中所指出的那样,粮食自由放任主义表现了社会理论中的一种激进观点,但是完全支持这种观点的,却是法国社会中最传统和最保守集团的成员即大地主和贵族。这些人之所以支持粮食自由放任主义,是因为对他们来说,这意味着更高的粮价和更优的收入,而绝非因为他们对粮食自由放任主义与其他新观念之间的思想联系感兴趣。至于其他的人之所以难以接受粮食自由放任主义,则是由于这种粮食自由放任主义不仅与别的激进的社会观念有关联,而且其自身逻辑与优先保障地方消费者的社会要求大相径庭,因而容易引起警察与民众的冲突(卡普兰1976:卷2:682~687)。在18世纪,短缺的威胁也制约着粮食自由放任主义在不同地点的试行。对于这种威胁,处于中央集权化过程中的国家,有时也用努力保护地方供给的办法来作为回应。在整个18世纪,法国国家的中央官僚机构从各省议会手中夺得了对食物供给的控制权力之后,在采取行动保护地方消费者在供给紧张时期获得食物的权利方面,一直犹豫不定。

自由贸易政策很适合丰收之年,但人们也相信国家的干预在歉收之年是非有不可的。政策的摇摆,部分地是对于收成大幅波动所作出的反应。有证据表明:法国国家所面临的食物供给方面的问题,比英国国家更大。据安德鲁·阿普里柏(Andrew Appleby)的研究,1590—1740年间英国农作物的多样化,有效地减少了因天气引起的收成波动(阿普里柏1969)。更加稳定的供给,意味着国家在保护地方消费者不受新的需求所苦方面的责任减轻了。但是必须强调:更加稳定的供给并不一定意味着食物骚乱的减少。为对抗不充足的供给而进行政府干预的需要减弱,可能使国家越来越不愿保护地方对食物供给的要求,从而使得食物骚乱变得更为普遍。在农作物种植方式的变化能够改变整个供给状况的时候,政治决策调节着食物供给的获得,从而也影响到食物骚乱发生的可能性。食物骚乱、供给短缺和饥馑三者密切相关,但是却是截然不同的现象。如果是因饿死人而引起食物骚乱的话,那么法国十六、十七世纪的食物骚乱,应当比18世纪更多(因为18世纪饥饿死亡率降低了)。恰恰相反,在最为严重的生存危机已平息,前面概述的诸变革已发生的18世纪,食物骚乱反而变成了一种意义重大的现象。不仅如此,在18世纪(例如在1740—1741年法国的危机中),国家成功地保护了处于危急之中的民众对食物供给的要求。在此时候,食物骚乱很少发生。在英国,食物骚乱频繁的时期,并不是出现生存危机的时期。正如汤普森所言:"没有已公布的证据显示,在18世纪的英国有过任何类似古典的生存危机之类的东西存在"(汤普森1971:133)。相反,勒·罗伊·拉杜里(Le Roy Ladu-rie)笔下的朗魁多克的农民,在1526—1535年的生存危机中,也并未阻挠粮食输出。其原因很简单:朗魁多克庄园早已禁止粮食输出了(拉杜里1976:135～142)。

汤普森、查尔斯·蒂利和路易斯·蒂利认为:在商业的新形式与新规模贯穿到地方,人民不能再依靠官员来保障其获得食物供给的权利时,食物骚乱就会发生。人民依靠传统的权利与习俗,来使其要求合法化:

> 在粮食的买卖与加工等方面,对于什么是合法活动和非法活动,有一种大众的共识。不满就是在此种共识的范围中起作用的。这种共识的基础,则又是关于社会的正常秩序和社会责任,以及关于社会内诸集团的适当经济功能的传统看法。这些看法合在一起,可以说就组成了穷人的道义经济。践踏这些道义上的假定,就像实际上的剥夺一样,经常是直接行动的诱因(汤普森1971:78～79)。

许多关于欧洲食物骚乱的研究,强调对食物供给的新要求挫伤了民众的期望。这种观点有力地否定了饥饿与食物骚乱是简单的因果关系的看法。在频繁的食物骚乱出现之前的数十年中危及生命的生存危机的减少,促使我们去注意食物供给状况的"需求"的方面。这种需求不仅是从理论上来表现的抽象市场的数量标志,而且也是在制度的限制和政治的强制之下人们获得食物的权利。但是,"供给"的方面也值得继续注意。当灾荒未与食物骚乱相伴发生时,挨饿以及对挨饿的恐惧颇为重要。可获得食物的真正减少和对于获得食物的权利被削弱的恐惧,两者都是引起食物骚乱的条件。乔治斯·鲁德(Georges Rude)提醒我们:"正如我们可以预见的那样,食物骚乱通常尾随着导致价格飞涨的歉收与短缺。食物骚乱可以说是对灾荒感到恐惧的结果,而非灾荒本身的结果"(鲁德 1974:23~24)。灾荒尚未登台,但对灾荒的恐惧已经使得食物骚乱出现了。

乔治斯·莱夫布佛(Georges Lefebvre)在对食物骚乱参加者心理状况的研究中,把灾荒排除于 1789 年食物骚乱的情景之外。他说:

> 当物资匮乏时,饥饿引发了骚乱,随之而来的则是新的或更大的恐惧。人们绝不愿意承认仅只是自然的力量使得他们贫困苦难。为什么在丰收之年他们没有储藏粮食?……在 1789 年,穷人一再说他们不可能死于饥饿。如果政府认为提高物价是合适的,那么大家都应增加工资或用别的办法使富人养活穷人。否则,他们将自己救助自己,并将报仇……并没有灾荒,但要制止涨价已为时太迟(莱夫布佛 1973:24)。

在莱夫布佛的描述中,法国大革命期间食物骚乱的参加者都有自己的恐惧,但是他们清楚地看到了政府和自己双方的选择自由。会挨饿,可能也会饿死。但是灾荒并无罪过,它们并未引起食物骚乱。

简言之,中央集权化过程中的法、英二国的国家,帮助创建了自由的粮食市场,即免除了官方干预的市场。官员们不再经常地反对外来的需求,以保障地方的食物供给;人们也不再能够指望官员们把市场价格降到"公平"的水准。食物骚乱出现在粮食的商业化所造成的断裂处。在城镇与乡村,当一种新型的市场扩张贯穿并改变了旧的交换方式,而歉收又迫使人们在各种相互竞争的要求中作出选择的时候,食物骚乱也会发生。19 世纪 50 年代以后,食物骚乱在欧洲消失了。运输的改进,使得越来越多的食物输往城市市场。欧洲的农村社会制度在不同的方面肯定也发生了变革,但是每一种制度都变得服从于城市、中央集权化的国家和资本主义的经济。

三 中西食物骚乱的比较

对于 18 世纪中国和西欧的状况,我们能够从食物骚乱中了解到些什么? 从对食物骚乱的描述来判断,参加者之所以进行抗争,似乎出于大致相似的理由。无论是中国的还是欧洲的老百姓,都期望官员和商人在地方市场上的行为得当,以保护自己的食物供给。他们都认为某些涨价并非因一般的供求状况所致,而是商人将食物运出本地或官员未能保持价格稳定的结果。尽管在烹调与饮食习惯方面有很大差别,中国老百姓和欧洲老百姓却都以许多类似的方法,来保护自己对于食物供给的权利,因而他们的期望以及对形势的看法看上去也颇为接近。同样地,在中国与欧洲,不同地位的官员所捍卫的利益在结构上也颇为相似:地方官员感兴趣的是保护本地的食物供给,而地位较高的官员则普遍鼓励粮食更加自由地流通。上面所谈到的关于"在食物骚乱中什么最为危急"的看法,包含着许多因素,而这些因素又跨越了官员与抗争者双方的文化背景。

中国与西欧在食物骚乱事件方面的上述相似性,可能诱使我们去寻求一种在欧洲的背景下对中国的食物骚乱所进行的解释。如果把欧洲经验当做资本主义的历史发展模式,把食物骚乱视为向资本主义过渡时期中产生的冲突事件,那么当然可以把中国的食物骚乱解释为资本主义渗透的标志,以及较低的社会阶层对于经济转型和自己之被纳入更大的经济网络进行抵抗的标志。中国和日本的学者确实把食物骚乱视为与资本主义关系之深入封建社会相伴的阶级冲突(傅衣凌 1941;重田德 1984:45~48;小岛晋治 1978:88~153)。看到一种"欧洲式"的冲突展现在中国的土地上,这种情景颇有魅力,很能令人着迷。一种欧洲风格的冲突的出现,使得我们相信:中国并非停滞不变,而是在遵循着欧洲经验所确定的历史发展逻辑前进着。然而,这一逻辑未能在中国和西欧引起相似的政治结果或经济结果,当我们发现这一点时,上述比较所带来的宽慰也就消失了。一般来说,为了说明这个问题,人们发明了以下两种解释:(1)外部力量(有时指帝国主义)扭曲了中国的"自然"发展道路;(2)内部力量(有些学者称之为"封建主义")拖住了"自然"发展的进程。① 第一种解释认为中国未能沿着西方的道路发展,是由于西方帝国主义的阻碍;第二种解释则通常把中国未能充分变革的原因归咎于国家或是某些阶级。

当然,在中国与西欧,食物骚乱是相似的事件。粮食流通的不同空间规模,彼此之间存在矛盾。对于食物供给的各种相互竞争的要求,又在这些矛盾中显露出来。在此意义上,我们可以断言上面所说的那些相似性是存在的。供给短缺或者对于将会发生的供给短缺的恐惧,确定了骚乱发生的客观条件,并表现了采取行动的人们在主观上的感觉。他们之所以采取行动,是因为官员未保障他们获得食物。但是,相似的事件不一定需要同样的条件。不求助于一种共同的和深层的发展逻辑,我们能够解释中国和西欧的食物骚乱吗?下面,我们先看看商业性食物流动。

在英国和法国,商业扩张是由贸易结构的制度变化引起的。新的需求源创造了单独的一组对食物供给的要求。私人贸易渗透了英国的开放市场制度,从而迫使粮食流通进入更为广阔的天地。法国的国家采

---

① 中国的马克思主义史学家把第一次鸦片战争以后的时期定性为"半封建半殖民地社会"。但在对19世纪和20世纪的社会经济发展的解释中,这两个"半"中哪一个更为重要,他们的看法也有分歧。在20世纪50和60年代,一些观点与此相似的日本学者进而考虑明清时期中国社会的"特征",以解释中国的经历为什么不同于西方。而他们通常加以研究的中国的特征,是社会结构和政治组织的特征。西方学者较少对中国和西方的历史发展进行明确的比较。他们大致上分为两个流派:一派强调中国之进入"世界体系",另一派则用"近代化"的诸前提来检验中国传统社会的性质。由于食物骚乱在西方到来以前很久就已出现在中国,所以我在这里所作的比较研究,重点放在那些成为欧洲发展特征的和成为中国发展特征的结构和进程上,不过只限于"世界体系"理论成为分析的可能构架之前的情况。我故意回避了"近代化"、"传统社会"或者"封建社会"这样一些用语,原因在于这些用语中没有一个有助于我在进行的这种比较。

购,以一种统一的方法,将地方贸易和长途贸易联系了起来。这种方法,使得更大数量的粮食在更广的地域中流通成为可能。对于食物供给的新要求是商人提出的。他们在交易中的作用,已变得和以往的商贩截然不同。

在中国,粮食需求的扩大,是通过现有的商业制度来达到的。这些制度基本上是承前几个世纪之旧。较之英国或法国而言,中国在交易的组织结构方面变化很小。中国农业经济中的专业化与多样化,引起了商业性粮食流通的增加,不论在地方贸易或在长途贸易的层次上皆然。在明清时期,生存危机发生的可能性仍然继续存在,但是灵活变化的粮食流动同时也减少了歉收所带来的威胁。在十八、十九世纪,无论是地方的需求还是长途的需求,都已不是新事物。但是这些需求每年都在变化,而且变化都难以预料。在整个明清时期,为了应付经济的专业化和多样化,应付带有生存危机威胁的长期收成波动,所有层次上的商业性流通都扩大了。随着这一扩大,对粮食供给的各种要求相互冲突的可能性也增大了。

在欧洲,当新的需求来源和需求结构出现并创造了食物骚乱的条件时,致命的生存危机已消失了;而在中国,灾荒发生的可能性与十八、十九世纪的食物骚乱一直相伴。在欧洲,新的需求构成了食物骚乱的条件;而在中国,最重要的则是供给的不稳定。可变的贸易部分地减轻了这种不稳定的影响,但贸易本身又是一个潜在的冲突源泉。

中西食物交易方面的第二组差异,可见之于商业所表现出的社会关系的类型。在英、法两国,商人与富裕农民结盟、牺牲消费者利益的情况之所以有可能出现,是因为在地方上,食物供应者和社会低阶层之间,并无紧密的联系或依附关系。较之中国的富户而言,英、法控制地方食物供给的人,相对无法维护农村社会关系的模式——这种模式有时会拒绝商人对粮食的需索。在中国,富户经常支配着地方市场上的粮食供给。他们能够阻止很大一部分本地出产的粮食进入市场,因而对于食物供给具有相当的权力。① 与此同时,他们积累的粮食,也提供给外地的粮食流通。或者卖给商人以求厚利,或者在本地廉价出售以赢得贫穷邻人的感激,富户可二者择一。他们一方面希望追求更大财富,另一方面也需要扶助其下的人们,因为后者的存在是前者高居其上的社会秩序的基础。将求富的愿望和扶贫的需要加以平衡,符合富户的利益。控制着很大一部分当地食物供给的地方精英的成员,则介于城乡之间。与中国的情况相比,欧洲城乡阶级的日益分离非常明显。在西欧,我们可以看到地方精英的利益脱离了农村世界。但在中国却看不到类似的情况。

在英、法两国,对食物供给的新要求使一些阶级得到了好处。为了支持这些阶级的利益,国家政策在18世纪发生了变化。英、法国家承认经济变化的现实,担忧城市的公共秩序,并且需要供养军队,从而采取了新的政策。在这两国,对食物供给的政治控制方面所发生的重点转移,也是国家形成过程的一个部分。在法国,对食物流通的政治控制,以往操于外省贵族之手,后来转移到了新创立的中央政府的官员手中。而在英国,则是以新颁布的法律取代那些保护地方需要和地方优先的旧法规。

在18世纪的中国,国家通过削减地方当局限制商业性粮食流动的权力,努力将对粮食流动的控制权集中于中央之手。与法国国家不同,中国国家不必从半自治的各省议会手中夺取权力。中国官员是中央集权官僚机构的成员,他们没有脱离于中央政府之外的权力基础。与英国国家也不同,中国国家无需为新法而否决成规。中国的中央政府可以求助于久已存在的原则来鼓励粮食的长途贸易。② 中国国家之赞成长途商业,并不要求与过去的政策和做法作出断然决裂。不仅如此,中国国家

---

① 1748年,湖南巡抚杨锡绂这样谈论此事:"富户登场之后,非得善价不肯轻售,实操粮价低昂之权"。
② 官员避籍,限制了官员为维护地方利益而损害中央政府的优先地位。关于中央政府反对较低级别的官员阻挠粮食流通的情况,见郎擎霄1937:171~173。

还卷入粮食的长途流动,这更超出了英、法国家的努力范围。通过长途运送大量粮食,以限制或补充商业性粮食流动,是国家控制的粮食流通的一个基本方面。而这在欧洲却是无可匹敌的。

然而,从另一意义上来说,中国中央国家对粮食长途流通的支持,又不如英、法那样充分。在支持粮食长途流通的同时,中国国家也有责任保护地方的食物供给。其仓储政策和反对囤积居奇,都是为了保障粮食能够以较低和稳定的价格在本地流通。国家成功地创建了巨量的粮食储备,以减轻粮价的季节性波动和对付歉年的短缺。这肯定增加了民众对国家的期望,认为国家能够进行干预以保护人民生存需求。中国国家在粮食储备方面所作的努力,无论是从计划还是从实践来说,都远远超过了欧洲国家。①

中国国家的食物供给政策,有地方的和全国的两个不同层面。国家对地方性流通和长途贸易采用了不同的标准,表现出国家对于这两种粮食流通之间的关系,看法不甚明确。反对囤积居奇显示国家希望稳定地方粮价,而这种愿望又根植于一种信念,即认为粮食应当在不同的社会阶层中以正当的方式进行流通。有些较低层的官员企图禁止从其辖区输出粮食,但国家对此企图常常予以否定。这表明国家支持商人将粮食从低价地区转移到高价地区,并且反映出国家已意识到了不同地区之间存在着的经济联系。阻止粮食进入地方市场以及制止粮食输出,均受到国家的反对。在18世纪,国家能够积极地参与长途流通,同时又有力地支持地方社团储备粮食,这在一定程度上掩盖了官方未能预见地方交易和长途商业之间的关系,同时也未能给予某一种流通以明显的优先地位的情况。在19世纪,中央政府协调长途流通和建立地方储备的能力出现衰减。为进行军事行动而采取的粮食征调,逐渐取代了为管理平民食

---

① 关于救灾的比较,我和濮德培作过简论。见王国斌与濮德培1983。在我与魏丕信合著的书中,我又作了进一步的比较。见魏丕信与王国斌1991: 507~525。

物供给而进行的努力。同治中兴也未使18世纪食物供给的成功管理再度出现。① 在19世纪,国家对食物供给状况的干预,从中央转移到了省与县的层次。这意味着国家不再努力在全国范围内协调各地的食物供给政策,因而是一个倒退。随着对食物供给的政治干预重点转移到省级层次,中央政府越来越多地与那些自行作出有关食物供给决定的各省官员发生冲突。欧洲国家通常不大于中国的一个或两个省。由于食物骚乱发生的政治条件与经济条件不同,欧洲各国和中国各省的食物供给政策,彼此恰成鲜明对照。

英、法两国的国家政策,鼓励其国内的经济统合。政治上的中央集权化所创造的经济,在经历了重商主义时代之后,相互间的竞争已随着经济专业化和欧洲各地经济互补性的加强而结束。新的交易制度,为食物供给带来了新的要求。而这种新制度的创建,又是发生在一个经济调整时期。在此时期内,英、法两国许多地区的粮食产量都增加了。所增产的粮食,或是输往欧洲其他国家(英国),或是输往国内其他地区(法国)(沃勒斯坦1980:82~83)。在19世纪的中国,政治上的非中央集权化,给予各省当局在其食物供给政策上以更大的自主权。各省官员面临着不同的食物供给情况。其所作努力的共同特征之一,是促进增产,以满足不断增长的人口的食物需求。对于省内余粮地区与缺粮地区之间的粮食贸易,人人都拥护。但是粮食净输出省份的官员与净输入省份的官员,对于省际粮食流动的意见却大不相同。② 当中央政府不再协调跨省的粮食流动、不能有效地制止各省官员阻挠粮食出省时,食物供给的

---

① 19世纪漕运方面的问题,曼素恩(Susan Mann Jones)与孔飞力(Philip A. Kuhn)1978、哈罗德·辛顿(Harold Hinton)1956都作过讨论。19世纪地方仓储系统所遇的困难(包括军队征粮的效果),我和魏丕信已作了分析。见魏丕信与王国斌1991:75~92。1910年的长沙骚乱,我也作了讨论。见王国斌1982:781~782。
② 出产余粮省份的官员,当商人和其他省份的官员来购买粮食时,常常变得神经过敏;习惯上依赖粮食输入的省份的官员则积极鼓吹贸易的好处。关于前者的例子见王国斌1982年著作。其中,一个关于粮食输入省份的官员的态度的例子,见陈兆仑《禁囤无益米贵疏》(《皇朝经世文编》,卷40)。

跨省结合就变得更加困难了。对于食物供给的竞争,产生了一种微弱的农业保护主义。这种存在于省和省以下层次的保护主义,扭转了(至少是轻微地扭转了)18世纪存在的那种跨省政治协调和经济统合的趋势。简言之,在中国和欧洲,食物骚乱赖以发生的环境非常不同。这些差异被人们以精神的范畴道出,清楚地表达为对政治目标和经济秩序的不同观念。

受到十七、十八世纪西欧的思想的激发,哲学家和政治家们提炼出了许多新观念。这些观念从崇高的和理想的,到世俗的和实用的,不一而足。在迅速发展的贸易带来新的财富来源之时,商业也获得了新的意义。经济扩张以不同的方式,与关于如何改进政治秩序的思想连在一起。当时的人们认为:追求物质利益,是制服桀骜不驯的人类激情的一种手段。这个说法,实际上是从道德上为商业扩张辩护(赫胥曼[Hirshman]1977)。商业性的粮食流通,越来越服从于这些普遍支配着商业的观念。食物之所以可能成为进入长途贸易的许多商品之一,部分地是因为丰收所提供的粮食,通常超过本地的或国内的需求。对于饥馑的恐惧,深刻地表现在对食物贸易问题所作的政治、宗教和经济的判断上。但是在17世纪下半叶的英国,这种恐惧已不复存在。在某种程度上来说,法国情况亦然。在摆脱了生存危机的这几十年中,关于食物供给中的市场活动的新理论,才首次站住了脚。严重短缺的威胁不久又出现在法国。但是在此之前,在关于商业与国家对食物供给的政策各自所起的作用以及二者的关系等问题上,已出现若干阵线分明、相互对立的思想流派。欧洲食物骚乱的参加者,把这些理论带入彼此的冲突之中。正在兴起的资本主义,其意识形态与食物骚乱参加者所力图捍卫的那些经济关注与政治行动的概念正好相反。对食物供给相互竞争的各种要求,都以这些对抗性的理论为基础,并且对食物骚乱的后果下了极大的赌注。赢家不回顾过去,而输家则很少展望未来。

在十七、十八世纪,中国也有许多活跃的思想论争和饶有意义的政治辩论。但是在这些论争与辩论中,人们都用与古代含义相应的概念来表述意见,所以很少能看到我们在同一时期欧洲所发现的那些新的和多样化的见解。在明代后期和清代,商人变得更能为社会所接受,但是关于利润、个人利益和社会福利的性质,却没有像欧洲古典政治经济学那样,从根本上被重新概念化。相反,在对社会秩序的观念上,更多的是一种可以上溯几个世纪的连续性。这些观念不仅限制着政治上的选择,也对经济活动加以判断。当然,尽管处于这种思想的连续之中,人们对于国家积极参与经济活动的合理性,以及对于不同种类的经济活动的相对重要性和可能性,看法也有分歧。在18世纪,清朝统治者仍坚持一种农业的理想模式。这种理想模式出于一种美好的幻想:乡村居民勤力耕作,安居乐业;财富来自土地,由人与上苍共同分享;男耕女织的观念,唤起了一种和平安定、自给自足的感觉;繁荣兴旺表现为人口数量的增加,所有的人都能吃饱穿暖;人人生活俭朴,较之财富分配不均更为可取,也更少危险性;大肆炫耀财富通常受到谴责,富人在道义上有义务帮助穷人,以避免过于偏离自给自足的理想模式(胡寄窗1981:408~448)。

这种农业的自给自足的观念,并不排斥贸易在社会上扮演一种受到鼓励的角色。当然,不能把贸易视为两个国家之间竞争的一种手段,或者是以牺牲他国利益来获取财富的一种方法;也不能把贸易当做财富急剧扩张的一个要素。在中国,贸易是为了平衡不同地区的物质需要,对自给自足经济作补充。因此,粮食贸易发挥了一种人们所能接受的功能。将粮食从丰收的地区转移到农民缺粮的地区,有助于维护农村秩序。而在人们的理想中,这种秩序的基础仍然是自给自足。此外,粮食贸易之所以必要,也因为它养活了城镇居民,并且使得中华帝国边疆地区的政治扩张和经济稳定变得可能。

在欧洲的食物骚乱中,不同的意识形态明显地反映出在对食物供给的要求方面,地方和长途贸易之间存在矛盾。但在中国的食物骚乱中,这种矛盾却比较缓和。"平抑"物价,就要谴责囤积居奇。但是,因为行商在将粮食从价廉地区转移到价昂地区的活动中发挥了有益的作用,所以人们也心照不宣地同意:要供应外地市场,就必须从本地市场上抽走粮食。商业性粮食流通的这两个原则,一个适用于小地区内部的流动,而另一个适用于不同地区之间的流动。虽然二者并非相安无事、和平共存,但人们却从未明说它们不能相容。号召平抑粮价,为的是警告那些掌握着大量粮食的人,以保证民众在一年中的各个季节(或在收成不同的各个年份),都能稳定地获得粮食。依照相对价格的高低而进行的粮食转移,已被人们所接受。这显示出他们意识到有必要平衡各地区变化多端的供需状况。人们也承认有些地区比其他地区需要输入更多的粮食,而这种承认又减轻了保护地方食物供给的责任。在全国以及国内每个小角落维护社会秩序是一种政治的需要,这种需要通过那些在食物骚乱事件中彼此冲突的信念清楚地表现了出来。一种单个的意识形态构架,包含着不同的原则,而每一种原则又都出自其自身的逻辑。对于食物供给的不同要求,并未以彼此对立的言辞——这些言辞还与更重大的政治、经济争论有联系——提出对粮食应当如何流动的不同看法;也没有新的意识形态,来支持新兴的经济秩序所提出的要求。

路易十五和乾隆皇帝都十分关注食物供给问题的解决。在这个方面,他们很可能彼此有所了解。可以肯定,在如何满足各种对于食物供给的要求方面,他们都面临着许多令人烦恼的选择。当然,那些在商业上积极进取的欧洲国家的国家形成,与加强中央政府对一个繁荣的农业帝国的控制,二者很少有相似之处。然而,食物骚乱却在这两个地区都发生了。

四 结论

中国和欧洲的食物骚乱,给我们提出了一个难题。这个难题开始于这样一种观察结果:在这两个地区,可以发现许多非常相似的社会冲突类型。西欧和中国的食物骚乱肯定具有若干共同特点。例如,二者都经常爆发在那些从空间上将不同规模的贸易分开来的断裂点上;二者也都常常发生在歉收使得各种相互竞争的要求不可能都得到满足的时候。食物骚乱者的行动也很相似:民众要求以较低的价格得到粮食,阻止粮食运出本地市场,并且攻击藏匿大量食物的人们。食物骚乱事件的这种相似性说明:我们可以在两种不同的复杂情境里找到相同的片段。我们也常用适合第一种情境的片段,来引导我们在第二种情境里寻找相同的片段。但是这两种情境所描绘的是不同的景象,不论我们如何地努力想要使第二种情境的其他片段等同于第一种情境里的片段,它们都不相符。因此我们是把相似的片段错认为是熟悉的情境了。

西欧的食物骚乱,发生在对食物供给的新要求取代旧要求之时。新的市场结构和新的经济意识形态,受到正在强化中央集权的国家的支持,而生产组织与技术方面的变化,带来了食物供给与流通的新渠道。简言之,在欧洲史上,食物骚乱是在资本主义作为支配性的经济秩序而扎下根来的时候发生的。在明清时期的中国,小地区内的和长途的商业性粮食流通的扩大,是各地区经济内部多样化和不同地区之间经济专业化的一个方面。收成的波动加深了对市场上的粮食的依赖,同时又加强了对市场以外的粮食的要求(即向富户和国家要求借贷、赈济以及减价售粮)。当商人、富户和国家不能使仰赖他们所控制的粮食为生的人们以其熟悉和能够接受的条件获得粮食时,食物骚乱就出现了。

在西欧,到了19世纪中期,食物骚乱不再是社会冲突的通常形式。食物骚乱是维护旧体制的斗争,为的是反对国家权力中央集权化,反对农村阶级屈从城市阶级,以及反对资本主义的发展。在中国,19世纪的国家,由于受国内叛乱和帝国主义的困扰,不再能够像18世纪的国家那样干预食物供给问题。经济的专业化和通过不同规模的粮食流通而获得粮食供给的不可靠,二者相结合,仍然决定着中国食物骚乱的背景。人们继续对富人所掌握的粮食提出要求,同时不断地抗议粮价高涨并一直都在呼吁反对粮食输出。在20世纪初,一个名叫毛泽东的年轻人,对人们阻止其父沿着湖南一条小河运米外出的行动深感震动。不久,长沙的食物骚乱就卷入了推翻满清王朝的政治抗争。① 这次食物骚乱伴随着帝国制度的灭亡,提出了中国革命领袖们将要面临的许多挑战之一。

把食物骚乱仅只视为伴随欧洲的国家形成和资本主义巩固的一种冲突形式,就会创造出一种虚假的必然性的意义,即相信必须把各种食物骚乱(例如中国的食物骚乱)都置于与欧洲相似的转变过程中。通过将中国与欧洲的食物骚乱作比较,我们不能不感受到双重的惊诧:第一,有些类型的冲突,过去人们认为在性质上是欧洲的,但事实上却在另外的主要文明中也能发现;第二,对这些冲突的分析,并不支持任何一种从相似事件到相似结构与相似过程的简单推理。食物骚乱发生在不同的环境里,而这些环境又是由许多政治的和经济的要素经过特殊组合后形成的。这些要素中,有些是中国和西欧共有的,另一些则仅是中国或西欧独有的。这两个要点的含义在于:许多相似事件被置于远隔万里的中国与西欧的不同结构中;而这一事实促使人们去怀疑那些只是使用文化上的专门术语来作出的解释,以及那些根据普遍的因果关系而坚定不移地提出来的解释。而我们认为:对于集体行动的解释,目标应当在于分辨普通的要素和具体的要素。

经济学家阿马蒂亚·森(Amartya Sen)提出的"权利"(entitlements)概念,为如何看待食物骚乱提供了一种十分重要的有利条件。这里所说的"权利",指的是某个人能够合法获得食物的全部手段。这个概念,扩大了常见的那种重点局限于市场交换的概念(即森称之为"交换的权利"的概念,森1981)。在欧洲食物骚乱的事例中,权利的变化发生在本地和社团对食物的要求被市场的要求所取代之时。在这些事例中,交

---

① 王国斌1982:781~782。关于毛泽东对阻止其父运粮的粮食骚乱的反应,见斯诺(Edgar Snow)1969:136。

换的权利变得越来越重要。对食物交换权利的依赖日益加深,引起了许多新的问题。而食物骚乱则是对于这些问题的反映。在 18 世纪的中国,农民在获得食物方面,既享有交换的权利,也享有习俗的和国家的权利。习俗要求真正的儒家社会精英在饥馑时节发放贷款和低价售粮。国家维持民间仓储系统,提供人民以另一种在饥馑时节获得廉价粮食的权利。这种权利与上述两种权利彼此不同,但是又相互补充。交换的权利是由地方习俗和帝国政策二者共同构成的。中国的食物骚乱除了反对交换的权利扩大所带来的不利结果之外,还捍卫习俗的和国家的权利。因此中国的食物骚乱证实了一种食物供给方面的政治经济。在这种政治经济中,尽管交换的权利带来许多问题,但国家的和地方的精英都承认有责任稳定食物供给。不能把中国的食物骚乱仅仅视为反对习俗的流通。毕仰高(Lucien Bianco)近来指出:在 20 世纪,本章所谈到的这种正式的食物骚乱抗争,远不及非正式的和小规模的抗争普遍(毕仰高1991)。对我而言,这一变化最可能反映出来的是民众意识到国家变得比较不能和不愿支持上述国家的权利。正式的食物骚乱相对的重要性可能降低了,但是这并不符合欧洲食物骚乱减少的逻辑,因为在欧洲,人们对食物的焦虑已消除了。即使中国人和欧洲人都对相似的食物供给问题感到愤怒,并以相似的方式表达其愤慨与焦虑,但是中国和欧洲的政治经济(正是在这些政治经济中,这些反抗才具有重要意义),却明显地彼此不同。

第八章 抗税运动

"他们大约有两万之众,分帮结伙地行进在街道上。每一帮伙前面以一面飘扬的旗帜为先导,旗帜上写着该帮伙聚会的寺庙名字。当他们走过时,商店关闭,一片寂静。'这次游行示威是为了什么?'我问道。'减税。'有人简捷地回答说。请愿已尝试过多次,但没有用。为绝望所驱,他们现在已将一切希望都寄托于这次最后的呼吁,否则只有暴动一法了。冲突只针对满清官吏;骚乱者保持着严格的纪律,并且仍然声明他们忠于朝廷……他们愤恨的不是赋税本身,而是地方官吏为了弥补征税的费用而过量征取"(萧公权 1960:434~435 引马丁语)。

一 抗税事件

威廉·马丁(William Martin)的这段简单记述写于19世纪90年代,描述了一种类型的事件的发生。这种类型的事件,在明清时期的中国许多地方上演过无数次。集体抗税是温和的行动,随之而来的一系列行动通常是:首先,一伙人(有时不到100人)向官员提出请愿,抗议征税的做法;官员未按这些人的期望作出充分的反应,于是就开始了暴力行动的阶段,即攻击衙门和官员府第;官方逮捕肇事者,又招致更多的人聚集起来抗议捕人。这种抗争通常是通过调解,或武力镇压,或二者并用,来加以解决。抗税问题若不能解决,就意味着这些行动有可能演变成为更大的抗争斗争,直接向官方的统治挑战。

抗税活动都有领袖,有时也有某种正式的组织。领袖的类型随事件而异。发动群众的工作,可以通过邻里、朋友和宗族的联系而非正式地进行(这些种类的联系很难从资料中找到证据),或者是通过一些早已存在的组织(如秘密会社或民团组织)而正式地作出反响(这种情况开始于19世纪)。抗税活动的某些性质,因各方参加者的种类而异。依据他们所说的情况能够得出不同的解释,而同样的情节也可以用不同的方式上演。抗争者是什么人(不论他们组织得怎样)和他们传送给国家什么信息,都在随时间而变化。

抗税活动从明清时期一直延续到民国时代,这使得我们可以把那些延续的成分,从复杂的政治变化中分离出来。如果把抗税作为存在于国家需求与社会期望之间紧张关系的一个爆发点来看,它就只是一个很小的事件,可以通过对国家征税条款重开谈判来顺利解决。但是在抗争者完全否定官员有动用本地财源的权利之时,抗税也可以表现为一种对国家权威的更大挑战。抗税的这种性质以及抗税在更大的政治环境中所处的位置,证实了国家与社会的关系具有可变的特点。在一些情况下,抗税问题的解决方式显现了国家镇压抗争的强制能力,或者表现了官员的社会敏感。这些官员处理了事端,并且重建了一种以大家都认为可以接受的行为为基础的公道与秩序的意识。但是在另外一些官员不能征收赋税的时候,抗争事件也反映了国家对地方社会的控制能力颇为有限和脆弱。

合法性的问题也出现在完全不同的场合。如果争端通过谈判得以解决,合法性也就得到肯定。相反,如果抗争者不仅拒绝向官员纳税,而且自己来收税和分配资源的话,实际上就是否认了国家的合法性,从而严重地损害了国家的权力。那些最初只是小规模抵制行动的事件,后来也可能发展为叛乱(如果不说是革命的话)。

二 政治环境变化中的抗税意识形态

用20世纪的标准来看,明清时期中国的税率很低,赋税对经济的潜在影响也很小,因而征税绝不是民众经常关心的国家主要活动之一。有时几乎所有的人都平静地交纳大部分赋税(即使不是交纳所有赋税的话),而有时官员们干脆就默认并接受部分纳税的事实。在双方对于征收的数量和方法有争议时,通常就通过谈判和妥协来解决。只有当很多老百姓和一些官员之间不能达成一种谅解时,抗税运动才可能发生。

人们抗税,不仅是因为他们认为官员违反了恰当的征税手续,而且是因为他们相信官员会倾听民怨,改变做法。人民通常以三种方式来呼吁公平的原则:第一,人们抗税,是因为他们感到各户之间的赋税负担分配不公;第二,他们拒付,是由于赋税未反映收成情况;第三,他们反对官员使用大斗长尺、不公道的粮食-银两折算率以及过高的铜钱-银两折算率。

各户人家之间的赋税负担分配,是一项十分困难的工作。即使在一个县里,单块耕地的大小和质量差别也颇大;在一个省里就更不用说了。在明清时期,中国各地税率差异极大,这与耕地生产能力不同颇有关系。① 由于不可能使全国赋税负担一致,所以均税的努力都集中在地方上。在当时有两个问题,使得在邻里之间难以做到公平:第一,在清代前期新垦的耕地,很难确保进行精确的登记。因此,引起1698年湘西抗税的原因,是赋税负担的不平,而不是赋税负担的沉重。② 第二,因为各户情况实际上并非一致,所以"公平"的定义也并非不证自明。官员通常期

---

① 见王业键 1973:84～109。
②《康雍乾时期城乡人民反抗斗争资料》(1979年版,下同)第330页所引1698年朱批奏折。

望富户多交,号召富户以多作贡献来显示其良行懿德①,但是富户常常也有办法自我保护。而且,按纳税比例来说,他们所纳的税比其较穷的邻居少。19世纪中期长江下游地区的抗税运动,是在太平军到来的威胁之下展开的。但该地区为交纳税粮而制定的"大户"和"小户"的区别,在此抗税运动中起了重要作用。② 要求赋税负担应当在县级的纳税比例上平等,这个信念本身可能比税负不平等的事实更令人注目。官员也同样具有并且服从这种信念。因此,当官民之间的争议出现之时,这种信念就会促进抗税活动的发生。

引起抗税的第二个普遍原因是关于税率是否与收成情况相符的争议。为了减轻农民的灾歉之苦,官员减免农民税负,并延迟征收。③ 在歉收之年,农民焦急地等待着官员们审议税负问题。有时官员报告说:人们强烈要求蠲免赋税,甚至不允许县令下乡调查灾情。例如在1731年直隶西南部的邢台县,有从17个村子来的大约34个人,因春旱使得庄稼枯萎而要求免除赋税。当县令同意去调查庄稼情况时,大约有200～300人拦住道路,强迫他免除赋税。官方的直接反应是逮捕闹事领袖,而赋税最终收上来否则不详。④ 在另外的事例里,有证据表明在履行所有各方都接受的原则方面,也有争议。1768年的江阴即是一例。该县位于长江三角洲,是个富县。在1758年秋天,在官方已经免除了一些赋税后,有人还坚持要求豁免更多的赋税。后来有120余人因此而被捕。⑤ 在清代的抗税运动中,未能根据收成的情况来充分调整征税,是一个常

---

① 据我所知,与仓储捐纳最有关系的例证,魏丕信(Pierre-Etienne Will)和王国斌在其合著的《养育人民:1650—1850年间中国的国营民仓系统》中已作了讨论。关于为功名及更普遍的用途而作捐纳的情况,见许大临1950。
② 在下面一部分关于江南的抗税运动的讨论中,我还要谈到这些事例。
③ 见魏丕信1990,特别是205～209。
④《康雍乾时期城乡人民反抗斗争资料》,310～311所引1731年朱批奏折。
⑤《康雍乾时期城乡人民反抗斗争资料》,330所引1768年军机录附奏折。

见的话题。①

反对纳税的第三个原因,是大家相信官方使用长尺大斗或者不合理的折算标准来谋利。19世纪中期有许多例证,都说明官府对于富户和普通人家使用不同的折算标准,从而证实这种怀疑并非没有根据。② 民众怀疑官吏胡作非为,而官吏则担心纳税者在交纳的税粮中掺劣作弊或交纳成色不足的银子。双方的猜疑,突现出了征税中充满不确定性。

上面所谈到的每一种形式的抗争,起由都是民众相信官吏没有遵循正当的手续和原则,因而抗争本身看起来似乎是合理的。抗争有具体的和有限的目的,并且依赖于下述前提:官吏和抗争者一样,都懂得,甚至具有同样的信念。官吏通常不能容忍有人制造混乱而不受惩罚,但同时他们也接受抗争者所信奉的基本原则。在18世纪,国家很少有紧迫的财政问题,因而这类抗税运动常常能够成功。曾小萍(Madeleine Zelin)对雍正朝的财政改革进行过分析,指出这一改革主要与赋税收入的分配有关,而非与其基础本身有关(曾小萍1984)。到了19世纪,情况发生了变化,官吏不太愿意,也不太能够尊重抗争者的逻辑了。

随着19世纪国家财政需求的增加,抗税活动也变得普遍了。18世纪中央政府财政支出的结余,主要用于镇压白莲教之乱。这是19世纪叛乱所提出的更广泛、更深刻的挑战的先兆。③ 为满足19世纪的军事行动所引起的紧迫财政需要,官员们不得不转向新增商税和扩大卖官鬻爵,这并不足为怪。④ 在此情况下,对于民众关于公平地重新分配赋税负担,根据收成情况减免赋税,或者避免以见不得人的手段增加税收的要

---

① 除了上面谈到的1731年直隶事例和1768年江阴事例之外,还见于1815年的松江事例(《康雍乾时期城乡人民反抗斗争资料》,323~324)。
② 白银与铜钱之间折算率的差别,是19世纪长江中下游抗税骚动中的一个争议焦点。见本章前面的讨论。
③ 见铃木中正1952年发表的关于白莲教之乱的著作,以及琼斯(Jones)和孔飞力1978年发表的描述19世纪初期危机的著作。
④ 曼素恩(Susan Mann)1987提出一个论点:19世纪国家从商业来源取得收入的能力在不断增强。关于出卖功名的情况,见许大临1950。

求,官员们似乎较少作出回应。处于应付日益加剧的危机的压力之下,为维持摇摇欲坠的社会秩序,他们不得不如此。但这也削弱了中央的权力以及中央在赋税问题上的灵活性,使得那种不惜以一切手段来征税的做法变得更为重要,同时也增强了更多地使用军事手段来维持社会秩序的必要性。对于官员们来说,抗税变成了一个信号,预示着将要发生更为严重的、需要使用武力才能对付的骚乱。

当时的和近代的学者,都把白银贬值与鸦片进口及白银出口联系在一起;并认为白银贬值,加剧了国家财政需要扩大的影响。① 由于交纳赋税是以白银折算,所以白银贬值意味着农户不得不出卖更多的产品来纳税。市场萧条减少了需求,使得赋税负担变得更为沉重。但是当时的人们通常把 19 世纪前半期的财政危机,设想为因个人行动不当所致。许多人相信官吏腐败是国家财政困难的根源。② 这种感觉适用于突出国家所面对的一个根本问题——如何征收新的税收而又不致引起新的抗税事件。叛乱引起的混乱已经相当严重,而新的抗税事件又将加剧之。

19 世纪出现的对国家有效统治的挑战,限制着我们对以前情况的了解,使我们难以充分认识此前的几代官员所面临和解决的那些难题,例如抗税问题。而事实上是,18 世纪与 19 世纪两个时期的抗税事件的特点和背景,都部分地体现了从 18 世纪至 19 世纪中国实际发生的政治变化。

三 19 世纪中期长江中游的抗税运动

在长江中游地区,19 世纪 40 和 50 年代都是不安定的时期。在太平

---

① 关于银-钱比价的数字汇编和对白银贬值所引起的经济问题的分析,见彭泽益 1983:24~71。应当注意:有些学者仍然对白银贬值是否存在以及这个贬值(如果真的存在的话)的实际影响有怀疑。布兰德(Loren Brandt)和罗斯基(Thomas Rawski)相信:鸦片贸易即使引起白银外流,其数量也不大。而且,货币供应也包括其他的信贷手段,通货周转率也能够弥补货币储备的减少。但他们所说的这些,有很多只限于理论上的分析。
② 铃木中正 1952 详细地阐发了这一观点。

军离开广西北上通过湖南之前,抗税就像抗租和抢米一样,已经成为一个问题。① 我们认为:官方对这些小规模的冲突的反应,常常被太平天国叛乱的出现以及国家对此的反应所遮蔽。从孔飞力(Philip Kuhn)和其他人的研究中,我们已经得知官吏和地方精英联合起来,以建立保卫地方的民团以及地方军队,正是这种地方军队追赶并最终战胜了太平军(孔飞力 1970)。

主要的抗税事件发生在长江中游的几个县。湖北省的冲突基本上是在武昌府,包括 1842 年崇阳县和 1853 年铜山、同城和嘉鱼三县的骚动以及黄州府广济县所发生的事变。湖南省的抗税运动发生于耒阳县(1844 年)和安化县(1853—1854 年)。白银昂贵以及收成不稳定为这些冲突提供了条件。湖南爆发抗税运动的这两个县,都特别容易遭受灾害,并且都依赖织布(耒阳)和种茶(安化)所得来购买粮食。但是,抗税并不是人们对这些困难所作出的一种简单的和直接的反应。具体地说,他们是反对官吏使用不同的银钱折换率来过量征收(浮收)。这种折换率有利于士绅之家而有损于平民的利益(小岛晋治 1978:96~103,奥崎裕司 1983:563~567)。

从孔飞力的研究中我们得知:就组织方式而言,农村社会的军事化过程和征税工作以两种不同的方式相联系。首先,孔氏指出了军事单位(团)能够变成征税的组织工具。他认为这是一个有助于延缓抗税的变动,因为比起单个的家庭来说,军事单位更加能够抵抗官方的要求(孔飞力 1970:100)。他也举了一个"榔"的例子。这个"榔"管理征税而毋庸政府干预,因而在事实上,人们也承认它是一种保甲单位。如同团练一样,它也在本地人民与征税官吏之间起到了一种缓冲作用(孔飞力 1970:127~129)。那些孔氏所谓的"正统"组织,将征税作为这个军事化过程

---

① 关于湖南食物骚乱的情况,见王国斌 1982。关于长江中游的抗租运动与食物骚乱,见小岛晋治 1978:117~131。

的一个部分来进行。它们的所作所为有助于阻止而非促进抗税。

孔氏指出军事化和赋税之间的第二种联系,即是抵制纳税。进行这种抵制的是"堂",而这种非正统的"堂"在许多方面又与团练一致(孔飞力1970：170～172)。孔氏未将抗税作为其研究的重点,但是他关于征税与抗税的讨论,很符合他关于正统组织与非正统组织的大观点。非正统团体组织的抗税,对于正统当局来说是一种挑战行动。

日本杰出的太平天国研究专家小岛晋治发现：有一些抗税的例子跨越了正统组织与非正统组织的界线。这些维护秩序的团练和类似团练的单位(如民团、练桩会)的领导者们,也进行抗税活动。他提供了湖南的例子,并且谈到了其他学者研究过的河南、山东和浙江的有关情况(小岛晋治1978：96～103)。团练领袖从事抗税,反映了情况的复杂。正因情况复杂,所以正统组织与非正统组织之间的界线被弄得混淆不清。要弄清这些情况,就要对团练领袖参与抗税的问题采取灵活的看法。在一些事例中(例如安化),似乎是团练领袖领导抗税,以保护地方共同体免受外来榨取,情况与人们期待团练保护本地人民免遭外来杀戮的威胁相似(小岛晋治1978：102)。当然,应当注意：这些外来威胁有的来自政府,也有的来自叛乱者。这个差别十分重要。

团练单位自身,可能作为组织工具而卷入抗税。在山东,正如我们下面所见的那样,在取代地方政府的更大挑战中,抗税运动起了重大作用。以团练为基础的征税活动,是否会变成抗税行动,较少取决于团练的所作所为,而较多依赖于官方的反应。抗税的原因,通常是官员不同意以团练为基础来征税,因为这样他们就失去了对征税活动的控制。在另外一些事例中,团练与官吏之间的关系很密切,足以允许征税以团练为基础,而不会引起可以称得上抗税事件的摩擦。

乡居地主和低级功名所有者(主要即生员——译者)参加抗税的合适形式,也成为这些抗税事件中的一个题目。小岛晋治认为有许多这类事件,是由有监生或秀才功名的乡居地主领导的。有证据表明：卷入抗税的,在耒阳有"富户",而在崇阳则是"有名的行善富户"。在另外的事例中,抗税领袖是生员。这些人很少是希图以暴力推翻国家的反叛者。他们就像其先辈那样,反对官方的某些举措。但是,与18世纪的事例不同,19世纪的抗税事件中的乡居地主和生员,通常企图在征税过程中发挥一种更大的作用。因此,19世纪的抗税运动反映了地方精英对本地政府事务参与程度的扩大。这种扩大有时颇令人感到不安,因为地方精英在征税运动中取代了官吏,而且没有与行政机构合为一体。在此意义上来说,地方政府被架空并受到损害,它虽然未被推翻,但很明显地被削弱了。然而,与此同时,地方精英的征税能力,却补偿了政府的上述局限性。地方精英在征税中的这种复杂的角色,直到同治中兴以后和民国时期,都还是有争议的。19世纪中期的抗税运动,标志着在国家权威和国家控制方面,开始出现根本的不确定性。

抗税也表现了社会关系方面的变化。例如,重田德在其对湖南两个县的研究中指出:抗税似乎是出现在经济上较为落后地区的一种冲突形式;在这些地区,乡居地主和有低级功名的士绅都生活在民众之中。在经济上较为繁荣、地主城居的地方,主要的冲突来自地主与佃农之间,民众抗争集中于押租和租率(重田德1984:66~81)。重田德的基本观点是颇具说服力的:对于一个地方来说是有代表性的小规模冲突,在某种程度上,反映了该地社会结构的特征。抗租表现了阶级对抗,而抗税则导致地方社团参与反对外来的要求。阶级和社团为冲突提供了两条不同的社会轴线,使得小规模的集体行动能够沿着这些轴线组织起来。但是社会结构中的各种总体差异本身,就是各种可能的集体行动的一个粗略标志。重田德在湖南所看到的在抗税与抗租两个方面之间存在的鲜明对比,在中国其他地方并不存在(例如下面要谈到的江南的情况就将表明这一点)。不仅如此,发生在一个小区域内的不同种类的小规模冲突,也有可能会相互联系起来。例如,小岛晋治已非常清楚地指出:安化抗租运动与各种围绕食物问题的斗争相联系(小岛晋治1978:117~

122)。一个地方社会组织的特殊性,可以使得某些种类的小规模集体行动,比起另一些种类的小规模集体行动来,更可能发生。但是有些形式的集体行动(包括抗税和围绕食物问题的冲突),可以出现在不同的社会环境里。虽然存在空间差异,但是抗税事件并不完全由地方的社会结构的特殊性所决定。

19世纪中期的小规模抗争运动,比18世纪更为频繁,在空间上差异也更大。在政治权威减弱的地方,抗争也常常加强,这并不令人奇怪。但是抗争加强,并非简单地出于政府变得软弱这个明显的理由。虚弱的政府也难以发挥其作为冲突的调解者或中间人的作用。这是否意味着小规模冲突的增加,等同于大规模的叛乱呢?小岛晋治认为并非如此。他超越出小规模冲突的相互联系,从更加广泛的方面,来看小规模冲突和太平天国叛乱之间的关系。他指出:二者之间最清楚的关系,是一种由国家起中介作用的关系。换言之,太平军的胜利和小规模冲突的爆发,正反映了国家的虚弱。事实上,我们迄今对于抗税和叛乱的直接关系,所知甚少。即使是那些相信有这样一种关系存在的学者,也对此谈得不多(至少是在长江中游地区)。但是,我们将看到:在长江下游地区,存在一种较为直接的关系是可能的。

四 19世纪40和50年代江南的抗税运动

在19世纪中期,江南也是面临变化与危机的地区之一。商人、水手和走私贩子到处活动,以利用外国人的出现所开创的贸易机会。太平军席卷长江下游并摧毁了江南的城市和市镇,但他们也加入了上述商人、水手和走私贩子的行列。抗税正是那些更大的事件所借以发生的不确定背景的一个部分。

正如白凯(Kathryn Bernhart)的研究所显示的那样,此时期江南抗税运动的发生有两波:一波发生在1840年和1848年之间,时间较长,而且相对较为温和；而后随之而来的另一波，发生在1853年，时间较短，也比较激烈(白凯1992：55～62)。长江下游的这些抗税事件，有许多特征和其他地方相同。由于白银贬值和随之而来的棉花和粮食跌价，这个地区出现了经济萧条。因为这里的经济已经高度商业化，所以对经济作物和手工业产品的需求变弱，更加重了赋税的负担。但是，经济萧条本身只是抗税事件的背景之一。人们发觉征税不公，也常引发抗税。例如，当耕种官田的苏州农民交纳的税率比附近太仓的税率更高时，他们就起来抗议了。①

在许多江南的事例中，为了征税必须维持大户与小户的区别。这是引起抗税的一个原因。在常熟与昭文两县，大户与小户之间的区别意味着：一般人家希图由大户以较为优惠的税率代其纳税。这种包揽的做法，减少了政府的收入。而政府收入的减少，又意味着官员们必须依靠提高银-钱折算率来弥补亏空。这又进一步加强了人们不欲按照小户的税率纳税的逃税动机。波拉切克(James Polacheck)清楚地抓到了这个问题。他说："一旦享有特权的和不享有特权的税率之间的差异达到某种程度时，不论出于什么理由，都可以预见不久将会有一种自发的滚雪球式的效应出现。大户与小户之间在折算率方面的差距越大，通过贫穷的下级士绅来完粮纳赋就越不可避免。但是，土地越是转移到大户名下，余下的小户必须承担的份额也越大。因此，这个过程本身是不会自行完结的"(波拉切克1975：220)。

征收上的困难，使得官员们废除了大户与小户的区别。但包揽制事实上并未被取消。尽管官员们探索更为有效的征税手段，但是他们的努力常常徒劳无功。在常熟，包揽制被废除了，但是在相邻的昭文则未如此。结果是在常熟没有骚乱，而在昭文则有相当的暴力冲突(白凯1992：

---

① 当漕船水手坚持征收欠"租"(实际上是用来支付漕船水手开支的税)时，有兄弟二人领导人们起来抗争。见白凯1992：56～57。

58～59)。

在宁波地区,实行的是一种在税户之间区别对待的征税方式,即所谓的"红""白"二法。前者为单个家庭直接向官员纳税之法,行用于较富的家庭。他们将税款置于红色封套之中交纳,故名"红"法。其他家庭则行用与此相对的"白"法,即由差役下乡征收。对于使用"红"法的富户,银-钱折算率为2 000文钱折1两银;而其他使用"白"法的人家,折算率则为3 000文折1两。换言之,后者的负担比前者高出50%。这种不平等与过量征收相结合,激发了抗税行动的发生(铃木中正1952:189～199)。

上述这些抗税行动及其所包含的均平税负的内容,尽管看上去和记载中的18世纪的例子很相似,但是却提出了更大的挑战。这部分地是因为它们与其他形式的冲突联系在一起。例如在昭文县,紧随1845年底的抗税之后的,便是1846年的抗租。这次抗税以一个靠近梅李镇的40户人家的抗争为先导,而抗租则集中在该县东部的其他市镇(白凯1992:58)。昭文的情况和湖南的情况形成鲜明对照。在湖南,不同形式的集体行动,都和超越县界的社会结构方面的差异相联系。昭文的事例表明:在各个地方,组织和联系网络的种类比社会分化的普遍特征更为重要。

昭文的事例也表明:密集的小规模集体行动,也对当局提出了严重的挑战。更为严重的是,江南的抗租日益与大规模的挑战发生直接联系。这一点,与长江中上游的事例颇不相同。在嘉定县,一个地保领导人们骚动,以反对偿付税款。他所代表的,是那些因为灾歉而要求继续减免赋税的人们。他一开始颇为成功,而后则面临着被官方逮捕和惩罚。结果他与小刀会联合起来进攻嘉定,力图打垮地方当局。抗税运动包含有秘密会社的一面,标志着嘉定的情况不同于18世纪的抗税事例,而且这是抗税之上升到武装斗争的关键(裴宜理1985:85～100;白凯1992:69～73)。

秘密会社的出现,与江南社会不断变化的特征紧密联系在一起,而这种变化又是外国冲击所带来的。正如裴宜理(Elizabeth Perry)已指出的那样,"在许多方面,我们都能够发现通商口岸对小刀会的发生和特点所施加的影响。受外国侵入影响的经济作物地区发起了最初的抗税运动;鸦片走私为城乡的抗争活动提供了联系;商人行会成为了反叛武装形成的先导;外来的思想也影响到了小刀会的意识与象征"(裴宜理 1985:98)。即使依然根植于较老的争端,抗税却变成了嘉定社会环境变化的一部分。

当时主要的改革者所提出的解决办法,正如问题本身一样,也沿袭了前几个世纪已大致定型的方式。废除大户与小户的区别,是冯桂芬 1853 年改革倡议的主要方面之一(臼井佐贺子 1986)。同治中兴时代的改革,肯定很有限,而且如波拉切克所指出的那样,也被官僚和士绅的派系网络所束缚(波拉切克 1975)。但是中兴政治的目标仍然很重要,因为即使政治在变化,这些目标依然把国家与历史悠久的社会关注联系在一起。以家庭自身利益的逻辑、社区的福利和国家希图维持一种与地方社会的稳定关系的愿望为基础,政治家和社会精英都着眼于消除赋税争议中的不满所带来的隐患。

五 19世纪50和60年代山东的抗税运动

山东的抗税运动,比长江流域各省更为普遍。在 19 世纪 50 和 60 年代,山东全省所属的 12 个府都发生过抗税(神户辉夫 1972:78)。正如在中国的其他地区一样,庄稼歉收、银价上涨以及过量征收,都对抗税运动的发生起了作用。但是与别的省份对比,山东的特点是:在抗税运动中,团练扮演了一个煽动者的突出角色(裴宜理 1985:101)。确实,诸如"团匪",以及与"白团"相对的"黑团"一类的术语,显示出团练人物在政治上的可变性以及他们行动的不明确性。团练需要资金,但又不能和地方官员们一起经营后勤基础。这种情况,有助于解释山东抗税的普遍发生。

大量农民虽有小块土地,但相对贫困。他们也对抗税的可能发生起了作用。关于19世纪土地所有情况的资料为数不多。从这些资料中,神户辉夫弄清了以下情况:在山东发生抗税的地方,都有大量的个体小农。他们拥有自己的土地,或拥有部分土地同时再租入一些(神户辉夫1972:85)。这些拥有小块土地的农民特别容易遭受赋税负担变化的危害。即使这种负担从某种绝对的意义上来说很轻,但是较高的税率会使得征税难以成功。山东的抗税运动很普遍,而长江中下游的抗税运动则相对集中于一些县份,二者成为鲜明对照。抗税运动的普遍,表明山东的地方社会结构的差异较小,因此抗税运动更易传布。

如同在长江下游一样,山东的抗税运动也可能变成对地方当局的更大挑战的一部分。裴宜理举了刘德培的例子。刘德培是一个生员。他先组织了一次抗议活动,反对税粮征收;而后又在士绅的支持下,组织了一支团练武装。但是因为他力图掌握淄川县的征税权与司法权,所以后来率领这支团练,同官方当局进行了一连串的小战斗(裴宜理 1985:100~108;横山英 1972:261~264)。

刘德培的第一步行动是反对征税率。这个行动并未对官方征税的权威提出挑战,而只是反对现行的征税习惯做法。但是山东地方官员所扮演的角色不明确,士绅又有反对当局之心,这就允许刘德培采取进一步的步骤。他建立了一个团练单位,从而对地方当局造成了财政上的和军事上的挑战。在他一度控制了淄川县的司法时,他已掌握了地方统治的基础税收、民团和司法权。这种从单纯抗税向公开进攻地方政府的演变,提醒我们注意到:从18世纪到19世纪,抗税运动的可能发展趋向发生了变化。

六 从明清时期的角度来看19世纪的抗税运动

作为具体的小规模事件,19世纪的抗税运动与18世纪常见的抗税运动,有时看上去非常类似。对官方征税方式的抗议,往往来源于相同的因素:人们聚集起来反对赋税负担的不均,或者由于灾歉而反对原来的征税率。但是,大环境所发生的重大变化,改变了这些抗议活动的政治含义。在19世纪,政府变得更虚弱,并面临着更多种类和更大数量的大小规模冲突。因此,抗税有可能变成对国家控制和国家权力的广泛挑战的一个侧面。拒纳赋税,与在地方社会创建替代性的权力基础的努力,有可能结合起来。

抗税与更大规模冲突的联系,促使滨岛敦俊注意到:明代后期的抗税运动,目的在于保证赋税负担均平,从而具有一种较为"传统"的特点;与此相比较,19世纪的抗税运动,则具有一种"革命"的特点(滨岛敦俊1982:527～539)。这个观点强调重大的组织变化和环境变化,注重人们用什么方式组织起来,以表达其对公平估产的支持和参加其他形式的集体行动的可能性。但是,他使用的"传统"和"革命"这类术语,掩盖了抗税活动与大规模集体行动之间的可能存在的关系。在我们前面所举的例子中,可以看到在抗税与叛乱之间存在着三种关系:在湖南,太平天国运动与该省发生的抗税运动无关;但在江苏,某次抗税行动的领袖,却选择与小刀会结盟,以向地方当局发动更大的挑战;而在山东,抗议活动的领导人先是从事抗税,进而走向较大规模的叛乱。从抗税与叛乱之间的这些关系来看,一些大规模的集体行动系由小规模的冲突发展而来,是很清楚的。但是,另外一些大规模的骚乱,却只是为小规模的行动提供了条件。诸如抗税之类的事件,对于我们认识叛乱很重要,因为它们帮助我们勾画出大小规模的抗争活动之间可能存在的一系列关系。然而在不同种类的集体行动之间,并没有简单的必然关系。

无论如何,即使19世纪的抗税运动并未变成"革命",它也是重大的政治变化的象征。18世纪的抗税运动使得当地人民与国家对立起来。这种对立带有一种社区向外来力量挑战的意味。在19世纪,这种国家与地方性组织的关系断裂为许多新的层面。在清代后期的抗税运动中,国家对资源榨取的控制处于危险境地。社会精英、秘密会社和地方官员之间的竞争,反映了19世纪官员所面临的困难,比18世纪更为棘手。19世纪的抗税运动,揭示了国家在社会精英和叛乱者面前的脆弱。晚清国家正规官僚机构的能力有限,因此总是要求与社会精英结成某种同盟,来共同承担政治上的责任。但是国家却从未真正颁布法规让社会精英征税,更不用说鼓励这样做了。而社会精英参与地方福利(如仓储、赈灾)和教育及教化活动(如兴办学堂、乡村宣讲等)却受到鼓励。①

是允许社会精英在征税方面发挥更大的实际作用,还是宁愿遭受资源匮乏之苦?19世纪的官员们在此问题上面临着困难的抉择。在一个时期内,这些困难曾被叛乱者力图取代地方政府的危险所掩盖。但是在叛乱者有可能被武力打败之时,国家与社会精英之间的关系就成了问题,而且这种情况还一直延续到20世纪。抗税是这样一个事件,它揭示了国家面临着来自"正统"和"异端"两种力量的挑战。

这些大小规模的冲突之间的新关系、改变了的经济环境、国家政治权力问题的不确定性,都是高居于抗税事件之上的大问题。抗税事件自身,对于一般人而言,基本上仍然是关于公平问题的运动。在十八、十九两个世纪中,领导者的意图和个性变得更加多样,而同一类型的人民则似乎通常都只是抗税运动的普通参加者。

七 谁卷入抗税运动

关于抗税事件参加者的情况,难以详知。我们所读的文件都出自于官员的笔下。对于他们来说,闹事者分为两大类,即领导者和追随者。官员们主要关心的,是找出并且处罚那些重点人物,因此他们一般很少谈到群众。

---

① 在明清时期的国家如何统治的逻辑范围之内,社会精英的儒家责任的主题是什么?这个问题大大超出了本章所论范围。我正在其他的研究中探讨此问题。

从直接的证据里,我们不能确定是谁参加了大规模的抗税事件。但是,如果说那些愿意进行抗争的人们,必定与赋税问题利害攸关,应当是讲得通的。这意味着:佃农、雇工,以及那些处于社会边缘的人们,比起拥有土地的人来说,可能较少参加抗税活动。与拥有小地产的人相比,拥有大地产的人可能也较少为赋税焦虑,因为按比例而言,他们所负担的赋税较轻。拥有小块土地、收入还过得去的农民,最有可能看到赋税增加对他们的威胁。因此,我们将会看到:在这类农户比例高的地区,抗税运动最为常见。前面所举的山东的例子,就清楚地指出了这一点。在一些地区,阶级分化造成了一种两极分化较为明显的社会结构,使得自耕农为数很少。比起那些自耕农占多数的地区来说,这类地区较少可能成为抗税运动的场所。

关于抗税行动的领导者,我们通常了解得多一些。在一些事例中,这些领导者的社会特征以及促使他们采取行动的刺激都很清楚。在湖南,小岛晋治已经指出:抗税领导者有时是生员,而且常常出身于富裕家庭。在前述江苏嘉定反对偿付拖欠税款的事例中,是一个地保领导了抗税运动。而在山东淄川县,生员领导群众抗议政府镇压抗税者。由一个生员来领导是常见的,但绝不是惟一的情况。例如在长江下游就有一个例证:有个名叫金德纯的人,原先做过和尚和盗匪,后来又行医。他因未能参加包揽赋税而对一个过去的税吏充满怨恨。1845年,他在昭文县带领大约40个拥有土地的人,抗议赋税征收率太高(白凯 1992:59)。白凯认为:从嘉定的事例中获得的证据来看,抗税活动并未有士绅明显卷入(这颇不同于中国其他地区的事例中所反映的情况),团练也未起明显的作用(白凯 1992:79~80)。我们可以下这样的结论:在抗税事件的领导与组织方面存在某种地域性差别,但是我们也不能夸大这种差别。

一般说来,那种以请愿方式吁请蠲免赋税为开端的抗税运动,似乎是由那些向地方官呈递请愿书的生员带头的。这些下级士绅和金德纯一类的讼棍,在遍及全国的许多抗税传闻中,是关键人物。生员通常没有财源,但其所受的教育,足以使他们在代表其他人行动时谋取私利。儒家的道德情操与他们个人的荣达并不相矛盾。集合起人们吁请减赋,这需要一个生员的本事。在此事中,从表面上来说,他代表着人民。我们可以放心地预言:生员的出现将会大大促成抗税事件的发生。①

领导问题决定着一次抗税事件的可能走向。但是仅仅领导者并不能使得抗税发生。他们需要策略,来组织那些以对抗行动向当局挑战的潜在追随者。

八 抗税运动是如何组织起来的

有时候,抗税问题也直接与惯行的征税方法纠缠在一起。② 然而,人们如何为抗税而聚集起来,却常常不很清楚。学者们指出:市场、保甲和乡学,都可能是抗税运动的基地。但是在许多事例中,并无明确迹象表明人们是怎样集合起来的。市镇可能是发动人们投入抗税事件的社会场所,但是这并未告诉我们人们是如何组织起来的。抗税运动依赖某一以前就已存在的组织,从直觉上来说是可能的,但不是必然的。当然,就那些仅仅涉及几百人的事件来说,宗族的或者朋友的关系就足以发动一次抗税游行了,这是抗税运动的最简单的形式。③ 不过,这再与一个精力旺盛的单个领导者(例如一个生员)相结合,一个组织的基本要素就有了。就那些规模大得多的抗议活动(例如本章开始部分所引的情景)来

---

① 生员的个人行动,有助于解释一个没有正规机构的个人如何能够组织这类抗税事件,以及有的人为何会进而组织一次抗税行动。抗税者并非必定有这样做的动机,但一个既是律师又是企业家的生员,却能够从抗税所提供的各种可能性中谋利。
② 例如森田明已发现:1885年江苏省丹徒县发生的一次抗税运动的领导人,过去是"圩图"系统中的一个征税单位的头目(森田明1981:30)。
③ 在《康雍乾时期城乡人民反抗斗争资料》310~331页所载有关18世纪抗税运动的30多处记述中,没有一处显示参加集体行动的人们有正式的组织。每个事件看起来都是一个简单的自发行动。

说,一些团伙聚集到了一起,但在该事例中每一团伙都用自己集会的庙宇来相互区分。

从18世纪的抗税事例中,通常能看到成群的人们被领导者吸引到一起。但这并未表明他们建立了正式的组织。而在19世纪,团练和秘密会社卷入了抗税运动。它们的组织能力,使得抗税活动能够更加长久地存在。这些行动,通常只是更大运动的一部分。团练常常力图重新组织征税;而秘密会社则更为普遍地反对地方政府,并且企图取而代之。团练和抗税之间的关系是模棱两可的:首先,神户辉夫所描绘的山东的团练能够从事抗税活动,而孔飞力所列举的湖南事例中的团练却未采取任何抗税行动就接管了征税机构。其次,抗税运动能够被团练中的敌对分子和秘密会社发动,就像团练自身来发动一样容易。这两种情况,可见于湖南和江苏的某些事例中。

抗税运动在组织方面的变化,改变了抗税的政治意义。在晚清和民国时期,社会精英所进行的准政府(或类政府)活动进一步扩张了,从而更加普遍地改变了征税活动和地方权威的性质。抗税事件中的许多因素依然如故,而直接的话题仍旧是税率和征税方法。但是,进入20世纪之后,这些因素之间的关系却改变了。

九 20世纪的抗税运动

增收新税,是晚清官员提出的改革政策之一。民国政府也继续靠开征附加税和杂税来增加额外收入。这些新税对于经济的真正影响到底如何?在这一点上,学者们尚未取得共识。有的学者认为生产的发展消除了实际税收提高所带来的冲击,而另一些学者则仍然坚信新税一定严重地骚扰了农民。① 不论这些新税的实际经济负担如何,农民对于额外

---

① 关于税收数字本身的例子,见杜赞奇1987。杜赞奇创造了"国家内卷化"的标签,用以描绘他所视为民国时代国家权力较不成功地向乡村渗透扩张的情况。

课索的社会反应至少可以说是明显地抗议征税和加税。这种抗议,成为民国时代最常见的大众冲突形式(毕仰高1986:280)。

新税破坏了旧有的期待。额外课索并未消除长期存在的抗税理由,倒为集体行动扩大了可能的范围。不根据收成情况调整征收,未看到赋税负担分布的不均,都继续引发抗争。对政府调查人员的不信任,意味着人民反对政府的建议,尽管官方宣称这些建议将会使得赋税负担较为公平(毕仰高1986:280～285)。

抗税事件的组织基础,在20世纪似乎并没有重大变化。有些抗税运动仍然是"自发"的(在这些运动中,没有出现正式的组织。至少在此意义上,我们可以说这些运动是"自发"的)。另外一些运动则是由地方团体组织的,例如秘密会社和地方保安团体。后者最初出现于19世纪,是社会运动中的一股重要的力量。

就其自身活动而言,20世纪的抗税运动仍然代表着对现行征税活动的批判。但是除此之外,许多情况已较以前200年中的情况发生了变化。在整个18世纪,抗税运动一般是小规模的事件,只有最小限度的正式组织,而且和其他形式的集体行动没有直接联系。国家的权威也并未受到严峻挑战。18世纪抗税运动的目标,是使征税活动符合理想。19世纪抗税运动则在两个方面走得更远:第一,呼吁更大的改革;第二,在抗税运动中,出现了反对地方当局的组织。抗税变成了团练或秘密会社等比较正式的组织活动中不寻常的内容,并可能与其他形式的集体行动联系在一起。国家的权威受到许多冲突的挑战,抗税不过是其中之一。抗税显示了国家最脆弱的方面之一——倘无资源,就很难指望官员们进行统治。到了20世纪,地方官员和地方社会精英之间的区别已模糊不清。同时,对于"谁能行使权威以对诸如赋税之类的基本问题作出决定"的问题,看法也日益含混不明。政府机构不断扩大,其财政需要也更加突出。这时,地方希望摆脱外来者榨取的愿望也在加强。中国农村的政治权威和社会秩序的基础变得越来越不确定,而同时用以动员资源的努力也在加强。20世纪的抗税运动,表现了这种努力所具有的高度含糊性。

十 抗税运动同革命、国家形成及政治变化的关系

地方社会的三个特征,促使抗税运动有可能发生。第一,自耕农占相当比重的地区,比较可能成为抗税运动的场所,因为赋税问题对自耕农关系重大。第二,一些地区有好讼的传统和发达的士绅网络,因而能够召集士绅们支持抗税。在这样的地区,抗税运动最可能发生。第三,一些地区有发达的团练、秘密会社等组织,从而能够较好地动员人们参加抗税。有些地方的官员不能依照赋税需求征收,是因为这些地方似乎有发达的抗税传统(横山英1955:228~229)。强大的政府会消除这类抗拒,而虚弱的政府则会想法掩盖其在征税方面的无能。确实有一些地区可能从未出现过抗税运动,但这仅仅是因为这里的人们成功地抑制了政府的需求。①

撇开抗税事件的空间差异和有利于抗税的地方社会的结构特征,一般而言,抗税事件似乎随着时间的推移在增加:19世纪比18世纪多,而20世纪又比19世纪多。这种冲突增加的明显趋向,可能反映了官员们对赋税的需要在增加,而他们解决赋税问题的能力却在减弱。这个情况,使得中国和日本的学者将抗税视为社会矛盾激化的一个表现;而这些矛盾的发展,又将中国社会推向革命(横山英1955)。但是,有两个问题使我们不能轻易接受这种观点。首先,抗税事件并未显示出一组清楚的和简单的社会关系。的确,最普遍的事例涉及有地农民,他们常常在下层士绅的领导下反对地方官员。对于这种事件来说,很少有阶级冲突

---

① 例如,片山刚关于广东征税的著作显示了宗族在决定赋税的范围和征收的方式方面所起的关键作用。在征税过程中,宗族的力量较少可能同时引起反对官员的抗税。见片山刚1982a、1982b,特别是1982b。

可言。其次,大规模的斗争是否由小规模的冲突发展而来,情况常常不很清楚。小林一美强调两个方面的意识形态差异:一是叛乱和革命之间的意识形态差异,另一则是抗租和抗税之间的意识形态差异(小林一美1973)。正如本章所述,在大小规模的行动之间,在结构上也有着因事而异的联系。19世纪的抗税运动,可能由同样的团伙发动,并进而向国家的权威挑战。但是这个运动也同样可能被那些致力于维护社会秩序的团伙镇压下去,因为这些团伙只是希望在征税方面发挥更大的作用,并且希望在一种正常的状况下,获得更大的权力。在19世纪,抗税运动和叛乱之间的关系是不确定的。从抗税到叛乱,并没有清楚的轨迹。20世纪的抗税运动仍然是冲突的一种表现形式。将政府的过分需求拒于地方社会之外,这种努力源于一种含蓄的无政府主义的冲动:人们想要限制政府在中国农村的作用。一旦政府为人力与财力的需求所限制,民情就赞成政府应当尽可能地小。这些情感与用革命的手段来改造社会的观念,彼此风马牛不相及。

政府的整体性,在中央与地方之间出现了断裂。这是一个自19世纪后期到20世纪前期的长期过程。民国时代很难说是一个成功的国家形成时代,因为成功的国家形成,意味着依靠中央集权的政府,以牺牲地方当局和区域当局的利益为代价,来扩张官僚机构的能力。与此相反,在这个时代,各级政府都处于一种相对的不稳定自治状态,而中央政府绝不比在两个世纪之前统治中国的政府更强大和更有效率。

在民国时代的政府非中央集权化的普遍状态中,地方政府是一支不断发展的力量,但它更加容易遭受失败。抗税是这些不确定性的一个标志。自上而下的,是无数的声明、命令以及通常没有任何实行可能的计划。自下而上的,是对在本地推行新政策的敌意和反对。乡村社会中的人们,使用两种策略来限制由地方政府发挥主动性所可能造成的影响。首先,他们努力将地方政府排挤出村落。以19世纪组织地方民团的传统为基础,20世纪的人们发动起来抵制地方政府的进入。抗税运动正是更大的抵制地方政府的行动的一个重要侧面(裴宜理 1980：163、166、205)。其次,比将政府排挤出去更为激进的做法,是接管政府。地方社会精英对于越来越正规的(即使不说是官僚的)管理形式的参与,比过去更加扩大。这种情况将政府公堂变为竞争场所。因此,当位于福建南部的长乐县的人们厌恶新的鸦片税时,他们就用自己的代表人物去取代地方税务官吏(毕仰高 1986：297~299)。

毫无疑问,官员们企图把治理的范围扩大到地方社会。同样清楚的是,在官方努力之外,动员民众也可以发生。裴宜理在一篇关于中国集体行动的文章中,即把这一点作为中心论题之一(裴宜理 1985)。她指出：扩大地方政府的过程和动员民众的过程,二者是彼此竞争的。抗税运动将社区动员和官方榨取之间的对抗关系简单化了。但是 20 世纪的抗税事件还有另外一个侧面,使得上述情景变得复杂起来。

在 19 世纪和 20 世纪之间,无论是抗税的意识形态,还是抗税的组织基础,似乎都没有出现重大变化；但是抗税运动的攻击目标却增加了许多。从蒲乐安(Roxann Prazniak)的著作中我们了解到：19 世纪初期山东的抗税运动,包含有一个明显的反对社会精英的组成部分。这是由于地方社会精英参加政府事务所引起的。蒲氏关于山东抗税运动的新发现,为中国其他地区也提供了一种假设(蒲乐安 1981)。白凯的论点,补充了这个观点。她指出：江南的抗租斗争后来包含了一种反对国家的因素,这是因为官员越来越紧密地卷入了收租行动(白凯 1992)。这些论点合在一起即表明：在攻击目标变得相同的时候,以前各种类型的小规模集体行动也在变得相同。当官员和社会精英发现他们的目标变得一致时,统治的问题变得更加尖锐。可以看到：社会精英在参与地方政府的扩大,同时也领导着民众的动员。

20 世纪的抗税事例,范围从原有的以社区为基础、反对外来者的运动,一直到那种反对精英和官员所结成的联盟、类似阶级斗争的民众对抗。阶级和地方性组织,二者并未截然分离,因为抗税事例表现出精英的地位处于模棱两可之间:他们既可转向地方性组织,又可与官员结盟。这种不确定性,反映出从明清时期到现在,官员、精英和农民之间存在的各种普遍关系,在迂回曲折地发展着。①

抗税运动从一种孤立的、小规模的冲突,转变为一种很容易与其他小规模冲突或者大规模冲突联系起来的现象,明确地显示了清帝国在政治上的衰落。20世纪的抗税运动要求新的解决方法。中国革命的领袖们改变了农村的社会关系,但他们仍然继续面临着同样的挑战:如何从农村社会征税,而又不至于引起抗争。②

十一 从比较的角度来看中国的抗税运动

中国和欧洲的抗税运动有一些共同特征。人们团结起来反对那种违反他们心中的公平观念的征税。反对征税,根植于人们对政治秩序应当怎样发挥作用的看法中。反对者断言:只有摒除那些人们不能接受的表现,并且重返以往的做法,国家权力的掌握者才能扮演一个合法的角色。因此,抗税运动是民众对于政治权威的一种抵御。他们进行抗争,根据的是那些他们认为国家应遵循而未遵循的原则。

在帝制时代之后,税收问题成为中国在建立国家方面所进行的努力的一个标志。一些学者认为这种努力与前几个世纪中欧洲国家形成经历中的许多因素相似,所以中国抗税运动所扮演的角色,也与法国抗税运动所扮演的角色相同(在法国,大量进出巴黎的通信,都以税收及其引起的各种问题为中心)。一般而言,民国时代战争不断,这更刺激了军阀们增加收入的胃口。因此,此时的中国,有许多情况相似于近代早期的

---

① 维维恩·舒(Vivienne Shue)发表的文章《国家能力所及的范围》(收于其所著的同名书中),针对这些较大的论题,提出了一个颇有争议的观点。不论她在大多数问题上是对还是错,这篇文章还是很及时地表述了某些有挑战性的方式,使人从历史的角度来考虑中国的政治发展。
② 中华人民共和国的资料见于注释,或者在正文中有简略的发挥。

欧洲。欧洲的民族国家,是在为了养兵作战而榨取资源的过程中形成的。就此而言,无怪乎一些学者认为20世纪中国的情况也与此相同。此外,可能还有一些与欧洲的相同之处值得我们探讨。首先,群众的行动通常集中于他们的目标,并且受这些目标的限制。最早对欧洲群众的这种理性行为进行分析的学者,是乔治斯·鲁德和查尔斯·蒂利。而他们所分析的这种理性行为,也出现在中国。其次,中国的抗税运动的一种普通形式是使地方反对官员。在这类事例里,我们可以看到:大众关于正义的一种观念,颇类似于汤普森所说的道义性经济(moral economy)激起的英国群众的情绪。

在18世纪中国的事例中,引发抗税运动的,并不是增收新税,而是关于应当如何征收旧税的争端。但在欧洲,这些争议更为明显地涉及增税,尽管平等和公正的问题依然很重要。中国和欧洲抗税运动的参加者,都在"什么样的政府税收是可以接受的"这样一种观念支配下行动,而且目标都是以抗争为手段,来要求适当的税收。① 在抗税运动少的地方,国家的要求或者被视为合法的(英国的情况看来即如此),或者被地方社会集团有效地加以引导,以消除发生抗争的可能性(中国南方似乎即属于此种情况)。

关于"合理税收"的信念,激发参加者的行动发展为抗税运动。在中国,因为基本上所有的抗税运动都与田赋有关,所以几乎所有的参加者都是农民。② 法国的情况却不同。法国反对王室税收的,是农民之外的两个重要方面:首先,正如亚眠的例子所示,城市是抗税运动的重要场所。1636年,王室在此地对纺织品征收新税,导致市民为了保卫该城市的独立而起来抗税;其次,通过议会组织起来了的贵族,目标是提高自己的权威,抗争王室扩大权力的愿望,例如省议会反对王室进行选举(吉尔

---

① 差异的范围反映了社会结构,等等。
② 讨论晚明以来的城市事例和士绅卷入问题,具体见《康雍乾时期城乡人民反抗斗争资料》。

斯泰德[Kierstead]1976：96～156)。与明清时期的中国相比,大革命前法国的抗税运动,无论在社会方面还是政治方面,都有更好的组织基础。一般来说,情绪激发集体行动这一点,在许多显著的方面,可能是相似的。具体来看,中国和欧洲的抗税运动常常可能作为国家与地方之间的冲突而出现。但是中国的事例中还包括一些事件。例如在民团、秘密会社、地方社会精英以及地方官员等有组织的权力争夺者之间,为了控制税收而展开激烈的斗争。中央集权化不断加强的欧洲国家,不断扩大其贯穿地方社会的能力。与此相反,在中国我们却发现：在18世纪,中央集权化的国家,面对着以社区为基础的抗税运动;而到19世纪和20世纪,多种社会集团通过抗税运动,向国家权力提出挑战,并且重新确定国家权力的各个方面。

在欧洲,当民族国家建立起征税的能力时,抗税运动减少了。确有关于征税比率和频度的争论出现,但是集体抗税则未再发生。即使人们在私下仍然逃税,但在公开场合已接受了征税。作为反对民族国家发展的最后行动之一的集体抗税,已经退出历史舞台。集体抗税已从20世纪欧洲的画面中消失。20世纪前期的中国,集体抗税也发生了改变,但却变得更加普遍了。一方面,20世纪中国的抗税运动比起明清时期的抗税运动,更加近似于近代早期欧洲的情况。人民努力抵抗不断加重的榨取,以保护自己。但是,在其他重要方面,20世纪中国的抗税运动又不同于欧洲的经历。欧洲抗税运动的靶子总是中央政府及其代表,而抗税者总是力图限制往国家权力中渗透的人们。在20世纪中国的抗税事例中,矛头常常是指向一个地方政府。这个政府征税,或是依靠自身的权威,或是代表本省(或军阀)的领袖,或是作为民族国家的代理人。抗税者可能是有组织的集团。这些集团力求获得征税的能力,从而为谋取政治权力而向政府发出挑战。因此,在20世纪的中国,抗税运动使得国家权力的发展不确定。国家深入农村的力量在扩大,这是很清楚的。但是尽管如此,谁会控制何种国家权力?对此我们至多也只能说是模糊不清的。不仅如此,用比较的观点来看,此时期欧洲的抗税运动正在作最后的挣扎,而中国的抗税运动却正方兴未艾。二者之间的这一对照提醒我们:即使抗税运动表现出若干相似和相异之处,但是抗税事件并不是相同的社会与政治变化过程的组成部分。

在欧洲,贵族和城市领导人都力求保护自己,抵制处于中央集权化过程中的国家所提出的不断扩大的权利要求。赋税问题和政治代表、国家对单个公民的权威等问题交织在一起。为赋税创造出一种在意识形态上可以接受的理论基础,成为在西欧诸国促进国家权力扩张的关键。在20世纪的各种社会中,征收赋税的法理都强调公民的义务以及为国家服务的条款。20世纪后期,一些西欧社会中出现的反对赋税运动显示:在赋税问题上,近代欧洲国家创造了意识形态上的共识,但这种共识不会是持久的。对中国人来说,20世纪的税收问题是非常不同的。在20世纪中国的抗税运动中,人们所争论的基本问题以及他们所使用的组织方式,都并非新事物。抗税运动的延续性提醒我们:帝国时代之后的中国在国家形成方面的努力,不可能摆脱晚期帝国时代的遗产,不论其对国家形成的影响是正面的还是负面的。欧洲国家成功地摧毁了抗税运动,这是其国家形成过程的一个部分。而在明清时期的中国,国家在各种形式的抗税运动面前却变得越来越脆弱;这恰恰显示了帝国时代之后中国的国家形成将会多么棘手。在20世纪的中国,抗税问题变得更加重要,同时以社会精英和官员为一方而以大多数人民为另一方,二者之间的对抗也变得更加尖锐。抗税运动日益突起,使得食物骚乱的衰落得以完成。若是人们将赋税视为一种不断加重的榨取的话,他们就更不大会从道义上要求社会精英和官员为之积极干预食物供应状况。帝国时代之后的中国政府无力为税收创造可接受的基础,显示了中国一般政治状况的不稳定性以及发生激进政治变化的可能性。

第九章 革 命

一 对革命的诠释

对小规模的集体行动而言,类似的事件可能体现在不同的大结构中,由此显出意义与重要性。人们为追求共同的利益,用相同的抗争形式来达到一致的、立即的效果。然而其行动却可能透露出互异的社会经济变化的轨迹。当我们转向大规模集体行动时,情况会变得怎么样呢?同样可能会造成革命的抢米风潮及抗税运动,是否有明显的区别?这是值得深思的问题。

大多数研究革命的社会科学家,会根据革命的相似性来进行分类。例如,赛达·斯柯克波尔(Theda Skocpol)在其颇为受人瞩目的著作中,认为中、法、俄三国的革命,可用其共同特征来加以说明(斯柯克波尔1979)。她指出:这三个国家的社会革命具有结构的相似性,这是那些未曾发生激烈革命的国家所没有的。她认为社会革命主要源于两大因素:第一,中、法、俄国家均为处于危机之中的老旧政权。当全世界正被资本主义席卷而发生巨大变革时,这些国家无法应付日益发展的国际武力竞赛;第二,这三个国家都有旧政权所无法镇压的农民暴乱。此二者均导致社会革命,但倘若缺乏其中之一,便很难有革命的产生。如日本与普鲁士甚少国家危机,英国及德国则无农民暴动,而在这些国家均无社会革命出现。她进而注意到中、法、俄三国社会革命所导致的不同结果:经过革命,法国变成了"近代的国家大厦",俄国形成"专制的政党国家",而中国则成为"群众运动的政党国家"。在这三个国家,都出现了一个由精英阶层建立的行政及军事组织。这些精英分子根据其独特的政治意识形态,创造出了新的政治秩序形式,并重塑了社会阶层及结构。这三国也都形成了一个较为集权化和官僚化的国家。斯氏除了讨论中、法、俄三国革命的共同点之外,还注意到其革命过程的不同点。此一分析的优点,在于能对这些革命的相似性作出解释,同时指出其间的差异,并举出未曾发生革命的国家的例子,以凸显革命的特殊性。这三国革命都是导向近代国家的例证。不过,这些国家只有某些共同的特征,而我们怎么才能来解释这些革命的相似与相异之处呢?

在本章中,我将比较法国与中国的革命。首先,我将从挑战、能力与义务三个方面,来比较欧洲与中国在国家形成方面的经验。接着,在讨论了两国革命的相似与相异之处后,我将采取从彼国的优势来观察此国革命行动的方法,以弄清这两国的革命究竟"缺少"了些什么,并也将以同样的分析方法,来了解国家建立的经验。最后,我将讨论本章所使用的分析方法,与晚近社会科学中对于革命的研究及对中、法革命研究彼此之间的关系。

二 国家危机与国家形成

1. 挑战

法国的君主政权及清朝政府均面临多重问题。在法国,基本挑战是财政危机——即政府如何支付各种对外战争所需的浩繁费用。如何支付战争费用,也牵涉到政府与精英对此问题的复杂协商过程。由于这些协商在制度化的架构下进行,因此也为精英提供了一个领域,来表达他们对君主制度演化为专制政体的关注。不过,这也直接影响到政府解决财政危机的能力。法国君主制所面临的挑战,并不是财源匮乏或因社会贫穷而无法募集款项。相反,政府募集军费的最大阻碍,乃是精英与官员对如何增加政府收入的策略意见相左。

晚清政府同样也遇上了财政的问题,尤其在中日甲午战争及义和团运动之际。但就大方向来看,朝廷的确发展出了一套方法来筹措所需的经费。其中,增税及借债均为政府所开辟的新财源,以应付对外接触所必需的费用。与法国的情况比较起来,中国的精英分子无法置喙于政府的财政措施。相对而言,晚清政府首先所面临的难题,是如何建立新的主管机构并制定新的政策,将国家转变为西方式的政府。其中更大的挑战,则是如何将这些新的机制与既有的官僚制度联系起来。

这些对文官体系的挑战,不同于1774年法王路易十六登基时所遇到的问题。为了扩张领土及建立国家军队,法国的君主政权建立了其官僚体制所需的基础建设。当然,就空间及组织规模而言,法国所面临的挑战远不及中国。以文官制度来统治中国这样的农业帝国,其挑战远超过统治像法国这样的欧洲国家。因此,尽管中、法两国政府遇到类似的困难,但从根本上来说,晚清政府与路易十六所遭遇的最重要挑战却大相径庭,因此也难怪它们所提出的解决方法,在某些重要的方面会非常不同了。不过,法国与清朝政府都未能成功地应付挑战,因此二者都为新的国家所取代。在某些方面,革命以后的国家所面临的新挑战,大体上来说很类似。这些挑战包括:(1)达成对行政的中央控制;(2)促进经济发展以臻富强;(3)建立能够回应政府需要的社会。到19世纪时,所有成功的国家都发展出了其对外政策,而这通常可以有效地导致国内的中央集权。在19世纪中叶,政府能够通过特定的政策来促进工业化,这是很明显的。而到19世纪晚期,一般都认为政府必须有强大的经济力量来与近代国家相匹敌。但中国与法国仍然背负其历史的包袱,只是它们应付挑战的能力有所不同:帝制之后的中国欲以其国家形成的传统及策略,在农业帝国的范围内来应付经济发展与社会变迁的挑战,而事实证明这是相当困难的。

2. 能力

十七、十八世纪的法国发展起了许多重要的能力——征税、司法权、文官制度及军事力量等。到18世纪80年代,法国建成了一个比100~200年前更为强大的国家。法国革命使国家的力量更为扩大,特别在征税和军事方面,中央政府能够征收新税并动员青年服兵役。对消费者课征间接税的增长率,也远超过直接的土地税。尽管反对征兵及重税的声浪不断,在拿破仑时代,国家仍能够增加其榨取的能力。大革命期间所倡导的议会代议制也得到发展。1848年所建立的第二共和国宣布所有男子均有投票权,使得法国领导人在施展其新的统治能力时面临危机。人员扩大形成了较大的官僚体系和中央权力渗透到地方的新形式,这又意味着法国正培养新的能力来面对革命后政府的挑战。

中国的情况则大不相同。在1900年到1950年的半个世纪中,中国在某些方面扩大了政府的能力,在其他方面则不然。1905年的新政包括设立商部及学部,同时对户部亦作了一番改革,但却难以做到制度的整合。尤其要指出的是,晚清所建立的新军,均是各自独立运作,中央政府无法加以控制,从而造成其反抗政府的可能(事实上,辛亥革命即是一例)。辛亥革命之后,政府所面临的挑战,基本上在于如何建立并稳定统治结构。尽管袁世凯声称其统治了中国,但中央政府只维持了很短的时间。在1916—1949年间,中国一直处于割据状态。如前几章所述,除了1927—1937年间国民党政权所管辖的地区外,其他地区均为以省为单位的军阀统治。这些军阀尽管名义上服从中央政府,但实际上享有相当大的自治权。因此一般而言,各地虽都有增税的现象,但只有在部分地区,教育与警察制度才得到成功的推展。尽管意识形态对各地的统治造成了参差不齐的结果,但大致说来,高压与榨取式的统治不断增强,物质利益的控制(至少是各种福利项目)则愈来愈弱。这种纵向的统一官僚体系的长期缺乏,显示一个统一的国家已不复存在。

从国家的整体利益来看,多重政权创立了一种分析家们常说的那种"革命情势"(revolutionary situation)。不止一个集团在国内某些地区主张自治,意味着某些政治机制及意识形态的巨大改变是可能的。在诸多可能性之中,革命可能会带来社会结构、组织及政治权力的巨大变化。但革命的结果绝不是最明显的可能性,遑论是辛亥革命后头几十年中惟一的可能性。至少,中国一直无力去克服分裂的政治情况,使得这个过去的农业帝国饱受国内战乱及外国侵略的蹂躏。

法国大革命已证明是一个增强国家能力的政权转移。而中国的辛亥革命,则导致纵向统一的文官体制瓦解。在许多层面上,民国时期国家力量的扩展基础并不是类似清代的统一文官体制,使得革命后国家形成的过程充满不确定性。因此,中国的革命可能是一个更长的过程,但并不能保证必然产生所欲得到的结果。

3. 义务

晚清政府采纳了许多从西方国家学到的新义务,特别是对于"富强"的义务。国家要强,社会必须富。这些新的优先顺序,并没有取代儒家对农村社会秩序及农业发展的义务。但事实上,政府资源已经从维持贫穷地区的农业经济的措施,转移到促进国家富强的活动上。在民国时期,尽管地方上仍有些人表达出对维护农村社会秩序的关注,但一般而言,政府放弃了稳定地方社会的努力。前述愈来愈多的抗税事件,也反映了这种普遍情况。在少数努力稳定农村社会秩序的地区,实施了各种相互竞争的计划。最为人所熟知的是梁漱溟所提出的农村振兴方案。不过过去的乡绅是在配合国家政策之下提倡地方秩序,而梁氏则不考虑政府参与的可能性。当时的国民政府主席蒋介石,希望能以梁氏的构想作为模范,在其他地区推行(艾恺[Alitto]1979)。晏阳初的农村重建计划,则希望通过利用美国的资金、研究方法及农村发展的社会观察,来扩展"地方"(local)的层面。晏氏的计划与明清以来运用的方式也不同。他试图在官方的途径之外,重新定义社会改革的范围与内容。毛泽东与共产党较少受到西方乡村发展模式的影响。在20世纪20年代晚期到30年代间,他们着重在组织反政府(如抗税)和反精英阶层(如抗租)的力量。从20世纪30年代晚期至40年代,他们已经成为其根据地上的地方政府,能够执行收税及规范收租等任务。

在法国,革命过程凸显了大众对政府行动的期望,认为官员有责任来缓和歉收问题及减少苛税重赋。社会精英可以通过"诉状"(ca-hiers de doleances)来申诉。这种通过代表制来促进利益的方式,主要是假设国家有责任承认人民表达其利益的正当性,即使国家并不同意其诉求。尽管18世纪80年代法国政府的确重视精英的利益,但其对人民的义务普遍来说是一种父权式的福利政策,而不是一种代议制。无套裤党(san culottes)群众运动,绝不是只由工人阶级组成的。这种大规模的群众运动,象征着政治界线的转移,亦即人们要求直接参与政府而非只要代议制。政府承诺要将社会运动的诉求纳入政府政策,可说是法国革命过程中的一个重要部分。

中国共产党在延安动员农民时,以一种较以往更为直接而激烈的方式对人民作出承诺。正是这种"群众路线"的逻辑,成为党用来扩大与人民沟通,并进而完全控制农民的一种动员方式。而"延安民主"与无套裤党所不同的是,后者可以独立表达其意见,并将之形成政治抉择的一部分。

三 从法国的角度看中国革命

1911年清朝的崩溃,为中国带来巨大的政治危机。新政府的建立完全没有沿袭清朝的意识形态及制度架构,因而在以后将近40年当中,呈现出了政治的不确定性。乍看之下,这与法国以有效的中央政府取代式微的君主专制,情况完全不同。不过如果更仔细观察,就发现其间有着很重要的相似性。19世纪的法国经历了好几种政府形式:君主专制、共和国、帝国;然而这些形式的转换并非由于"革命"所造成。中央政府的不稳定性提醒我们:法国革命并没有将该国引入政治稳定的时代。其与中国的不稳定性基本的不同点,在于后者缺乏国家的统一性。在1912年到1949年间,只有1927—1937年间国民党人宣称其"统一"了中国。①然而,国民党的统治力在某些方面相当弱。第一,以南京为首都的国民党领导人无法建立一个官僚制的政府将其统治力伸入至农村地区。第二,国民党政府面临外国政府的压力。第三,城市的精英分子与人民要求政府必须在国际上有更强的地位,并在国内实施更有效的治理。作为农业帝国的中国,其统治一直不断遭遇挑战。19世纪晚期到20世纪初期发展出新形态的城市及城市精英,强烈要求制度化的政治地位,使挑战不断加剧。这种横跨农村与城市的中国统治形式,意味着民国时期的统治形式必须包括许多在帝国晚期所无法想象的原则与政策。可以想见,当新旧不同的政治挑战在广大的农业社会中结合起来时,要达到有效的中央统治是难上加难。

清朝灭亡后的40年间,形成一段相当长的多重政权时期。在此时期中,没有一个纵向的官僚行政体系来进行有效的统治。此外,还有其他因素亦为国家政治增添了不确定性。某些政治的竞争者并没有意图要统治整个国家,而只是想雄踞一方,这使中国有可能分裂成若干独立的政治单位,进而创造出类似于欧洲多国体制下的"多重政权"。在这个社会大背景中,基本上各种持有不同信仰的政治与社会激进分子,均进入了县级的乡村社会。这些人包括持儒家关于社会秩序之观点的梁漱

---

① 但事实上,这个统一尚未包括清朝所统治的新疆和西藏。

溟,受到西方影响鼓吹自由改革的晏阳初,以及主张重新建构农村社会关系的毛泽东。尽管所抱持的意识形态有所不同,但他们都认为必须强调中国农村的社会、经济及政治问题。不安的政治条件使他们有机会能争取农村的支持。为了使其计划得以成功进行,他们必须努力回应农民所关注的经济及社会问题。这些互相匹敌的策略都没有像明清时代一样,将农村的社会秩序纳入统治的官僚结构之中。当中央对低层的政府只能行使有限的权力时,创造农村社会秩序的各种策略便相应出现。

中国共产党对"民主"(democracy)的观念就是在这样的背景下发展出来的。"民主"是一种动员现象,把农民带入由党所领导的组织中,让农民在地方政治中代替精英来扮演真实的角色。所谓"群众路线",强调的是与人民沟通的渠道,与人民交换想法。这种策略对党之所以十分重要,乃是因为党假定农民有共同的态度。党并没有在制度上为农民提供一个明确的范围,来组成自治单位并表达其意见,而只是予以沟通渠道及向下的控制运动。群众路线的逻辑将农民带入政治范畴,却没有给予足够的空间让他们向党提出自己的主张。这种地方层次的参与并不包括任何制度上的设计,能让农民越过地方的党干部向更高层次的政府表达其所关心的问题。

法国的经验并没有为20世纪30和40年代中国共产党所发展起来的"民主"提供一种合理的指导。在这两个例子中,革命者同样都拒绝君主制度,但其呈现出来的态度却不同。在中国革命中,政治形式的选择与建立,包括了1916年袁世凯恢复帝制的活动及其轻而易举的垮台。这个恢复帝制的企图,常被认为是可笑而不合时宜的。然而当我们观察到19世纪法国在大革命之后亦曾出现君主立宪制的复辟行动时,要解释中国的恢复帝制行动会被轻易地消除的原因,就不再那么容易说清了。这个答案当然与此时期中国有较多的机会选择政府形式有关,但也与中国政治的特殊背景有关。1911年以前中国无法建立君主立宪体制,使得人们后来一直认为在中国实施任何形式的君主制都更加困难。日本的傀儡政权满洲国让满清最后一位皇帝溥仪重新登上皇位,但日本统治者此举只是将皇帝当做象征及礼仪的角色,而不是真正当成中国的皇帝。然而,尽管中国君主制很难复辟,但所谓"共和"的意义却也不甚清楚。中国人并没有强调"自由、平等、博爱",也没有强烈要求社会正义。精英分子为追求政治参与,与那些不愿受代议制羁绊的行政官僚对抗,但这种对抗并未获得成功。虽然法国领袖本身可能在给人民以选举权方面并无多少积极性,但他们总是与议会一致。不过,如果我们不承认中国省议会的成就及法国议会的限制,我们可能会夸大中、法之间的差异。尽管中国的议会没有一个制度上被认可的角色,在 20 世纪的前 30 年间,议会仍有某些值得肯定的努力。而在拿破仑时代、第二共和国到第二帝国的期间,法国的议会机制也不是一蹴而就的。直到 19 世纪 70 年代第三共和国时期,议会民主才真正达到。中、法例子的不同,只有透过长时间的历史才能显现出来。在长达数十年的中国革命中,议会体制的重要性很有限;而在法国,议会亦没有得到顺畅或迅速的发展。不过,代议制民主最后还是在法国发展出来;然而在中国,至少到目前为止,它尚未出现。

某些法国大革命的目标,并没有出现在中国革命中。法国革命的主要对象是贵族和教士,而在中国并没有相应的社会团体。因此在中国革命中,并没有法国革命中的那种导向"公民"概念的、对法律地位重新界定的动力。在法国,与公民这个新范畴相补充的,是国家(patrie or nation)这个集体范畴。公民与国家取代了一个由等级组成的社会——尤其是君主、教士及贵族,他们全都失去其先前地位。在 20 世纪前半叶,中国鲜有"公民"的概念;但我们在第六章所见的"民族主义"(nationalism)则是一种介于省及国家之间的认同。中国关于建立一个国家的想法,乃是出于地缘及血缘关系。这与欧洲效忠国家的观念恰成对照。

从法国大革命的角度具体地看中国革命,显示出中国与法国有相当不同的社会变化方式。以下我们将用对称的方式,即以中国的观点来思考法国大革命,这将会产生另一套见解和看法。

四　从中国的角度看法国革命

如果没有一个精英组织,法国革命是难以想象的。而在革命前的法国,这种精英组织包括各个等级和君主,但如无精英合作,君主的征税能力就十分有限。在法国大革命时期有两个变化与精英的政治主张有关:一是与作为公民的个人有关的各种权利的完善,二是一个由多个阶级组成的社会的发展。从旧政权的制度及意识形态资源中,法国形成了革命的新政府。它首先必须成功地克服旧政权所无法面对的挑战,同时要比先前的政府更有效率。这个具有新能力与新义务的政府,继承旧政权以建构一个不同类型的国家。但这些变化是有历史牵连的。法国大革命在制度及意识形态上都标志着欧洲的转变,在与中国革命比较起来时,某些限制便凸显出来了。

农民在中国革命中处于中心地位。社会秩序基础的稳固性,在于能在乡村创造有效的社会关系。在这一点上,中国共产党在 1949 年以前花了将近 20 年的时间,才发展出其政策及规则;党的力量与组织农村社会有着密切的关系。在法国大革命中,农民则扮演消极抵抗政府的角色,其政策及失败是在一般意料之中的。他们并没有被外界的力量组织起来,也没有对革命的结果作出重大贡献。尽管革命肯定农民对土地的权利,但他们的政治角色并未因此有何改变。只有在半个世纪后第二共和国建立时,农村又被动员起来,才发展出较积极的角色。1846 年及 1847 年的农村集体行动,基本上奉行了过去粮食危机的抗争传统,参与食物骚乱的团体与大革命前和大革命中的团体很类似。但 1848 年和 1849 年村民开始采取激烈的方式:当第二共和国宣布全体男子均有投票权时,村民变得热衷于选举,许多人反对新的间接税并投票给路易·拿破仑。同时,农民参加政治团体并在大众媒体上发表言论,对某些问题提出辩论。农村政治的动员力量使有些当权者感到害怕,而欲利用权术改变选举资格,以剥夺将近1/3的选民权利。社会党和民主共和党的拥护者被迫进行秘密的政治反抗。在某些方面,共和党比较关注城市工人和小城工匠的问题,但在其他方面,他们与社会党作出同样的政治承诺,都注意到农村居民。当路易·拿破仑在1851年12月2日处决军事政变者时,共和党的反抗势力已蔓延到整个国家。学者们对如何解释农民参与社会抗争运动有不同的看法。柏伦森(Edward Berenson)、马尔噶丹特(Ted Margadant)、梅里曼(John Merriman)及查尔斯·蒂利(Charles Tilly)都认为在此时期,政治激进主义从城市扩散了到乡村(蒂利1972b;梅里曼1978;马尔噶丹特1979;柏伦森1984)。农民因而了解并起而护卫民主原则。相反,尤金·韦伯尔(Eugene Weber)则认为19世纪中叶的农民抗争,是根植于地方环境的一种古代暴力形式,认为中世纪的农民抗争并不具有"现代性"(韦伯尔1991:137~188)。彼得·琼斯(Peter Jones)和科尔宾(A. Corbin)也支持他这种看法(P. 琼斯1981;科尔宾1975)。这两派对农民抗争诠释的不同,部分是由于所收集及选择的证据不同所致;不过其间差异并不一定必然互斥。共和党人反对推翻第二共和国,这也可能加强地方争论及分化(麦克菲[Mcphee]1992)。就算不同的诠释不能得到协调,他们所认定的农民角色的范围也一定不包括中国革命中农民所扮演的角色。中国农民在所面临的冲突中扮演了更重要的角色。然而和法国比起来,中国农民却被外界的政治力量更紧密地组织起来,并被牢牢地控制着。

农民是中国革命的主角。争夺政治控制的斗争主要是在乡村进行。共产党的统治策略是从他们在边远贫穷地区的统治经验中发展出来的,而与集财富、文化及权力于一体的城市的关系甚少。其所面临的第一个挑战便是如何创造有效的地方秩序。这个策略的成功给予革命者一个机会得以在边区角逐权力。党以高度的纪律及纵向整合方式组织起来,给予革命者一个稳固的结构性基础以建立新政府。中国革命的准备期长达数十年,但一旦共产党掌握了权力,新政府的发展就十分迅速。尽管有多方面的政策变化,在农村社会中建立秩序以期重建统一国家,仍是其基本的任务。相反,法国大革命则以巴黎为中心,互相竞争的派系在这里运用各种力量,制造权威及统治的逻辑。各省并没有遵循巴黎方面所推崇的政策,但中央却宣称其能力足以控制整个国家来对付18世纪90年代各省(最有名的是在旺岱[Vendee])的反抗。到了19世纪,政治上的冲突有时是地区性的,有时则是阶级性的。中央的权威性虽受到挑战,却从未瓦解。和中国比起来,法国革命为时很短,但围绕着政府组织的政治不确定性却持续半世纪以上,其延续时间自推翻君主制到建立第三共和国,比自清朝灭亡到中华人民共和国建立之间的民国时期在时间上甚至更长。在法国,农民和农村社会对政治原则的重要性,远不如在中国。

在法国,1870年以前的政治问题,集中在不同的社会利益集团在政治上所扮演的角色,以及政府的不同机构的组织、权力及责任的范围。在这样的架构下,中央政府有力量去建立遍及全国的统治权,而各种社会利益集团亦得以借制度化的方式向政府表达。问题是谁的利益能掌握什么样的力量与权威。在中国,1949年以前的政治问题是关于不同层次政府的规模与相互关系。各种社会利益集团所表达的,看来多半是努力避免政府干预,而不是努力在政府中"发出声音"。在中国,统治者与被统治者之间的差距依然较法国更大,同时国家与社会间的界线也仍然更模糊。而在法国及其他许多欧洲国家,这种界线是小心地划明了的。如果考虑到这些差异性,那么看到关于法国与中国革命的史学研究遵循了截然不同的路子,也就不足为奇了。

五 法国:持续不断的革命诠释

正如所有的欧洲史学家所知,在19世纪与20世纪初,马克思比其他任何一位社会理论家创造出更多的分析语汇及理念架构,来解释国家权力所面临的暴力挑战。也正如所有的中国史学家所发觉到的那样,这个架构已经被沿用至 20 世纪历史研究中,并产生许多复杂的结果。马克思以宏观的眼光来看欧洲历史变迁,发现政治危机常发生在经济与社会剧烈变化之时,例如随着经济与社会变迁所带来的阶级兴衰,往往使得政治权力易手。在关于中国与法国革命的史学研究中,我们都可以看到马克思主义分析方法的应用,不断被后来的研究所修正及否定。马克思主义和许多非马克思主义分析的核心,在于社会团体的动员、其政治利益的表达,以及政府对此作出的回应的本质。在 20 世纪 60 及 70 年代的研究中,集体行动者对政治抗争十分重要。他们不同的社会背景及经济利益促成其行为,并决定了他们与其他人的互动情况。政治的权力斗争是特定的社会及经济团体为促进其利益所发动的斗争,革命即标志着某些团体可以成功地击败其对手。

在法国的例子中,资产阶级追求将其日渐提高的经济地位,转化为政治权力。这种企图在 1789 年推翻君主制时达到最高点——关于这一点的解释,因各种实证研究的挑战而备受攻击。其中一项重要的发现是,在 18 世纪贵族与资产阶级互相渗透。首先,在大革命前夕,有 1/3 到 1/4 的贵族家庭是在过去 50 年间接受贵族头衔的(萨塞兰德[Sutherland]1986:19);换言之,有些成功的资产阶级家庭已经成为贵族。其次,愈来愈多的贵族投入商业活动,其行为举止亦与未受封的企业家并无二致(福斯特[Foster]1980;德沃尔德[Dewald]1987)。也就是说,某些贵族家庭通过投资商业、农业及房地产而致富。这种贵族与资产阶级互相渗透的情况,意味着他们的知识与文化空间有重叠的部分,而享有共同的领域。在其间,二者得以对政治问题及社会变迁,产生一致或不一致的看法。因此,在社会和政治上并没有明确的"资产阶级"或"贵族阶级"。不论有没有封号头衔的有钱人,都想购买土地,在乡下过豪华的生活。他们缔造地区性联盟,在其共同的思想及社会空间里对抗中央政府。然而,套用一句马克思主义者的话,即使19世纪的观察家对革命过程了解很少,仍然见到了革命的基本结果,即君主和贵族为资产阶级所取代。19世纪的观察家一般都相信,法国大革命是一场资产阶级的革命,它使中产阶级在政治和社会上的地位愈来愈重要。19世纪的分析家把法国大革命放在一个较长时间的历史架构下,认为启蒙运动时期的思想与社会的根源,即在于中古时期自治市内自由民(burghers)的形成(霍布斯鲍姆[Hobs-bawm]1990:1～31)。建立于第三共和国时代的民主机制,也可在将近一世纪之前的法国大革命中找到其开端。尽管革命的发生,可以从法国本身脉络中长时期的延续性中找到根源,但它也代表一个重要的转变:在一个更大范围的背景下,它为政治领导人开辟了新的领域,来表达其目标及承诺。法国革命以一种热切而尖锐的方式来提倡政治权力的原则。在19世纪,这些原则经过全部或部分的改造,变成了法国、欧洲其他国家以及美洲各国新政府制度的一部分。作为一种对欧美人民的激发,法国大革命的影响超出了欧洲的界线。法国所创造的意识形态,对其他的欧洲人以及在美洲殖民地的欧洲移民都具有重要的意义。

就其学术内容来说,在过去20年间,法国大革命一直是研究重点之一。傅雷特(Francois Furet)重新把注意力放在旧政权的政治文化中,借此观察大革命的意识形态(傅雷特1981)。以那些强调统一主权的法国政治文献为基础,傅氏认为法国大革命是政治思想中短暂的一刻。若将焦点放在那些言论本身,就会发现:革命的参与者和后来的分析家,都在用他们自己的方式"创造"法国大革命。由于强调精英分子的思想与政治文化层面,这派学者很少讨论主要的社会团体、大众文化、经济变迁及社会经济危机等问题。他们所欠缺的,正是年鉴学派的传统,即通过多方的努力,去追寻"长时段"和"整体史"。然而这也许并不特别令人吃惊。长时段历史的研究方法最能解释的是一种在短期内维持不变的事物;然而它却很难捕捉到戏剧性而巨大的变化,甚至它也可能错过一些细微或边缘的事物。许多制度的问题和可能性以及较大的社会经济环境,法国史学家都已研究过了。真正重要的是国家、精英和人民,在法国大革命后的数十年间如何解决问题。政治文化和意识形态的分析与此并不抵触。政府的确有严重的财政问题;精英分子并不确知如何能应付政府对资源的需求;人民则一直处于粮价与赋税的忧虑之中。在这些情况之下,不同的"解决"之道是可以想见的。18世纪80和90年代所想出的办法就演变成了一场革命。

法国政治文化中的特定因素,可能也有助于形成革命的意识形态。法国大革命很明显地是根植于法国历史之中的。从制度及意识形态上来说,法国革命的结构及情感,在历史上是独一无二的。个人理解问题的方式,决定了他们对解决方案的选择。政治文化的重要性,并不否定财政危机已迫在眉睫,或者对食物骚乱的恐惧已蔓延到各地。相反,这种重要性把这些事件当成其本身并不会"引起"任何特殊政治争论的条件。一般而言,意识形态指导人们如何构想一组问题的相互关系。意识形态也评价人们的作为并解释何者值得去做及为何值得去做。革命的意识形态提供的不仅是以上这些,而且还更多。这些意识形态允诺提出一个新方法来解决目前的问题,同时暗示将有一个更好的社会出现。因此,大规模集体行动与小规模行动可以很不相同——通常后者并没有对统治者发出根本性的挑战。

法国的革命者承认民众骚乱和财政危机。他们相信自己正在讨论那些问题,同时创造新政府的新原则。革命思想能够用新的方式去"解读"小规模冲突的意义。例如,当反对领主的攻击行动不再只是依习惯限于打击领主,而是否认领主权威时,此一行动就有了新的意义。法国政治文化为我们提供了资源,使我们得以对小规模冲突形成新的理解,并从中看到对更大的挑战的重要意义。同时,人们对旧有的地方抗争形式(不论是食物骚乱还是抗税)的承诺,也为他们对革命内容的理解提供了一个参考架构。对于政治抗争运动的领袖而言,一个最主要的挑战就是如何在人们怀有各种不同理由从事大规模反政府行动的情况下,为这些理由的意义创造出一种分类科学。法国革命的领袖在这一点上相当成功,他们根据文化所产生的象征性,用各种方法塑造一种意识形态,来说服人们支持革命。当然法国大革命不仅是一连串政治秩序的说服过程。

革命的情势包括扩大政治机制的失败及群众社会运动的形成。二者的结合,创造了18世纪90年代早期的政治不确定性,同时导致愈来愈强的中央控制,而中央的政治派系纷争引起了流血斗争。革命领袖寻求将权力作为保障社会秩序的手段而大力加以巩固,并为此采取暴力行动。这种暴力与革命意识形态鼓舞人心的道德原则之间的距离愈来愈大,于是恐怖政治就很快地来临。尽管如此,在19世纪期间,对民主共和国的期待不断地升高。在对共和国、君主制以及帝国等各种不同的政治形式作了一个较为完全的比较后,方得以在1871年建立第三共和国。

晚近法国大革命的学者分析革命事件的本身,同时也注意到1789年的历史遗产。一些有名的学者对此革命有两面的评价:一方面认为其使用暴力过度,另一方面则承认它为近代社会留下的历史资产。在中国共产党运动的研究中,我们也可以发现类似的学术趋势:(1) 出现了一个研究重点的转移,即过去将革命定位为一种简单的阶级利益冲突,而目前的研究则重新建构共产党革命的实际过程;(2) 出现了一种对意识形态及革命过程的代表性的注意;(3) 出现了一种对革命所带来的正面成就与历史遗产的质疑,以及对1949年之前及之后数十年中暴力行动的注意。遵循着一种有所不同的史学研究路子,最近学界对中国革命的研究,已不再提出与法国大革命研究相同的问题了。

六 中国:一场持续不断的革命

中国共产主义运动最初曾回应城市的挑战,提出建立新的政治秩序。在20世纪20年代初期,共产党人希望通过领导新生的无产阶级,使其势力在中国的大都市中凸显出来。但国民党政府成功地将他们赶出城市,遂使得共产党将工作重心放在解决农村社会的问题上。正如裴宜理所言,淮北的共产党人用各种策略来对地方团体进行工作,最后选择了动员农民,使之形成与过去的叛乱组织截然不同的新型团体(裴宜理1980)。裴氏将过去的反叛者与此时的革命者作一对照,指出共产党组织从根本上超越了19世纪反叛者与土匪的局限。共产党人所面临的挑战,是如何掌握小规模的冲突,并将之扩大为较大的运动。农民对社会秩序的主张通过抗税及小规模抢粮行动表达出来;而共产党人则不断制定政策,保障农民土地耕种权,并减少租税的不良影响。共产党人认为他们的任务就是要消除贪官污吏及土豪劣绅的剥削,允诺革命会带来新的政府,专门为工人阶级与农民的利益服务。但此意识形态很少谈到这个新政府如何能够沟通城市与乡村地区,而在告诉人民此一统治应该扩及全国方面,则谈得更少。即使制度上创建统一是一项艰巨的挑战,共产党与被其打败的对手国民党一样,都在概念上假定中国是统一的。共产党首先成功地重建了地方的社会秩序。国家统一的挑战首先是军事的挑战。一旦国民党被打败,共产党建立起新的政府,一个拥有官僚机构的力量的统一国家就可以渗透到乡村地区,并可以另行对城市地区进行重组。正如我们所见的,共产党根据马克思主义的阶级分化、阶级斗争及党领导的概念,发展出新的意识形态。他们利用这些阶级分化来解释他们何以能成功地取得权力,他们对未来的社会变迁及政治发展有何计划。

共产党对其自身的努力所作的解释究竟有多少说服力?戴瑞福(Ralph Thaxton)认为:在共产党根据地的华北,农民重新肯定了他们对政府的传统期望。用他的话说,他们的世界被共产党运动"翻转至正确的位置"。后来的学者挑战戴氏的论点,认为中国农民不可能会遵循他所谓追求集体保障的道义性经济(戴瑞福1983;陈永发[Chen, Yung-fa]与本顿[Benton]1986)。那么,农民如何看待共产党的政策及措施呢?阿普特(David Apter)及赛奇(Tony Saich)对革命者的言论进行了研究,指出了理论的原则形成了一种集体行动的政治逻辑。他们力图解释毛泽东为什么是以及怎么成为一位有说服力的梦想家,他和其他的共产党人是如何将党与人民联系起来的,而这一点并不可以简单地从理性、个人性的自利逻辑出发加以解释(阿普特与赛奇 1994)。泰洛(Sidney Tarrow)强调超越个人成本效益计算之集体行动逻辑的重要性,认为社会运动的问题不是根据个人得失去争取参与者,而是为集体行动创造社会意义及目的(泰洛 1994)。这一点在革命运动上尤为正确,因其需要为了争取胜利而不断牺牲。虽然共产党在革命斗争中可以成功地说服人们以其观点来看社会变迁,但在 20 世纪 50 年代集体化期间,他们似乎未能成功地对大规模社会改革运动作出承诺。当然这是弗里德曼(Edward Fredman)、毕克伟(Paul Pic-kowics)和赛尔登(Mark Selden)所见的集体化的另一个方面,因此他们谴责共产党所引起的伤害及苦难(弗里德曼、毕克伟与赛尔登 1990)。黄宗智在其发表的一篇文章中,更进一步认为在土地改革的官方代表及社会变迁之间存在重要的歧异,其差距在"文化大革命"期间愈来愈大(黄宗智 1990)。黄氏基于杰克·波特(Jack Potter)和苏拉米斯·波特(Sulamith Potter)的观点,把"文革"定位为一种宗教复兴运动,认为"文革"群众运动并非利益团体的运动(苏拉米斯·波特与杰克·波特 1990)。这再次提醒我们:社会运动的逻辑是怎样地不同于在个人行动和小规模集体行动中明显表现出来的理性的利益算计。

在中国革命及中华人民共和国内,一直存在着一种在以决策为基础的理性利益和大规模群众运动之间的紧张关系。中国革命者献身于改造农村社会结构,这远远超出了农民本身的眼前利益,但他们并没有为这些改革创造出令农民满意的意识形态的理由。农民只能用有限的方式来公开表达不满:他们表面上参与集体化行动,但 1979 年农村改革后亩产量的快速提高显示：一旦农民脱离集体农作后，就会开始更辛勤地工作。在个人及家庭方面，都显示出农民对集体农业的消极抵抗和对家庭农业的积极支持。但是，由于政府所拥有的强制手段，在乡村并没有发展出大规模的社会运动以挑战国家政策或权力。

如果我们考虑到农村抗争及暴力，我们会从早期成功的革命行动中发现一些重要的变化。但我们也发现与1949年以前类似的一种反对国家的证据。裴宜理对20世纪50年代农民及农村暴力的研究显示，许多冲突的例子是由过去的精英所引起的——他们在土地改革及合作化运动中失去经济与政治地位。比较之下，她发现20世纪80年代农村暴力，则极为可能与农村或亲族间土地及水权的竞争有关；农村干部甚至领导他们与另一地方团体抗争。① 中央政府维持地方社会秩序的力量存在不确定性，显示在统治广大农民时，其政权结构一直很脆弱。这类问题的另一个重要标志是明清及民国政府也曾面对的抗税行动。这不只限于农民不声不响地和巧妙地减轻负担的活动，也包括前章所述的那种成千上万农民以大规模及公开动员的方式进行抗税的活动。

在所有的革命中，中央集权国家的形成过程与政治理想的表达及追求之间都存在着一种复杂的关系。以法国为例，法国大革命许诺人民参与民主政治的言论，导致了19世纪反抗中央政府权力的斗争。自20世纪30年代起，中国共产党比前代的政治领袖更能在广泛且延续的基础上，动员农民投身政治活动。到20世纪40年代，"群众路线"的理想在于让人民主动参与党的政策的形成与实施，赋予中国农民以史无前例的力量。然而在1949年以后，由于中央政府想要更稳固地控制中国农村，这种群众路线的动力因而受到制约。在法国革命与中国革命中，从强烈的政治变化一开始时，国家形成及人民政治参与之间就存在着一种紧张

---

① 裴宜理也发现宗教因素是农村抗争的重要特征。同时她还看到一些例子，从中发现有些人向农民宣扬他们就是将要推翻共产国家的新皇帝。

的关系,但其国家与社会团体所能利用的意识形态及制度性资源却大不相同。

革命是在不同的国家形成背景下产生的。这些背景反过来又造成了经济变化的可能形式。法国和其他欧洲国家一样,都关注私有财产及民法。这一点,影响了19世纪法国的经济发展。例如,《契约法》保障了陌生人之间的交易,促使市场关系扩大。20世纪50年代中国则追求计划经济制度下发展重工业的苏联模式。法国大革命所讨论的一连串的问题,如精英的代表性,教会的角色,贵族、农民、商人及工人的经济与社会角色的变化等,不只是针对法国的情形,更是欧洲所关注的问题之所在。然而欧洲其他国家面临这些问题时,并没有发生革命。中国革命提出的问题则是为农村社会秩序创建制度的及意识形态的基础,以统一过去的农业帝国,并联结农村-城市关系。革命并不是解决这些问题的必然后果。从革命中还出现过其他并不追求对社会进行革命改造的国家形式,而中国人可能也看到过这些形式。无论有无革命,法国与中国都面临不同的国家形成所造成的挑战。

第十章 比较史学与社会理论

引 言

资本主义的发展与民族国家的形成,是两个大规模历史变迁的过程,也是近代世界最明显的特征。由于此一变化始于欧洲,所以过去的几代学者都认为近代世界基本上是按欧洲的方案而建成的。晚近的学者则反对这种毫无掩饰的自大心态。有些学者认为欧洲的政治经济变化并非放诸四海皆准的模式,同时也认为在欧洲架构之外还存在着社会认同及文化意义的建构。另一些人则认为欧洲之外也存在与其情况类似的历史变迁动力,而欧洲的变化亦并非如过去所认为的那样独特。19世纪晚期和20世纪初期的中国学者,也曾经主张中国有类似于欧洲的发展动力,但20世纪50和60年代的西方学者认为这种看法并不可信(李文森[Levenson]1968)。如果较新的研究成果可以接受的话,那么过去对中国学者所提主张的判断可能失之过于简化了。不过强调相似性的学术著作却无法使我们完全满意,因为我们知道欧洲和中国的政治经济轨迹有巨大的差异。

我在本书中论到中国与欧洲历史变迁的动力有一些十分相似的地

方。在经济方面,中国和欧洲二者皆有工业化以前时代的物质限制,同时也都与商业扩展的动力密切相关。这些相似点,在我看来,都颇有助于我们了解工业革命之前的世界。中、欧政治与社会性质的相似性,似乎更为复杂。我们可以洞悉国家形成及转型过程的共同因素,但其差异性也同样明显。本书的比较,旨在对其一般性的假设进行更仔细的观察。有些比较凸显出了中国与欧洲在前工业时代经济变化动力的相似性。既说是相似点,则便不能认定其带有欧洲工业革命的特征。另外一些比较则强调:中国与欧洲的差异性有助于理解国家的形成及转型。这些比较提醒我们:中国与欧洲历史变化的动力,包含着相同与相异之处,进而形成变迁的多重轨迹。

一　经济变化

研究17及18世纪欧洲经济史时,一个重要的主题是找出导向工业革命的经济成长动力。工业革命本身是历史的分水岭。一般认为:这一渐进的经济成长过程的开端,比纺织工厂的发展及随后煤的使用、钢的生产还早一个世纪或更多。工业革命并不是突然加速的经济成长。相反,经济成长在更早的时候就已开始加速。欧洲市场、农村工业及商品化农业的发展,似乎都导向工业革命。从一个更大的经济变迁背景来看,工业革命变成这个变迁的一个很重要的部分。以往认为欧洲的经济成长,经过了工业革命后,在19世纪建立起了经济霸权。把近代早期欧洲的经济变迁视为这种成长的阶段之一,很容易导出一个假设,即这样的动力不曾出现在其他地方。但正如我在上篇所论证的那样,中国与欧洲在工业化以前的时代有重要的相似性,即其经济发展的基础在于斯密型动力,包括愈来愈多的农村工业、生产力较高的农业以及扩大了的商业网络。

这些相似点的存在,打破了以往那种把欧洲经济变化及中国经济停滞所作的简单对比。相似的经济发展,指出了共同因素在工业革命以前的重要性。这也再一次提醒我们注意:以中国与欧洲共同的经济发展动力为基础来预测工业革命发生,是非常困难的。从某种程度而言,欧洲工业革命的前提,也是中国经济变化的特征,因此不能将之轻易地解释成西方的突破。从一种比较的观点来看问题,会发现存在一种偶发性因素。这反映出我们对欧洲经济变化的解释并不完全。

一般来说,我们的解释之所以不完全,至少有三方面的理由:第一,我们可能缺乏充分的知识将情况作适当的分类,以预测可能的结果。有一种解释的策略,是力图把所知的个案加以分类,将其作为普遍现象的例子,期望从中得到确定范围的结果。中国与欧洲食物骚乱及抗税运动形式上的相似,表明二者均列为同类的小规模的事件。对革命的研究,一般是探索各次革命共同的特性,这些共性使我们能预测相似的结果。但革命比抢粮、抗税等小规模冲突要复杂得多,时间也拖得较长。尽管可以通过将某一种情况分类为"革命",并加以解释,但对个案的了解可能仍然受限于第二组的因素,因为革命过程包含关系不确定的多种现象。原本互相联系的现象,由于与革命相联结,变得更加复杂了。例如,财政危机影响到各级政府间官员的联系以及国内精英与外国列强的联系。这些联系本身充其量只是可能的联系,只是解释复杂过程之结果的不确定性的第三组理由。官员为了解决财政危机,可能会去争取精英在财政上的支持,也可能求援于外国借款。我们很难从危机本身推测未来的可能性,但政府的决定却会影响到后来革命的结果。简言之,我们对复杂情况预测的结果不一定正确。事实上,我们也许会得到最不可能发生的结果。当我们追求惟一可能的结果时,我们是在使用决定论的逻辑,对整个事件作简单的解释。只因为这些事件曾经发生,并不意味着它们"必然"发生。

这种逻辑上的必然性的缺乏,在巨大变革的时刻尤为明显。事实上,这种时刻极为少见。而且,因为很少有可资比较的现象,所以我们对此进行解释的能力也相当薄弱。就经济上来说,工业革命即是这样的一个时刻。在过去20年中,学者们投入了大量的精力,追溯组成这个经济变化的各个不同部分的前史,并注意到工业革命前后经济成长的缓慢速率,以此来缩小工业革命所引起的断裂。但物质世界的进步在1780—1880年间产生了巨大的变化,而在100年间即有如此的变革,是历史上从没有过的。在短短的时间之内,一连串重大发明相继而至,产生了工业化的可能性。但只有在最初的时候,资本主义的制度与工业化的技术恰好互相配合,才使得这种经济变化的模式成为可能。此模式在19世纪的欧洲展开,猛然突破了古典经济学家所分析的那个物质经济成长有限的世界。如果接受这些偶然性,我们就可以比较容易地接受以下说法:中国与欧洲过去存在着相似的经济发展动力,但这种动力本身并不会将中国或欧洲的经济推至物质相对富裕的世界。此一关于经济变化的论点表明:虽然中国存在某些与欧洲相似的发展动力,但对于商业发展与工业突破来说,这可能只是一种偶发性联系,而不是因果关系。

随着工业革命而来的,是一连串新的经济发展的可能性。对于工业革命以后经济变化的分析,一般可分为两大类。第一类强调重建成功发展者所走过的道路,第二类则讨论特定地区经济变化的各种可能性。这些可能性,大都为此地区在欧洲人支配的世界经济中将要占有的地位所决定。这两种分析都为我们提供了对于经济变化的诠释。一般而言,前者被用来解释物质富裕地区获取成功的经验,而后者则被用来解释失败的例子。首先,二者都提醒我们,不同的独特途径可以达成共同的经济目标。工业化即是一例:工业化的地区,无论在政府角色、财务网络、企业组织及其他许多方面,都与其他地区不同。其次,经济发展在地理上永远是参差不齐的。以欧洲为例,东欧远比西欧贫穷;而西欧的经济中心,在1500—1800年间,先从地中海地区移到荷兰,再到英国。

然而,造成近代世界经济变化的强大动力,也并不一定造成一致性。即使人们有意识地要去达成某项经济目标,他们也不一定能够成功,因为创造经济变化的过程,往往超过人类的力量而无法控制。非预期的结果使我们的知识与行动受到阻挠。务实的社会理论必须学会容忍这些限制,而不是决意否认所有对经济变化进行规范并加以解释的努力。我在上篇中讨论过,明清中国与近代早期欧洲经济成长模式的相似之处,比一般所认为的要大得多。斯密型的成长动力,基本上在欧亚大陆的两端都存在。这些相似之处也表明:过去对欧洲独特性的假设,通常是很脆弱的。对于某些课题,我们知道得不够多,以致无法确定欧洲的现象是否与中国的情况有重要的差异。一个例子是如德弗里(Jan De Vries)所说的"勤奋革命"(industrious revolution)。① 除非我们对消费行为及市场导向的生产发展等变化有更多的了解,否则我们很难知道中国在怎样的程度上有过"勤奋革命"。无可否认,中国与欧洲的确有重要的经济差异,但如果认为在欧洲经济史上的变化均未曾出现在其他地区,因此欧洲的例子具有独特性,这种假设未免太过简单了。事实上,如果在中国(或世界其他地区)而不只在欧洲,存在着经济动力,那么要找出促使欧洲发展的因素,将变得更为困难。

我的这个论点也意味着:经济变化可以被认为是分离性的,或者说是一组不连续的变化。如果把主要的技术发明与商品经济的扩展、资本主义及农业帝国的政治经济的变化动力分离开来,我们会看到工业革命的各个部分是如何符合中国与欧洲的大环境的。中国及欧洲政治经济的差异告诉我们更大范围的国家转型,例如政府认为哪些问题重要,试图达成什么目标,如何定义挑战与能力,负有什么样的义务,等等。在中国,国家力求达到,而且在某种程度也达到了一种静态效率的目标,也就是说,在广大的区域内传播最可利用的技术。这个目标在一个有限可能性的世界中是可理解的。欧洲人则亟于互相竞争,通过牺牲别人来促成

---

① 德弗里对此的解释是欧洲人开始比较努力工作;他们变得更"勤奋"(industrious)。其证据是工匠与农民都减少了不工作的日子。他认为人们改变了其在金钱与休闲之间的相对平衡,变得比较愿意接受较长时间的工作,以获取货币收入。

自己的发展。虽然他们并未预见到这种随工业革命而来的可能性会出现,但他们的态度有助于发展各种制度,以便更迅速而有效地利用这些可能性。相形之下,中国的成功只建立在静态的效率上,他们主要致力于传播新发明,而不是激励创造新事物。

较之中国的经济制度,欧洲的经济制度更适应工业革命。然而,尽管有这些差异,在20世纪初期,中国工业化仍然出现了。在此期间,经济变化动力的空间方面原有的不确定性,依然在中国各地保留了下来。在欧洲与中国,工业化是在不同的政治经济环境中产生的,因此会有多种形式来达成相应的经济结果。在农业经济中,土地租佃制度在商业化过程中可能变化很大。而在工业经济中,企业的规模与范围在各部门经济及跨部门经济中也有所不同。市场交换及管理决策在分配资源与产品方面的相对角色,也在各部门之间及各种经济之间有所变化。虽然我们预测经济变化的能力会因多种的可能性而受到限制,但我们可以通过对经济发展的各种不同条件作更细密的描述,来弥补这个限制。当我们这么做的时候会发现:在世界各个不同地区,那些可能性较大的经济变化不仅有明显的时间范围,而且也有共同的制度性限制与前景。

工业革命肇始之时,生产力不断因技术变革而发展,带来两个世纪之前无法想象的物质繁荣。不过工业化也造成了生态灾害的威胁。这种对经济的希望及恐惧,至少在两方面的意义上,是全球性的。第一,认识到不同地方经济活动的联系愈来愈密切,信息、原料、劳动、资本及产品等市场的整合性变得愈来愈强。第二,当地区性经济愈来愈互相联为一体时,经济成功的模式及策略也为全球各地所推行。以全球的观点来看,过去500年各地区内经济主导中心及其相对重要性已有所改变。西方的情况最为人所熟知:经济最发达的地区,在十五、十六世纪是意大利城邦诸国;到17世纪让位于荷兰共和国,而后荷兰又让位于英国;到了19世纪晚期,英国已威风不再,代之而起的是欧陆各国及美国的发展。再以一个与此大约相当的亚洲空间单位为例。从11世纪以来,中国的江南地区一直保持着令人惊异的中心地位。尽管中国的其他地区也有发展（特别是在 1500 年以后），但江南仍然在经济上居于主导。在十六、十七世纪，中国南方与东南地区的人民建立起了亚洲市场的主要网络，一直到 20 世纪初其地位才被日本人所取代。日本在亚洲地区经济的主导地位，又不断被韩国、中国台湾、中国香港、新加坡的工业发展所摇动。从全球的规模来看，19 世纪的英国的经济霸权为美国所取代（尤其是在第二次世界大战后）。但到了最近，日本与德国的经济发展又侵蚀了美国的霸权。

尽管世界各地的学者都将欧洲视为近代世界经济发展的中心，但就时间和空间而言，欧洲的这种领导地位是被过度夸张了。十六、十七世纪广泛的商业发展，只是部分欧洲的现象。接下来工业资本主义的优势，也只限于亚洲工业转型前几十年的欧洲的部分地区与北美。在 20 世纪 30 年代以前亚洲的部分地区——日本、中国的江南和东北——在经济上都与西欧及北美较发达的地区同列，超过东欧及南美。

在世界经济仍然在不均衡地发展之时，出现了一种普遍的看法，即物质财富的扩张是一种积极的发展。许多人批评物质过剩并担忧生态平衡，但即使他们在对那些他们认为是有危险、有问题的特征感到悲伤难过和进行冷嘲热讽时，却也认为工业化的经济制度的优越性是理所当然的。这种对于经济变化的方向性及其基本优越性的普遍看法证实了：至少在此领域内，来自具有不同文化背景的人们，都将其生活品质与物质的保障及丰富相连接在一起。自从工业化以来，经济变化的多重动力都指向发展生产力及增加物质财富的单一方向。这是近代性的共同条件。但是在政治方面，"近代性"的意义就没有那么强的一致性了。

二　国家的形成与不形成

欧洲国家的形成过程，体现为一种制度与意识形态的特殊结合。这种结合,与那种导致中国的农业帝国再生及改造的制度与意识形态的结合截然不同。在近代早期的欧洲,将要成为中央政府统治者的人们面临两个主要的挑战。在对外方面,他们需与其他的国家领袖竞争(通常是通过战争);对内方面,当国家扩张其力量以榨取资源并发动战争时,中央集权的政府必须与不断要求权利的社会精英进行协商。欧洲国家很少对人民承担义务,而精英反倒向政府要求自由及代表制,这是他们形成新的意识形态与制度的基础。通过这个过程,国家与公众社会两个领域变得泾渭分明,国家权力也随之扩张。在明清时期,中国同样也面临两种重大的挑战。对外方面,在面对北方游牧及半游牧民族、西南地区定居的少数民族以及海外的东南亚、东北亚各民族时,中国政府的目标在于加强其能力与安全。明清帝国之所以能够将这种以中国为中心的世界秩序推行到其他地区,并使之为这些地区的统治者所接受,主要有三种原因:(1)这些地区的统治者军事力量太弱,无法挑战这种秩序;(2)他们自朝贡制度得到实质性及象征性的好处;(3)他们受中国声言的那种世界秩序的影响很小。在对内方面,中国政府面临一种更具威胁性的挑战,即对国家建立和维护社会秩序的能力提出质疑。国家以发展文官体制来塑造政府的统一形式,强调官员的垂直联系,以负责完成维持国内秩序的日常工作。而官员的成功,则需依赖持有同样社会观点的精英分子所作的努力与所提供的资源。官员与精英联合对普通人民承担责任,表达他们有能力、有决心来建立并维持社会秩序的物质的与道德的制度,这些反过来又成为他们的社会控制的工具。不同于欧洲情况的是,中国的精英与人民皆未有合法性地位来行使自治权,因此他们也无法将其对国家的诉求,作为制衡国家扩张的一种力量。同样地,中国国家也不像欧洲那样通过削弱精英的权力来扩张自己的力量,而是与精英步调一致。

为了比较国家形成的经验,我认为我们所使用的标准,最终仍须从实证经验获取。我们不能完全避免以欧洲标准来评断亚洲的国家形成,因为并没有一种抽象的理论可作为我们比较的基础。然而,我们还必须从中国的观点出发,对照观察欧洲。如果这样做了,二者之间相同之处的有无才会清楚地显现出来,而完全不同于从欧洲的观点来看中国所得到的结论。这种对称式的观察有几项好处:既承认了相对性,但又不是没有能力进行比较。我们并非没有进行比较,而是事实上作了更多的比较。中国与欧洲,每一方都并不比对方更普遍或更特殊。对称性的观点能使我们承认国家形成及改造方式的多元性。

当我们比较国家完成特殊任务的具体能力时,我们发现:在明清时期,中国国家的表现有时会超越欧洲。欧洲的国家缺乏能力来对农业人口增加征税,因为精英对土地拥有权利,使得政府无法确立自己的新权利。欧洲的政府也无法进行人口清查。最后,在19世纪以前,没有一个欧洲国家能够想出——遑论形成——一种社会舆论与文化实践。从公元前3世纪起,中国就一直通过有组织的文官机构对人民课税。人口登记及清查制度则始于2 000年前;到18世纪政府所作的人口记录,其范围已遍及整个帝国。然而在此时的欧洲,却是由教会来记录人口统计资料。欧洲的高度制度化的宗教,也握有决定信仰正统性的权力,这在中国却属于国家权力的范畴。

使用同样的标准来看,中国的国家从事某些活动要比欧洲国家来得早。这产生了一种与一般想法相反的可能性,即明清中国的某些实际经验早于近代欧洲。处理这种复杂情况的标准策略是说明在中国的例子中,缺少在欧洲例子中可以看到的某些重要特征,而正是这些特征使后者成为"近代"。例如,人们通常认为:明清中国的官僚制度,缺乏在西方背景下所要求(理想地要求)的专业水准及统治行为。这些对中国实况的批评,含蓄地把中国等同于"传统"或"近代之前",而把欧洲与"近代"划上等号。毫无疑问,中国与欧洲的差异的确存在,但最好的做法是只将这些差异简单地看成"中国"与"欧洲"的不同,而不是"传统"与"近代"的差异,因为"近代"一词隐含历史变迁中特定的动力。接受这种"欧洲等同于近代,中国等同于传统"的观点,是要付出代价的,因为这种观点限制了我们借以解释政治变化动力的能力。若采取另一种做法,则可以从两方面解释中国政治实况中某些与一般看法不相符之处。第一,我们可以把特定的实际状况设想成只是部分性的,因此能适应各种不同的较大环境,而且在不同的环境中其意义也不同。例如,清政府对道德秩序的关注及对中心文化实践的提倡,其目的是建立一种可行的社会秩序的基础;然而法国第三共和国将儿童教育社会化并宣扬其本国文化的实践,目的则是把不同的人群联合起来,使之具有共同的集体性,以对抗英国或德国等其他国家。第二,如果我们不把欧洲与"近代"、中国与"传统"作简单的等同,那么我们就可以避免那种认为政治、社会变化只循单一途径的危险。

在欧洲,国家与社会在机能上的分离与各级政府在制度上的互相独立的发展,社会内部各种组织的创建,以及政府的代表性理论的形成,都出自于一种初始状况,即中央集权化的统治者力求扩展力量,并与精英就其权利互相协商。这种统治者与精英之间的基本关系及其政治和社会制度化,并未发生于中国。在中国,官员与精英对国内秩序负有共同的责任,从而促进了国家与社会之间的连续性。官员与精英限制社会中不同群体的制度化,同时加强对一种纵向整合的统一国家的政治偏好。由于这种偏好,即使是中央政府权力崩溃后能够幸存的统治,也具有一种"分形"的形态("分形"一词的解释,参见第122页注②——译者)。一般认为在这些动力中,只有一种能创造"近代"的国家-社会关系。但这种看法只有在这种动力在某个场合完全取代另一种动力时,才讲得通。事实上,我们常常被鼓励去认为:由于西方的制度与意识形态的影响力在20世纪的中国变得愈来愈显著,所以明清时期的动力在帝制灭亡以后的时代并不重要。但是西方影响的存在,并没有创造出一整套的西方动力,除非西方影响首先使原先存在的国家形成与改造的动力变得毫无关联。

1800年以前中国与欧洲政治的工作日程,我们可以合理地将其看成是彼此独立的。在欧亚大陆的两端,存在许多分析上的相似之处以及一些彼此之间的接触点。但是两地的统治逻辑,却是以文化上截然不同的独特的语汇来表达的。到了十九、二十世纪之际,情况丕变。欧洲观念及传统来到中国,正如它们抵达世界其他地区一样。本书中篇论及在中国与欧洲频繁接触之前,其政治的工作日程有重要的差异。这些差异不断地影响到19世纪以及帝制灭亡以后的时代。不过这些影响却因为两种原因而显得模糊。首先,当近代西方的观察家看别国时,往往倾向于只看到他自己的被扭曲的现象;其次,用新的中文词汇表达出的老问题,就被以为是一种新的主张。而在事实上,这种问题可以上溯几个世纪。如果没有认真思考明清时期的国家-社会关系,我们会限制自己的能力去解释帝制灭亡后的时代中中国国家转型的过程。

在防止将欧洲国家形成的结果当做用来理解中国或其他地区的状况的对照规范方面,我们应当更加谨慎。一个理由是在欧洲国家形成的过程中,人们含蓄地假设行动已完成。目前欧洲国家权力的重组,正重新定义各个权力集团的层次与关系,这些集团正在把先前互相竞争的国家体系转变成单一的整合性国家结构。从中国的观点看来,欧洲最后的确可以说是达成一种缓慢的统一,略有中国数千年来国家统一的影子。这种比较在许多方面是很有限的,可是如果我们把中国的整合性当成一种标准来衡量欧洲国家在这方面的成就,将会比我们用欧洲的国家形成的方法来衡量中国政治的成败更有道理吗?两者可能都没有太大的意义。同时,目前中国中央、省、地方之间关系的重组,也可能会从过去那种带有"分形"形态的、具有儒家与共产党的形式的统一国家,变成各级政府权力、责任与权威界线较为清楚,在制度上彼此分化的国家结构。这可以说是某一种情况比另一种更为"近代"吗?也许这两种运动代表了政治协调与权力结构的趋向性。可以确定的是,造成其目前政治变化的不同制度与意识形态资源,至少在某些重要的方面,会继续成为未来不同的国家形成及改造之动力。

三 社会抗争与政治变化

反映政治与经济斗争的社会抗争行动,也对我们了解历史变迁有所帮助。很清楚,形式上类似的群众运动,在近代早期的欧洲与明清时期的中国都发生过。当当局违反了抗争者所抱持的期望时,抢粮及抗税之类的事件就会发生。抗争者的短期利益是一样的,即在人们认为合理的水平上,获得更稳定而便宜的粮食供应,缴纳较低的税赋。人民的期望建立在物质利益的基础上,这一点似乎超越了文化的界线。这些抗争所赖以发生的物质条件,也或多或少有共同的地方。在 25 年前,查尔斯·蒂利就列举出了法国各种不同的社会抗争形式,包括抢粮抗税等被动形式及罢工示威等主动形式。① 对蒂利及其后学而言,抗争活动和国家、社会及经济一样,都经历"近代化"的过程。蒂利最初的分类法是经得起时间考验的。当我们扩展到其他的空间范围时,它仍有指导作用。在中国,罢工、示威、抵制运动等,都是在 20 世纪城市中所兴起的群众运动的形式。但其他形式的抗争活动,也一直持续至 20 世纪。我们可以把这些持续的冲突,解释成中国的停滞不前和进步不充分的象征。当然,抢粮行动在食物短缺的情况下仍然很有意义,但抗税运动的逻辑就不那么清楚了。在欧洲,中央集权化的国家能够与精英协商,并且二者都同意国家征税的合法性基础。然而这种现象并没有出现在中国,而中国的抗税运动也一直是对国家的一种挑战。关于什么是向前发展的问题,在政治学方面比在经济学方面更不明确。

小规模冲突的重要性及意义的不同点,部分地反映了统治的意识形

---

① 蒂利在 1972 年的两篇著作中列出集体行动及大规模社会运动的变化方式之间的关系。他在最近的著作中,则将 1650—1850 年之间集体行动的"地方性的及依赖性的"形式,与 1850—1980 年之间的"全国性的及独立性的"形式,作了一个对照(蒂利 1986:380~404)。

态。这种意识形态能够将这些冲突或多或少地归到政治上。在中国,抢粮表示政府的一种严重失误。政府一直将人民的生存问题置于优先位置上,并将之作为成功统治的标志。人民能吃得饱是有德并有效统治的明显征象。为了达成道德的统治,中国政府必须创造并实施有关政策,以确保人民维生无虞。并非所有的朝代都能达到此目标,但这一理想的确受到肯定。随着时间的转变,此目标甚至还被扩大了。中国的赋税政策向来强调公平与平等原则。不仅是赋税的绝对数量很重要,赋税分配的公平性也同样重要。历来税制改革的努力,都着重于使税负公平并简化收税过程。欧洲的抗争行动与其统治意识形态的关系似乎并不大。事实上,这些抗争行动的出现,就像资本主义发展及国家形成的过程一样,瓦解了先前的经济学与政治学形式。新的意识形态被建立了起来,以促进商业及中央集权化国家的权威。在这些讨论中,维生及税负公平的问题并未占特别重要的地位。即使说小规模的群众抗争事件部分地反映了参加者有相近的利益,但这些事件所赖以存在于其中并具有意义的更大的意识形态背景也不相同。

正如我们所见的,像食物骚乱及抗税等小规模抗争行动,其背后的结构性环境都有一些相同之处。但我也认为在造成这些事件的经济与政治变化过程中,有许多重要的不同点。如果我们把每一个小规模事件当成许多具有共同特征事件的构件之一,然后将其分别置于不同的大结构及变迁过程之中,我们发现它们会成为各种政治经济的要素,成为国家形成与改造的不同动力。它们确有相似之处,但其相异点也同样重要。这些例子指出:类似的问题会有不同的意义,在采取不同的物质与意识形态变化的组合时,会产生不同的答案。

当我们看革命时,我们同样发现在各个革命事件之间,也有相似与相异之处。这些相似点大多与结构性、背景性的危机有关,都可能带来剧烈的政治变革。而这些不同点则是激烈变革赖以发生的政治转型的特有弧线带来的结果。大规模革命包括物质的变化及世界观的重建。

在大规模的挑战中,社会结构与情感均支持抗争行动,但革命所开创的各种可能性,仍然受制于途径相依的变化模式(path-dependent pattern of change)。如果把革命放回它们个别的历史轨迹中,可能会使我们降低对革命所能达成目标的期望,因而减缓我们对其失败及限制的失望程度。

四 前瞻性和回顾性分析与历史诠释

每个时代的人都是在其所处的时空背景下撰写历史的。他们对历史的看法与前人所见总有些不同,因此新的回顾性分析在每一新的世代都是必需的。对某一段历史的终点的选择,通常会严重影响对其始点的决定,并展现一种因果关系。如果我们没有正好从某一点上开始,并考虑随后的各种可能性,我们就可以引出前瞻性分析的基本特征——偶然性与开放性。有些学者声称他们对可能发生的事没有兴趣,只想了解实际上发生了什么。但除非能够了解还有哪些其他的可能性,否则我们对实际上发生的事,既不能很有说服力地去解释其原因,也无法说明其重要性。

前瞻性及回顾性分析可以合起来使用,同时在某种程度上而言,它们也必然是彼此相关的。混合性解释的目的是了解各种可能性,同时探索实际上发生的事。要解释某一件事为何会发生,部分地有赖于一种假设:如果某一项重要的因素不存在时,会有何结果发生。但即使把前瞻性及回顾性分析联系起来,也会形成一种不对称的运作。回顾性分析对确定性的程度和终极具有很好的解释,而前瞻性分析在此方面却无法达到同样的程度。前瞻性分析在我们想要认识和解释的世界中,形成各种可能性的集合领域。某些问题只能用回溯的方法来讨论,像20世纪以前技术变化在经济史上的角色即是一例。学者只能对某些技术变化提出回顾性的解释,但并不能预测什么样的变化会在何处发生,又会产生怎样的影响。在其他例子中,复杂现象的回顾性分析并不能引导我们在别处发现类似的变化。例如,对某些大革命如何发生的解释,并不能真正告诉你如何预测将来的革命会产生什么结果。最后,回顾性及前瞻性分析可以用不同的方式互相配合。预期人们在何时及何处会发生食物骚动及抗税的前瞻性解释,同时也可以成为对革命情况作更大的回顾性分析的一部分。为了解释由抢粮及抗税所引起的不同事件及其所导致的不同的政治结果,分析可能非常不同。

找出前瞻性及回顾性分析彼此配合的方式,可以使我们更有能力去建立更具普遍性的社会理论。至少在两层不同的意义上,理论可以更具普遍性。第一,理论之所以具有普遍性,是因为它被用来解释更多不同的社会情况,例如企图找出具有法则性的理性选择的理论。其次,具有普遍性的理论的目的,是在不同的情况中对那些重要的关联作解释。19世纪的社会理论集中在解释欧洲社会变迁的模式,这是可理解的。它声称解释了欧洲一长串复杂的历史变化动力,从而获得了某种程度的普遍性。它通常不去考虑欧洲之外的历史变迁,认为其他地区的历史由于缺乏欧洲的那种变化动力,因而呈现停滞。在解释欧洲历史变迁模式获得初步成功之后,20世纪的社会理论将19世纪的基础加以更进一步的延伸,欲解释世界其他地区的社会情况。但现在我们承认这种社会理论对其他地区历史变化的动力(尤其在它们与西方有重要接触之前的动力)的解释能力十分有限。21世纪的社会理论必须要能够解释更丰富、更复杂的历史经验。

思考如何从一种多重可能性的观点来提出关于历史变迁模式的最基本的问题,能使我们的期望从结果预定的、错谬的目的论中解放出来。我们能够着眼于按照一种共同形式的解释,有效地诠释各种特定的情况。这些情况中,有些存在于一种以上的历史动力中。但在把这些情况放在不同历史变化的序列中时,我们必须考虑用什么样的动力,可以解释其他的不同点。前瞻性分析是在一组特定的情况之下,设计出各种可能性。我们说没有一种特定的未来必然出现,但这并不意味着某些事情不比其他事情更有可能发生。其次,如果我们了解到存在于一种情况中的某些因素并不见于另一种情况,这会提醒我们未来的变化有可能会不一样。例如在政治上,这可能意味着我们将会看到:中国国家对社会福利的责任,将会以一种与西方20世纪后出现的福利国家不同的方式,继续被认为是具有优先地位的。但是我们的这种期望因共产主义思想之取代儒家思想以及随后发生的危机而受挫,这种危机使得探寻这些可能性变得十分困难。在经济方面,则比较容易列出其可能性,因为我们可以在某一最初的条件下,把不同的政策与不同的结果联系起来。我们可以回溯到1750年,从这一时点去想象中国的经济未来。如果我们这样做的话,会很难看到当时经济制度有任何断裂。断裂不仅很少,而且间隔也很长。而欧洲在1750年以后经历了重大的断裂。回溯性研究能够"解释"这些变化而无需推测必须发生的事。

承认前瞻性与回顾性分析的不同,是摆脱目的论的社会理论,同时又坚持"过去是可解释的"理念的基础。我们可以从思考社会理论如何使各种历史经验变得有序出发,转而思考未来的各种可能性。这些可能性虽非必然的结论,但也绝非毫无意义和乱七八糟。最后,用前瞻性及回顾性分析,我们可以对比较的问题进行观察。本书上篇中对经济变化过程的比较,是使用前瞻性分析来论证:尽管欧洲与中国道路可以用回溯的方法来解释,但二者之间的歧异性则难以预测。此外,尽管一些地方缺乏欧洲的政治、社会及文化的背景,但是经济发展的技术可以扩展到这些新的环境中并获得成功。因此那种由工业革命所开创的初始的歧异性,并没有一直持续下来。中篇对政治比较的讨论,谈到了两种根本不同的变化轨迹,二者之间只能发现很少的相似性。使用明显的规范来预测变化,能确立与实际相反的可能性之间的关联。通过比较两种有替代性的预测方案,我们可以避免一种危险,即只从一个角度解释未发生的事件。国家的形成与改造包括相同及相关的因素,但这两者的结合并不完全能决定政治变化的轨迹。各种可能性的开放程度,受制于官员与精英所能带入政治中的意识形态的与制度的资源。在下篇中,小规模集体行动的后果是有限的。回顾性分析可以发现这些后果有清楚的相似性——其结果也有相似的原因。一旦这些小事件被大结构框住,我们就可以看到:在这些同类的小规模抗争中,有着不同的国家形成动力及政治经济。当我们从这些小规模的抗争转向大规模的革命行动时,我们会发现:对于革命如何产生的问题,结构的模式提供了很好的前瞻性解释,但却并不足以预测革命结果的特征,这种结果体现在各种由国家形成及转型过程所开创的可能性中,而并非与当时的危机相关联。

五 成为近代:历史与历史之外＊

观念与实践跨越文化成功与否,对于说明在一个相互结合愈来愈紧密的世界之中的相似与差异,至为关键。有些观念的传播,基本上没有文化的包袱。最明显的是像数学或物理学等科学。西方古典音乐能成功地传播,则是因为它在亚洲没有引起回应或适应问题——它所代表的文化观点是可以普遍化的。相对地,有些文化实践可以传播,但它们融入新的环境后就获得了与原先不同的意义。日本棒球就是把美国娱乐改变成一种日式运动的明显例子。团队精神、个人牺牲、纪律及羞耻心都是日本棒球队特有的精神。政治观念与制度则是一个复杂传递的例子。外国观念的传入是与本国观念的重塑与改造互相糅合的。在某些情况下,外国的观念与制度可以完全取代本国所原有的观念与制度,但在另外的情况下则否。外国政治实践的本土化,可以出入很大。要探索导致这些变化的动力,必须承认该国国内的政治感情以及这些感情的再

＊ 译者按:在英文中,"近代"与"现代"同为一词 modern,但在中文中二者意义有所不同。鉴于本书是一部历史研究著作,本书中出现的 modern,通常译为"近代",仅在本部分中一些不能以"近代"达意的地方译为"现代"(如现代性、后现代等)。

建和改造。

福山(Francis Fukuyama)在其《历史的终结和最后的人》一书中,对自由民主及资本主义市场发出了一种激动人心的凯旋式言论,许诺要使所有相信美国制度优越性的人感到满意。他采取了一种黑格尔式的历史观,其对历史变迁的看法的基点,是认为西方走完了一个历史过程,从而成为近代;而目前世界其他地区,也正朝向这个方向,迈向历史共同的终点。但是,那种将西欧、北美之外地区导向这一终点的动力,似乎与其本身的历史并没有任何关系,倒是与欧洲密切相关。

同样否认欧洲之外的历史可作为近代历史变迁与社会理论的指南的,还有一位相当不同类型的社会理论家吉登斯(Anthony Giddens)。其观点最明显地表现在其《现代性的后果》一书中。他认为:某些关键性的断裂,使得近代不同于前代的生活方式。这些断裂包括变化的步伐与规模以及近代机构的特征。吉登斯进而对西方社会理论的大传统中的某些要素进行了批判,并提出了他自己的理论。其理论集中于时空的分离、不同地方社会制度的移植以及社会思想的反省能力。出现在吉氏所说的"近代性"中的历史,是由人们所熟悉的资本主义发展及国家形成所驱动的欧洲历史。他将近代世界的建立看成是始于西方的全球化过程。"就制度而言,在近代发展中,有两种不同的复杂组织特别重要——民族国家及系统化的资本主义生产……从由这两种伟大的转变所导致的生活方式而言,近代是一项西方的工程吗?对此问题,直截了当的答案一定是'是的'"(吉登斯 1990:174~175)。吉氏对近代及后现代的看法源于其西方背景。他的"乌托邦式的现实主义"(utopian realism)包括:解放政治学(不平等政治学)、全球政治化、生活政治学(自我实践的政治学)以及地方的政治化。其社会运动的角色是:生态运动(反文化)、和平运动、自由言论/民主运动、劳工运动。吉氏的"近代性"的一般特征,促使我们去超越从19世纪晚期到20世纪初期伟大的社会理论家。但是,尽管这个工程十分宏大,但要成为近代,必须包括这样一种可能性,即以后的变化会有不同的经历。这些变化是由资本主义及民族国家的发展所驱动的,但这种发展并非那种由这些运动在完整而最终确定的意义上而言的发展。

否认历史,就是明确地宣称:从时间方面来说,历史过程与我们目前的状况无关。但它也从空间方面宣称全球内的各种变化与我们无关。近代性的建构是一项全球性的工程,虽然它在时空方面起源于欧洲,无论在历史上或是文化上却都并非欧洲的特定产物。当代世界的某些特征也支持这种历史观。通过科学技术及经济组织和计划的决定,我们得以将控制物质世界的策略从各种可能性中筛选出来,并在世界各地不断地加以实验。然而,只有在欧洲国家形成及资本主义发展的过程将西方权力扩张至全球之后,我们才不会夸大这种共同性的程度。正如专家们公认的那样,我们往往忽略了中国在与西方接触之前已经开始变化。经济扩展的斯密型动力,在本书中就是很重要的例子。不那么明显的是,中国与欧洲政治实践也展现了相似性。这种相似,在时间上比西方将其政治机构及意识形态推至全球更早。这种相似性之所以不那么明显,乃是因为明清时期的中国,是通过道德的及物质的控制策略,来寻求国内的秩序及统一。这些实践,比欧洲国家从事相似任务的努力,时间上要来得早。相似点的存在指出历史变迁的某些共同方向,但其相似性所受的局限同样也提醒我们历史的差异性。

本书中许多主题,在集中探讨中国与欧洲经济政治变迁动力的特殊性。以往历史的多元性,使具有多重性、开放性及偶然性的各种未来,更有可能持续下去。因为大规模、长时间的历史变迁是一种途径相依的过程,我们所能捕捉到的变化类型,充其量也只是可能性而已。如果我们坚持历史不再重要,或认为像中国这样的地方出现的变化,只是简单地为欧洲历史经验所产生的政治经济变化的普遍动力所驱动,那么我们就会降低预测的能力。当我们将变化的长期顺序分割成较小的单位,我们会发现在较早时期的中国与欧洲,存在可比的活动单位。我们可以对像小规模冲突的事件,进行特定的前瞻性解释。但是当我们转向长时期的前瞻性解释时,会发现困难重重——如果我们承认在工业革命前的中国的经济条件与欧洲有相似性,那么要预测欧洲经济的成功,将会被证明更加麻烦。像顺序这种大规模及长期的变化,在许多方面即使不能说是独特的,也可以说是特定的,因此最好以回溯的方式加以解释。从任何一个时点上预测未来变化,其挑战在于必须以途径相依的理解力,将对有限现象所作的前瞻性解释与对长期变化所作的回溯性解释结合起来。

中国与欧洲的历史过程,既有相同点也有相异处,同时亦兼具普遍性与独特性。资本主义与欧洲国家形成,在解释西方历史变迁的转折点时是很重要的过程。同时它们也与更大的世界有关。但它们并不能代替其他政治经济变化的动力,因为它们有特殊的变迁过程及历史意义。了解这一点,应该会鼓励我们去建构更好的社会理论并更好地进行历史研究。在文化和历史的方面,许多人不满意某些基于19世纪社会理论所提出的历史变迁的目的论。和他们一样,我也认为应该突破根植于欧洲经验的历史解释的局限。表现于文学批评及文化研究方面的后现代主义的忧虑是真实的。这些忧虑点明而且常常颂扬社会意义的不确定性与多重性,这些社会意义挑战任何一种对过去、现在以及将来的简单解读。许多拒绝现代主义的后现代主义者接受了一种极端的相对主义,他们似乎缺乏一种比较的能力或无法解释这种多元性。与他们不同,我提倡继续扩展社会理论的重要性,通过根植于更加系统的多元的历史经验,扩展其力量。差异必须解释。西方理论及经验的优势是不够的,但并非与此无关。通过解释其他经验,并致力于比较不同的历史经验,我们就可以期望建立一种既有历史基础,又具文化实质意义的社会理论。

过去特定的文化,可能对开创未来愈来愈无关。不过,除非在不同的社会与文化中的人们在遇到相同的问题时都作出同样的选择,特定的历史文化才会失去其作用。只要人们是以不同的方式了解情况,并有不同的选择与优先顺序,那么不同社会的历史轨迹对解释现在仍有重要意义。中国与欧洲历史变迁轨迹的异同,证实了多种道路中的确存在重要的共同特征。推进历史知识的挑战,则在于减少我们对于变迁应如何普遍发生的理论假设的数量,以及扩充那些得到历史支持的、能对社会变迁作出解释的命题的数量。推进社会理论的挑战,则在于经由不同的历史经验之特殊性,去发现实际上有较大普遍性的意义。面临如此之多的差异,危险的是我们可能不再相信我们有能力去建立次序,从变化中发现不同的模式以及解释变迁。但如果无法面对大量的可能性,我们便无力解释多元的过去。要是缺乏扩充知识的信心,我们可能就更无法去开创理想的未来。

征引文献目录

(以姓氏汉语拼音字母为序)

阿贝尔,威尔海姆(Abel, Wilhelm)(1980):《13—20 世纪欧洲的农业波动》,英译本,Methuen Press.

阿尔丹特,加布里尔(Ardant, Gabriel)(1975):《近代国家的财政政策和经济基础结构》("Financial Policy and Economic Infrastructure of Modern States and Nations"), in Charles Tilly ed., *The Formation of National States in Western Europe*, Princeton University Press.

阿尔弗德,罗伯特(Alford, Robert)与弗里德兰德,罗杰(Friedland, Roger)(1985):《理论的权限:资本主义、国家与民主》(*Powers of Theory: Capitalism, the State and Democracy*), Cambridge University Press.

艾恺(Alitto, Guy)(1979):《最后的儒家:梁漱溟和近代性的中国尴尬》(*The Last Confucian: Liang Shu-ming and the Chinese Dilemma of Modernity*), University of California Press.

阿普里柏,安德鲁(Appleby, Andrew)(1969):《1590—1740 年间英国与法国的粮价与生存危机》("Grain Prices and Subsistence Crises in England and France, 1590-1740"), 刊于 *Journal of Economic History*, 29.4: 864~887。

阿普特,大卫(Apter, David)与赛奇,托尼(Saich, Tony)(1994):《毛泽东的共和国中的革命讲演》(*Revolutionary Discourse in Mao's Republic*), Harvard University Press.

伊沛霞(Ebrey, Patricia)(1978):《中华早期帝国的贵族家族:博陵崔氏之研究》(*The Aristocratic Families of Early Imperial China: A Case Study of the Po-ling Tsui Family*), Cambridge University Press.

埃佛利特,阿兰(Everritt, Alan)(1967):《英格兰和威尔士的农产品贸易》

("The Marketing of Agricultural Produce"), in Joan Thirsk ed., *The Agrarian History of England and Wales*, Ⅳ, 1500-1640, Cambridge University Press.

安场保吉与斋藤修主编(1983):《原始工业化时期的经济与社会》(《フロト工業化期の經濟と社會》),东京:日本经济新闻社。

安德森,尤金(Anderson, Eugene)(1988):《中国的食物》(*The Food of China*), New Haven: Yale University Press.

奥崎裕司(1983):《中国民众造反史论》(《中国民众反叛史论》),收于青年中国研究者会议主编《续中国民众反乱的世界》。

奥斯维特,R.B.(Outhwaite, R.B.)(1978):《近代早期英格兰的食物危机:公众反应的方式》("Food Crises in Early Modern England: Patterns of Public Response"), in Flinn ed., *Proceedings of the Seventh International Economic History Congress*, Edinburgh University Press, vol. 2:367~374。

巴迪,伯特兰德(Badie, Bertrand)与伯恩鲍姆,皮埃尔(Birnbaum, Pierre)(1983):《国家社会学》(*The Sociology of the State*),英译本,University of Chicago Press.

白馥兰(Bray, Francesca)(1986):《水稻经济:亚洲社会中的技术与发展》(*The Rice Economies: Technology and Development in Asian Societies*), Oxford: Basil Blackwell.

白鲁恂(Pye, Lucian)(1985):《亚洲的权力和政治》(*Asian Power and Politics*), Harvard University Press.

白塞尔,丹堪(Bythell, Duncan)(1978):《辛苦的贸易:19世纪的行商》(*The Sweated Trades: Outwork in the Nineteenth Century*), London: Batsford Academic.

本迪克斯,莱因哈德(Bendix, Reinhard)(1964):《国家形成与公民权》(*Nation-Building and Citizenship*), Wiley & Sons.

——(1978):《国王或人民:权力与天命》(*Kings or People: Power and the Mandate to Rule*), University of California Press.

白凯(Bernhart, Kathryn)(1992):《地租、赋税与农民的抵抗:1840—1950年间的长江下游地区》(*Rents, Taxes, and Peasant Resistance: The Lower Yangzi Region, 1840-1950*), Stanford University Press.

毕仰高(Bianco, Lucien)(1986):《农民运动》("Peasant Movements"), in John Fairbank and Albert Feuerwerker eds., *Cambridge History of China*, Cambridge University Press, vol.13:270~328。

——(1991):《两种不同的"食物骚乱":1910和1932年的江苏》("Two Different Kinds of Food Riots: Kiangsu, 1910 and 1932"),刊于《近代中国史研究通讯》,11:33~49。

滨岛敦俊(1982):《明代江南农村社会研究》(《明代江南農村社會の研究》),东京大学出版会。

滨下武志(1989):《中国近代经济史研究》(《中国近代經濟史研究》),东京大学东洋文化研究所。

波赫尔,保罗·理查德(Bohr, Paul Richard)(1972):《中国的灾荒和传教士:作为赈灾管理者和全国改革鼓吹者的李提摩太》(*Famine in China and the Missiona-ry: Timothy Richard as Relief Administrator and Advocate of National Reform*), Cambridge: Harvard University East Asian Research Center.

波吉,吉安弗兰哥(Poggi, Gianfranco)(1978):《近代国家的发展》(*The Development of the Modern State*), Stanford: Stanford University Press.

波拉德,西德尼(Pollard, Sidney)(1981):《和平的征服:1760—1970年间欧洲的工业化》(*Peaceful Conquest: The Industrialization of Europe, 1760-1970*), New York: Oxford University Press.

波拉切克,詹姆斯(Polacheck, James)(1975):《士绅霸权:同治中兴时期的苏州》("Gentry Hegemony: Soochow in the T'ung-chih Restoration"), in Frederic Wakeman, Jr. and Carolyn Grant eds., *Conflict and Control in Late Imperial China*, Berkeley: University of California Press.

波特,苏拉米斯·海因斯(Potter, Sulamith Heins)与波特,杰克(Potter, Jack M.)(1990):《中国的农民:一场革命的人类学》(*China's Peasants: The Anthropology of a Revolution*), Cambridge University Press.

波依斯,盖伊(Bois, Guy)(1984):《封建主义的危机》(*The Crisis of Feudalism*), New York: Cambridge University Press.

伯格,马克塞因(Berg, Maxine)(1986):《制造业时代:1700—1820》(*The Age of Manufacture, 1700-1820*), New York: Oxford University Press.

伯格,马克塞因(Berg, Maxine),胡德森,帕特(Hudson, Pat)与索能斯切尔,迈克尔(Sonenscher, Michael)(1983):《工厂出现以前的城镇制造业》(*Manufacture in Town and Country before the Factory*), New York: Cambridge University Press.

柏金斯,德怀特(Perkins, Dwight)(1969):《1368—1968年间中国农业的发展》(*Agricultural Development in China, 1368-1968*), Chicago: Aldine.

——主编(1975):《从历史的角度看中国的近代经济》(*China's Modern Economy in Historical Perspective*), Harvard University Press.

柏林,弗兰克(Berlin, Frank)(1983):《原始工业化和殖民化以前的南亚》("Proto-industrialization and Pre-colonial South Asia"),刊于 *Past and Present*, 98: 30~95。

柏伦森,爱德华(Berenson, Edward)(1984):《1830—1852年间法国的民间宗教与左翼政治》(*Populist Religion and Left-Wing Politics in France, 1830-1852*),

Princeton University Press.

布兰德,罗伦(Brandt, Loren)(1989):《华中与华东地区的商业化与农业发展:1870—1939年》(*Commercialization and Agricultural Development: Central and Eastern China, 1870-1939*), Cambridge: Cambridge University Press.

布劳格,马克(Blaug, Mark)(1985):《后顾性的经济理论》(*Economic Theory in Retrospect*), Cambridge: Cambridge University Press.

布隆,鲁道夫(Braun, Rudolph)(1978):《苏黎世州的早期工业化与人口变化》("Early Industrialization and Demographic Changes in the Canton of Zurich"), in Charles Tilly ed., *Historical Studies of Changing Fertility*, Princeton: Princeton University Press.

卜正民(Brook, Timothy)(1985):《明代地方行政的空间结构》("The Spatial Structure of Ming Local Administration"),刊于 *Late Imperial China*, 6.1:1~55。

布罗代尔,费尔南(Braudel, Fernand)(1982):《商业之轮》(*The Wheels of Commerce*)(*Les Jeux de l'Echange*, [1979]的英译本), New York: Harper & Row.

陈宏谋:《培远堂偶存稿》。

陈良学与邹荣楚(1988):《清代时期客民移垦与陕西的开发》,刊于《陕西大学学报》,1988年第1期。

陈永发(Chen, Yung-fa)与班国瑞(Benton, Gregor)(1986):《道义性经济与中国革命:一个批评》(*Moral Economy and the Chinese Revolution: A Critique*), Anthropological-Sociological Center, University of Amsterdam.

陈兆仑:《禁囤无益米贵疏》,收于《皇朝经世文编》卷40:18A~18B。

《大清会典》。

戴鞍钢(1985):《近代中国新式农垦企业述略》,刊于《中国农史》,1985年第1期。

戴维斯,纳塔利(Davis, Natalie)(1975):《近代早期法国的社会与文化》(*Society and Culture in Early Modern France*), Stanford: Stanford University Press.

德弗里,简(De Vries, Jan)(1984):《欧洲的城市化》(*European Urbanization*), Cambridge: Harvard University Press.

德沃尔德,乔纳森(Dewald, Jonathan)(1987):《1398—1798年间的圣皮埃尔主教:近代早期法国的领主、村社与资本主义》(*Point St.-Pierre, 1398-1798: Lordship, Community and Capitalism in Early Modern France*), University of California Press.

登伯格,罗伯特(Dernberger, Robert)(1975):《中国经济发展中外国人所起的作用》("The Role of the Foreigners in China's Economic Development"), in Dwight Perkins ed., *China's Modern Economy in Historical Perspective*, Stanford:

Stanford University Press.

邓尔麟（Dennerline, Jerry）（1975）：《财政改革与地方控制：士绅与官僚的联合幸免于征服之灾》（"Fiscal Reform and Local Control: The Gentry Bureaucratic Al-liance Survives the Conquest"）, in Frederic Wakeman and Carolyn Grant eds., *Local Control and Conflict in Late Imperial China*, University of California.

——（1980）：《新华义庄与清末无锡县的地方领导权》（"The New Hua Charitable Estates and Local-Level Leadership in Wuxi County at the End of the Qing"）, 刊于 *Select Papers from Center for Far Eastern Studies*.

邓显鸿（1851）：《论荒政》，收于《湖南文征》"国朝文"。

蒂利, 查尔斯（Tilly, Charles）（1972）：《法国的抗争怎么变得近代化了》（"How Protest Modernized in France"）, in William Aydelotte, Allan Bogue and Robert Fogel eds., *The Dimensions of Quantitative Research in History*, Princeton University Press.

——主编（1975）：《西欧民族国家的形成》（*The Formation of National States in Western Europe*）, Princeton University Press.

——（1978）：《欧洲近代史上的移民》（"Migration in Modern European History"）, in William H. McNeill ed., *Human Migration: Patterns, Implications, Policies*, Bloomington: Indiana University.

——（1983）：《1500—1900 年间欧洲的资本流动和工业形式》（"Flows of Capital and Forms of Industry in Europe, 1500-1900"）, 刊于 *Theory and Society*, 12.1 (January 1983): 123~143。

——（1984）：《欧洲无产阶级的人口学起源》（"Demographic Origins of the European Proletariat"）, in David Levine ed., *Proletarianization and Family History*, New York: Academic Press.

——（1986）：《好争吵的法国人：四个世纪的民众斗争》（*The Contentious French: Four Centuries of Popular Struggle*）, Harvard University Press.

——（1990）：《强制、资本与欧洲国家，公元 990—1990 年》（*Coercion, Capital and European States, A.D. 990-1990*）, Cambridge: Basil Blackwell.

蒂利, 路易斯（Tilly, Louise）（1971）：《作为一种政治冲突形式的法国食物骚乱》（"The Food Riot as a Form of Political Conflict in France"）, 刊于 *Journal of Interdisciplinary History*, 2:23~57。

杜赞奇（Duara, Prasenjit）（1987）：《国家卷入：华北地方财政研究, 1911—1935》（"State-Involution: A Study of Local Finances in North China, 1911-1935"）, 刊于 *Comparative Studies in Society and History*, 29.1。

——（1988）《文化、权力和国家》：（*Culture, Power and the State*）, Stanford: Stanford University Press.

段本洛与张圻福(1986):《苏州手工业史》,南京:江苏古籍出版社。

多贺秋五郎(1960):《清代中国族学的研究》(《清代における族学の研究》),刊于《近代中国研究》,第4期。

范·斯莱克,莱曼(Van Slyke, Lyman)(1988):《长江:自然、历史和河流本身》(*Yangtze: Nature, History and the River*), Reading: Addison-Wesley.

方观承编(1753):《畿辅义仓图》,台湾成文出版社1969年重印。

方行(1979):《清代陕西地区资本主义萌芽兴衰条件的探索》,刊于《经济研究》,1979年第12期。

费维恺(Feuerwerker, Albert)(1984):《中华晚期帝国的国家与经济》("The State and Economy in Late Imperial China"),刊于 *Theory and Society*, 13: 297~326。

——(1990):《旧问题,新包装:对1949年以前中国农业的不同评价?》("An Old Question, Revisited: Was the Glass Half-Full or Half-Empty for China's Agriculture before 1949?"),刊于 *Peasant Studies*, 17.3: 207~216。

费孝通(1953):《中国的士绅:城乡关系论文集》(*China's Gentry: Essays in Rural-Urban Relations*), Chicago: University of Chicago.

傅因彻(Fincher, John)(1981):《中国的民主》(*Chinese Democracy*), Australian National University Press.

冯桂芬:《复宗法议》,收于《皇朝经世文编》卷55: 5B~6B。

弗里德曼,爱德华(Fredman, Edward)、毕克伟(Pickowics, Paul)与赛尔登,马克(Selden, Mark)(1990):《中国乡村》(*Chinese Villages*), Yale University Press.

弗里德曼,莫里斯(Fredman, Maurice)(1966):《中国闽广地区的家族与社会》(*Chinese Lineage and Society: Fukien and Kwangtung*), London: Athlone Press.

弗林,迈克尔(Flinn, Michael)(1981):《1500—1820年间欧洲的人口制度》(*The European Demographic System, 1500-1820*), Baltimore: Johns Hopkins University Press.

福山,弗朗西斯(Fukuyama, Francis)(1992):《历史的终结和最后的人》(*The End of History and the Last Man*), Macmillan.

福斯特,罗伯特(Foster, Robert)(1980):《商人、地主和县令:18世纪法国的德邦家族》(*Merchants, Landlords and Magistrates: The Depont Family in Eighteenth Century France*), John Hopkins University Press.

傅雷特,弗朗索瓦(Furet, Francois)(1981):《诠释法国革命》(*Interpreting the French Revolution*),英译本,Cambridge University Press.

傅衣凌(1941):《明清时代福建的抢米风潮》,刊于《福建文化》,1.2:7~13。

——(1982):《清代中叶川陕鄂三省边区手工业形态及其历史意义》,收于傅氏

《明清社会经济史论文集》,北京:人民出版社。

戈尔德斯通,杰克(Goldstone, Jack A.)(1991):《近代早期世界的革命与叛乱》(*Revolution and Rebellion in the Early Modern World*), Berkeley: University of California.

格尔申克隆,亚历山大(Gerschenkron, Alexander)(1962):《经济的落后性》(*Economic Backwardness*), Cambridge: Harvard University Press.

格拉斯,N. S. B.(Grass, N. S. B.)(1915):《12至18世纪英国谷物市场的演化》(*The Evolution of the English Corn Market from the Twelfth to the Eighteenth Century*), Cambridge: Harvard University Press.

格莱克,詹姆斯(Gleick, James)(1987):《大混乱:造就一门新科学》(*Chaos: Making a New Science*), Penguin.

格里格,大卫(Grigg, David)(1982):《农业变化的动力》(*The Dynamics of Agricultural Change*), London: Hutchinson.

格利芬,凯斯(Griffin, Keith)(1989):《可选择的经济发展战略》(*Alternative Strategies for Economic Development*), London: Macmillan Press.

格林,唐纳德(Green, Donald P.)与夏皮洛,伊安(Shapiro, Ian)(1994):《理性选择理论的变态:对其运用于政治学的批评》(*Pathologies of Rational Choice Theory: A Critique of Application in Political Science*), Yale University Press.

顾琳(Grove, Linda)与唐立(Daniels, Christian)主编(1984):《中国的国家与社会:日本学界对于明清社会经济史的看法》(*State and Society in China: Japanese Perspectives on Ming-Qing Social and Economic History*),东京大学出版会。

古迪,杰克(Goody, Jack),塞斯克,琼(Thirsk, Joan)与汤普森,E. P.(Thompson, E. P.)主编(1976):《1200—1800年间西欧地区的家庭与继承权》(*Family and Inheritance in Western Europe, 1200-1800*), Cambridge: Cambridge University.

古里克森,盖伊(Gullickson, Gay L.)(1986):《奥非的纺纱工和织布工:1750—1850年间法国一个村子里的农村工业和男女劳动分工》(*The Spinners and Weavers of Auffay: Rural Industry and the Sexual Division of Labor in a French Village, 1750-1850*), Cambridge: University Press.

古特曼,迈隆(Gutmann, Myron P.)(1988):《向着近代经济:1500—1800年间的欧洲早期工业》(*Toward the Modern Economy: Early Industry in Europe, 1500-1800*), Philadelphia: Temple University Press.

关满丰(Kwan, Man Bun)(1990):《天津的商人世界:一个中国城市中的社会与经济》("The Merchant World of Tianjin: Society and Economy of a Chinese City"),博士论文,Stanford University.

《广东通志》(1822)。

郭蕴静主编 (1989):《天津古代城市发展史》,天津古籍出版社。

哈比卜,伊尔凡 (Habib, Irfan)(1969):《莫卧儿时代印度经济中资本主义发展的潜在可能性》("Potentialities of Capitalist Development in the Economy of Mughal India"),刊于 *Journal of Economic History*, 29.1:32~78。

哈吉纳尔,约翰 (Hajnal, John)(1982):《前工业化时代家庭形成制度的两种类型》("Two Kinds of Pre-industrial Household Formation System"),刊于 *Population and Development Review*, 8.3 (Sept. 1982):449~493。

郝瑞 (Harrell, Steven)(1987):《论中国家谱的漏洞》("On the Holes in Chinese Genealogies"),刊于 *Late Imperial China*, 8.2:53~79。

韩德琳 (Handlin, Joanna)(1983):《晚明思想中的行动》(*Action in Late Ming Thought*), Berkeley: University of California.

和田清 (1939):《中国地方自治发展史》(《中国区域自治発達史》),东京:汲古书院。

赫胥曼,阿尔伯特 (Hirshman, Albert O.)(1958):《经济发展战略》(*The Strategy of Economic Development*), New Haven: Yale University Press.

——(1977):《激情和利益:关于取得胜利之前的资本主义的政治性辩论》(*The Passions and the Interests: Political Arguments for Capitalism Before its Triumph*), Princeton: Princeton University Press.

鹤见尚弘 (1984):《明代的乡村控制》(《明代における郷村支配》),原刊于《岩波讲座世界历史》, vol. 12, Linda Grove 与 Christian Daninels 英译本题为"Rural Control in the Ming Dynasty",收于其主编 *States and Society*,东京大学出版会。

横山英 (1955):《中国农民运动的一种形式》(《中国における農民運動の一形態》),刊于《广岛大学文学部纪要》, 7:311~349。

——(1972):《中国近代化的经济结构》(《中国近代化の経済構造》),东京:亚纪书房。

侯继明 (Hou, Chi-ming)(1965):《1840—1937年间外国在华投资与中国经济发展》(*Foreign Investment and Economic Development in China, 1840-1937*), Cambridge: Harvard University Press.

胡寄窗 (1981):《中国经济思想史》,北京:中国社会科学出版社。

《湖北通志》。

《湖南通志》。

韦立德 (Wright, Tim)(1984):《1895—1937年间中国经济和社会中的采煤业》(*Coal Mining in China's Economy and Society, 1895-1937*), Cambridge: Cambridge University Press.

黄六鸿 (1984[1694]):《福惠全书》,英译本,题为 *A Complete Handbook of Happiness and Benevolence*, Tucson: University of Arizona Press.

黄冕堂（1990）：《清代农田的单位面积产量考辩》，刊于《文史哲》，1990年第3期。

黄逸平与张敏（1988）：《近代早期农业垦殖公司简论》，刊于《华东师范大学学报》，1988年第3期。

黄宗智（Huang, Philip）（1985）：《华北的小农经济与社会变化》（*The Peasant Economy and Social Change in North China*），Stanford：Stanford University Press.

——（1990）：《长江三角洲农民家庭和乡村发展(1350—1988)》（*The Peasant Family and Rural Development in the Yangzi Delta, 1350-1988*），Stanford：Stanford University Press.

霍布斯鲍姆，埃里克（Hobsbawm, Eric）（1990）：《马赛曲的回响：法国革命两个世纪后的回溯》（*Echoes of the Marseillaise: Two Centuries Look Back on the French Revolution*），Rutgers University Press.

霍尔，约翰（Hall, John A.）（1985）：《权力和自由：西方兴起的原因和后果》（*Powers and Liberties: The Causes and Consequences of the Rise of the West*），London：Basil Blackwell.

霍夫曼，菲利普（Hoffman, Philip T.），波斯泰尔-维涅，吉尔斯（Postel-Vinay, Gilles）与罗森索尔，琼-罗伦特（Rosenthal, Jean-Laurent）：《1690—1840巴黎的私人信贷市场》（"Private Credit Markets in Paris, 1690-1840"），刊于 *Journal of Economic History*, 52.2：293～306。

霍亨伯格，保尔（Hohenberg, Paul）与里斯，林恩（Lees, Lynn）（1985）：《公元1000—1950年间欧洲城市的形成》（*The Making of Urban Europe, 1000-1950*），Cambridge：Harvard University Press.

吉登斯，安东尼（Giddens Anthony）（1990），《现代性的后果》（*The Consequences of Modernity*），Stanford University Press.

吉尔茨，克利福德（Geertz, Clifford）（1963）：《农业内卷化：印度尼西亚的生态变化过程》（*Agricultural Involution: The Process of Ecological Change in Indonesia*），Berkeley：University of California.

吉尔斯泰德，雷蒙德（Kierstead, Raymond F.）主编（1976）：《17世纪法国的国家与社会》（*State and Society in Seventeenth-Century France*），New York：New Viewpoints.

金宁，皮埃尔（Jeannin, Pierre）（1980）：《原始工业化：发展还是绝境？》（"La Protindustrialisaion: Development ou Impass?"），刊于 *Annales: Economies, Societies, Civilisations*, 35.1 (Jan-Feb, 1980)：52～65。

臼井佐贺子（1986）：《同治四年江苏省的赋税改革》（《同治四年江蘇省における賦税改革》），刊于《东洋史研究》，45：2。

卡尔迈克尔，安（Carmichael, Ann G.）（1985）：《感染、隐藏的饥馑和历史》

("Infection, Hidden Hunger, and History"), in Robert I. Rotberg and Theodore Rabb eds., *Hunger and History: The Impact of Changing Food Production and Consumption Patterns on Society*, New York: Cambridge University Press.

卡普兰,史蒂芬(Kaplan, Steven)(1976):《路易十五统治时期的面包、政治与政治性经济》(*Bread, Politics and Political Economy in the Reign of Louis* XV),2卷本,Marttinus Nijhoff.

坎布尔,R.(Kanbur, R.)与麦克英托什,J.(McIntosh, J.)(1989):《二元经济》("Dual Economies"), in John Eatwell, Murray Milgate and Peter Newman eds., *The New Palgrave Economic Development*, PP.114~121, New York: Norton.

科尔宾,阿兰(Corbin, Alain)(1975):《19世纪里穆森的古风与现代性:1845—1880年》(*Archarisme et modernite en Limousin au* XIX, *1845-1880*), M. Riviere.

科尔曼,D.C.(Coleman, D.C.)(1983):《原始工业化:一个被滥用的概念》("Proto-industrialization: A Concept Too Many"), 刊于 *Economic History Review*, 36.3(August 1983):435~448。

克拉克,葛利戈里(Clark, Gregory)(1987):《为何全世界没有发展起来? 从棉业工厂所得到的教训》("Why Isn't the Whole World Developed? Lessons from the Cotton Mills"),刊于 *Journal of Economic History*, 47.1:141~173。

克拉克森,L.A.(Clarkson, L.A.)(1985):《原始工业化是工业化的第一阶段吗?》(*Proto-industrialization: The First Phase of Industrialization?*), London: Macmillan Publishers Ltd.

克里尔得特,彼得(Kriedte, Peter),迈迪克,汉斯(Medick, Hans)与施鲁姆波姆,于尔根(Schlumbohm, Jurgen)(1981):《工业化之前的工业化》(*Industrialization before Industrialization*), 英译本, Cambridge: Cambridge University Press.德文原本题为 *Industrialisierung vor der Indrstrialisierung*(Vandenhoeck & Ruprecht, 1977)。

孔飞力(Kuhn, Philip)(1970)《中华帝国晚期的叛乱及其敌人》(*Rebellion and its Enemies in Late Imperial China*), Cambridge: Harvard University Press.

——(1975):《民国时期的地方自我管理:关于控制、自治和动员的问题》("Local Self-Government under the Republic: Problems of Control, Autonomy and Mobilization"), in Frederic Wakeman Jr. and Carolyn Grant eds., *Conflict and Control in Late Imperial China*, Berkeley: University of California Press.

寇尔,安斯莱(Coale, Ansley)(1984):《革命前中国的人口出生率:为新的评估作辩护》("Fertility in Pre-revolutionary China: In Defense of a Reassessment"), 刊于 *Population and Development Review*, 10.3:471~480。

库兹涅茨,西蒙(Kuznets, Simon)(1966):《近代经济成长:速率、结构和蔓延》

(*Modern Economic Growth*: *Rate*, *Structure*, *and Spread*), New Haven: Yale University.

拉迪,尼古拉斯(Lardy, Nicholas)(1978):《中国的经济成长与分配》(*Economic Growth and Distribution in China*), Cambridge University Press.

拉夫里,威廉(Lavely, William R.)与王国斌(Wong, R. Bin)(1984):《华北的分家、再生产和土地所有》("Family Division, Reproductivity and Landholding in North China"),收于 *Population Studies Center Research Report*, PP.84~165, University of Michigan.

郎擎霄(1937):《中国民食史》,商务印书馆。

勒法布尔,乔治(LeFebvre, George)(1973):《1789年的大恐惧》(*The Great Fear of 1789*),英译本, Vintage.

勒·罗伊·拉杜里,伊曼纽尔(Le Roy Ladurie, Emmanuel)(1976):《朗多克的农民》(*The Peasants of Languedoc*), Urbana: University of Illinois. 此系法文原本 *Les paysans de Languedoc* (2 vols., Paris: Flammarion, 1969)之英文节译本。

勒旺,大卫(Levine, David)(1977):《资本主义初期的家庭形成》(*Family Formation in an Age of Nascent Capitalism*), New York: Academic Press.

——(1983):《原始工业化和人口巨变》("Proto-industrialization and Demographic Upheaval"), in Leslie Page Moch and Gary D. Stark eds., *Essays on the Family and Historical Change*, College Station: Texas A & M University Press.

——(1987):《家庭的再生产》(*Reproducing Families*), Cambridge: Cambridge University Press.

雷格莱,爱德华·安东尼(Wrigley, Edward Anthony)(1988):《延续、机会与变化:英国工业革命的特征》(*Continuity, Chance and Change: The Character of the Industrial Revolution in England*), Cambridge: Cambridge University Press.

——(1989):《成长的极限:马尔萨斯与古典经济学家》("The Limits to Growth: Malthus and the Classical Economists"), in Michael S. Teitelbaum and Jay M. Winter eds., *Population and Resources in Western Intellectual Traditions*, Cambridge: Cambridge University Press.

雷格莱与斯科菲尔德,罗杰(Schofield, Roger)(1981):《1541—1871年间的英国人口史》(*The Population History of England, 1541-1871*), London: Edward Arnold.

李伯重(1984a):《明清时期江南水稻生产集约程度的提高——明清江南农业经济发展特点探讨之一》,刊于《中国农史》,1984年第1期。

——(1984b):《明清江南工农业生产中的燃料问题》,刊于《中国社会经济史研究》,1984年第4期。

李华(1986):《清代山东商人述略》,刊于《平准学刊》,第3辑第2册。

李文森（Levenson, Joseph）(1968)：《儒教的中国及其近代命运：一场三部曲》(Confucian China and its Modern Fate: A Trilogy)，University of California Press。

李文治(1955)：《中国近代农业史资料》，北京：三联书店。

——(1981)：《论中国地主经济制与农业资本主义萌芽》，刊于《中国社会科学》，7：143～160。

李文治、魏金玉与经君健(1983)：《明清时期的农业资本主义萌芽问题》，北京：中国社会科学出版社。

李中清（Lee, James）与格杰德，乔恩（Gjerde, Jon）(1986)：《中国、挪威与美国的比较家庭结构》（"Comparative Household Morphology in China, Norway and the United States"），刊于 Continuity and Change, 1.1：89～112。

李侃如（Lieberthal, Kenneth）与欧迈格（Oksenberg, Michael）(1986)：《官僚政治和中国的能源发展》(Bureaucratic Politics and Chinese Energy Development)，U.S. Department of Commerce。

利斯金，卡尔（Riskin, Carl）(1987)：《中国的政治性经济：1949年以来对发展的探索》(China's Political Economy: The Quest for Development since 1949)，New York: Oxford University Press。

李丹（Little, Daniel）(1992)：《评罗伦·布兰德著〈华中与华东的商业化和农业发展，1870—1939年〉》（"Review of Loren Brandt's 'Commercialization and Agriculture Development: Central and Eastern China, 1870-1939'"），刊于 Economic Development and Cultural Change, 40.2：425～432。

利维-巴奇，马西莫（Livi-Bacci, Massimo）(1985)：《过去时代的营养-死亡率联系：一个评论》（"The Nutrition-Mortality Link in Past Times: A Comment"），in Robert I. Rotberg and Theodore K. Rabb eds., Hunger and History: The Impact of Changing Food Production and Consumption Patterns on Society，New York: Cambridge University Press。

梁其姿（Leung, Angela）(1989)：《17、18世纪长江下游地区的初等教育》（"Elementary Education in the Lower Yangtze Region in the 17th and 18th Centuries"），提交 Education and Society in Late Imperial China 会议之论文，Montecito，1989年6月。

林德特，彼得（Lindert, Peter）(1986)：《1541—1913年间英国的人口、工资和物价》（"English Population, Wages and Prices: 1541-1913"），in Robert I. Rotberg and Theodore K. Rabb eds., Population and Economic，New York: Cambridge University。

林培瑞（Link, Perry）、赵文词（Madsen, Richard）与毕克伟（Picko-wicz, Paul）主编(1989)：《非官方的中国》(Unofficial China)，Boulder: Westview。

铃木中正(1952)：《清朝中期史研究》(《清朝中期史研究》)，燎原书房。

刘翠溶 (Liu, Ts'ui-jung) (1985): 《1650—1850 年间浙江萧山两个家族的人口》 ("Demography of Two Chinese Clans in Hsiao-shan, Chekiang, 1650-1850"), in Susan B. Hanley and Authur P. Wolf eds., *Family and Population in East Asian History*, Stanford: Stanford University Press.

刘克祥 (1988): 《1895—1927 年通商口岸附近和铁路沿线地区的农产品商业化》, 刊于《经济研究所集刊》, 第 11 辑。

刘培源 (Liu, Tessie Pei-yuan) (1987): 《从原始工业到辛苦劳作: 1780—1914 年间安茹南部的家庭生产者、小型工业和乡村发展》 ("From Proto-industry to Sweated Work: Household Producers, Small Scale Manufacturing, and Rural Development in Southern Anjou, 1780 to 1914"), 博士论文, University of Michigan.

刘永成 (1982): 《清代前期农业资本主义萌芽初探》, 福州: 福建人民出版社。

鲁德, 乔治斯 (Rude, Georges) (1964): 《历史上的大众, 1730—1848 年》 (*The Crowd in History, 1730-1848*), New York: John Wiley.

——(1974): 《18 世纪的巴黎和伦敦》 (*Paris and London in the Eighteenth Century*), London: Fontana.

路易斯, 阿瑟 (Lewis, W. Arthur) (1954): 《劳动无限供给下的经济发展》 ("Economic Development with Unlimited Supplies of Labor"), 刊于 *The Manchester School*, 22.2: 139~191。

罗森伯格, 纳桑 (Rosenberg, Nathan) 与 伯德塞尔, L. E. (Birdzell, L. E. Jr.) (1986): 《西方怎样变富: 工业世界的经济转变》 (*How the West Grew Rich: The Economic Transformation of the Industrial World*), New York: Basic Books.

罗森索尔, 简-罗伦 (Rosenthal, Jean-Laurent) (1993): 《1630—1788 年间法国东南部的信贷市场和经济变化》 ("Credit Markets and Economic Change in Southeastern France, 1630-1788"), in *Explorations in Economic History*, 30.2: 129~157。

罗斯基, 托马斯 (Rawski, Thomas) (1982): 《战前中国的经济成长与整合》 ("Economic Growth and Integration in Prewar China"), University of Toronto-York University Joint Center on Modern East Asia Discussion Paper #5.

——(1989): 《战前中国的经济成长》 (*Economic Growth in Prewar China*), Berkeley: University of California Press.

罗斯基 (Rawski, Thomas) 与李明珠 (Li, Lillian) 主编 (1992): 《从经济学的观点来看中国历史》 (*Chinese History in Economic Perspective*), Berkeley: University of California Press.

罗斯托, W. W. (Rostow, W. W.) (1990): 《从大卫·休谟到现在的经济成长理论》 (*Theories of Economic Growth from David Hume to the Present*), New York: Oxford University Press.

罗威廉（Rowe, William）(1984)：《1796—1889 年间的汉口：一个中国城市里的商业和社会》(*Hankow: Commerce and Society in a Chinese City, 1796-1889*), Stanford: Stanford University Press.

——(1989a)：《1796—1895 年间的汉口：一个中国城市里的冲突和社团》(*Han-kow: Conflict and Community in a Chinese City, 1796-1895*), Stanford: Stanford University Press.

——(1989b)：《中国西南地区的教育与帝国：1733—1738 年间陈宏谋在云南的活动》("Education and Empire in Southwest China: Ch'en Hung-mou in Yunnan, 1733-1738"), 提交 Education and Society in Late Imperial China (Montecito, 1989 年 6 月)会议论文。

——(1990)：《近代中国的公众领域》("The Public Sphere in Modern China"), 刊于 *Modern China*, 16.3:309~329。

罗一星（1985）：《明清时期佛山冶铁业研究》，收于广东历史学会编《明清广东社会经济形态研究》，广东人民出版社。

罗友枝（Rawski, Evelyn）(1972)：《华南的农业变化和农民经济》(*Agricultural Change and the Peasant Economy of South China*), Cambridge: Harvard University.

罗玉东（1936）：《中国厘金史》，商务印书馆。

马尔嘎丹特，泰德（Margadant, Ted）(1979)：《暴乱中的法国农民：1851 年起义》(*French Peasants in Revolt: The Insurrection of 1851*), Princeton University Press.

马若孟（Myers, Ramon）(1970)：《中国的农民经济：1890—1949 年间河北与山东的农业发展》(*The Chinese Peasant Economy: Agricultural Development in Hopei and Shantung, 1890-1949*), Cambridge: Harvard University Press.

——(1986)：《农业制度》("The Agrarian System"), in John K. Fairbank and Albert Feuerwerker eds., *Cambridge History of Modern China*, vol. 13, Cambridge: Cambridge University Press.

梅维恒（Mair, Victor）(1985)：《圣谕写作通俗化中的语言和意识形态》("Language and Ideology in the Written Popularizations of the Sacred Edict"), in David Johnson, Andrew Nathan and Evelyn Rawski eds., *Popular Culture in Late Imperial China*, Berkeley: University of California.

麦克菲，彼得（Mcphee, Peter）(1992)：《乡村生活的政治：1846—1852 年间法国农村的政治动员》(*The Politics of Rural Life: Political Mobilization in the French Countryside, 1846-1852*), Clarendon Press.

麦克内尔，威廉（McNeill, William H.）(1982)：《追求权力：公元 1000 年以来的技术、武力和社会》(*The Pursuit of Power: Technology, Armed Force and Society* since A.D.1000), Chicago: University of Chicago Press.

曼素恩（Mann, Susan）(1987):《地方商人与中国官僚机构：1750—1950》(*Local Merchants and the Chinese Bureaucracy, 1750-1950*), Stanford University Press.

——(1992):《家庭手工业与清代国家政策》("Household Handicrafts and State Policy in the Qing Times"), in Jane Kate Leonard and John R. Watt eds., *To Achieve Wealth and Security: The Qing Imperial State and the Economy, 1655-1911*, Cornell University East Asian Program.

曼素恩（Mann, Susan）与孔飞力（Kuhn, Philip）(1978):《王朝的衰亡与叛乱的根源》("Dynastic Decline and the Roots of Rebellion"), in John Fairbank ed., *Cambridge History of China*, vol. 10:107~162, Cambridge University Press.

梅里曼,约翰（Merriman, John）(1978):《共和国的剧痛：1848—1851年间法国对左派的镇压》(*The Agony of the Republic: The Repression of the Left in Revolutionary France, 1848-1851*), Yale University Press.

孟德尔斯,富兰克林（Mendels, Franklin）(1972):《原始工业化：工业化进程的第一阶段》("Proto-industrialization: The First Phase of the Industrialization Process"), 刊于 *Journal of Economic History*, 32.1:241~261。

——(1980):《工业化推进时期农业与工业中的季节和地区》("Seasons and Regions in Agriculture and Industry during the Process of Industrialization"), in Sidney Pollard ed., *Region and Industrialisierung: Studien zur Rollen jahrhunderte*, Got-tingen: Vandenhoeck & Ruprecht.

——(1984):《原始工业化时代的农村工业：一种变化的历史观》("Des industries rurales a laprotoindustrialisation: historigue d'un changment de perspective"), 刊于 *Annales: Economics, Societies, Civilisations*, 39.5 (Sept-Oct 1984): 977~1008。

闵斗基（Min, Tu-ki）(1989):《国家政策和地方权力：中华帝国晚期的变化》(*National Policy and Local Power: The Transformation of Late Imperial China*) (Philip Kuhn 与 Timothy Brook 主编), Cambridge: Harvard University Council on East Asian Studies.

闵宗殿（1984):《宋明清时期太湖地区水稻亩产量的探讨》,刊于《中国农史》,1984年第3期。

莫尔,巴林顿（Moore, Barrington）(1966):《专制和民主的社会根源》(*Social Origins of Dictatorship and Democracy*), Beacon Press.

莫凯尔,乔尔（Mokyr, Joel）(1990):《富裕的水平》(*The Lever of Riches*), New York: Oxford University Press.

南京大学历史系明清史研究室编（1981):《明清资本主义萌芽研究论文集》,上海：上海人民出版社。

——(1983)：《中国资本主义萌芽论文集》，南京：江苏人民出版社。

《农业中国》(*Agrarian China*)(1938)，Chicago：University of Chicago Press.

帕森斯，塔尔科特(Parsons, Talcott)(1966)：《从进化和比较的角度看各种社会》(*Societies: Evolutionary and Comparative Perspectives*)，Prentice-Hall.

裴宜理(Perry, Elizabeth)(1980)：《华北的叛乱与革命，1845—1945年》(*Rebels and Revolutionaries in North China, 1845-1945*)，Stanford：Stanford University Press.

——(1985)：《帝国晚期的抗税暴乱：上海的小刀会与山东的刘德培》("Tax Revolt in Late Imperial China: The Small Swords Society of Shanghai and Liu Depei of Shandong")，刊于 *Late Imperial China*，6：1。

彭慕兰(Pomeranz, Kenneth)(1991)：《由水到铁，由寡妇到军阀：中国历史上的邯郸雨神庙》，刊于 *Late Imperial China*，12.1：62～1000。

——(1993)：《从中心到腹地：1900—1937年间华北内陆的国家、社会和经济》(*From Core to Hinterland: State, Society and Economy in Inland North China, 1900-1937*)，Berkeley：University of California Press.

片山刚(1982a)：《清末广东省珠江三角洲的图甲表及有关问题》(《清末广东省珠江デルタの图甲表とそれをめぐる诸问题》)，刊于《东洋学报》，63.3～4：1～34。

——(1982b)：《清代广东省珠江三角洲的图甲制》(《清代广东省珠江デルタの图甲制について》)，刊于《史学杂志》，91.4：42～81。

蒲乐安(Prazniak, Roxann)(1981)：《中国农村的社区和抵抗行动：辛亥革命前夕的抗税与县-村政治》("Community and Protest in Rural China: Tax Resistance and County-Village Politics on the Eve of the 1911 Revolution")，博士论文，University of California, Davis.

钱德勒，阿尔弗雷德(Chandler, Alfred D.)(1977)：《看得见的手：美国工商业中的管理革命》(*The Visible Hand: The Managerial Revolution in American Business*)，Cambridge：Harvard University Press.

清水盛光(1951)：《中国乡村社会论》(《中国乡村社会论》)，东京：岩波书店。

琼斯，E.L.(Jones, E. L.)(1981)：《欧洲奇迹：欧亚历史上的环境、经济与地缘政治》(*The European Miracle: Environments, Economies and Geopolitics in the History of Europe and Asia*)，Cambridge：Cambridge University Press.

——(1988)：《增长再现：世界历史上的经济变化》(*Growth Recurring: Economic Change in World History*)，Oxford：Clarendon Press.

琼斯，彼得(Jones, Peter)(1981)：《1848年革命》(*The 1848 Revolution*)，Longman.

全汉昇(Ch'uan, Han-sheng)与高乐(Richard, Kraus)(1975)：《清代中期的稻

米市场与贸易》(*Mid-Ch'ing Rice Markets and Trade*), Cambridge: Harvard University Council on East Asian Studies.

冉玫铄(Rankin, Mary)(1986):《中国精英的活跃和政治变化:1865—1911年间的浙江省》(*Elite Activism and Political Transformation in China: Zhejiang Province, 1865-1911*), Stanford: Stanford University Press.

——(1990):《一种中国公众领域的起源:帝国晚期的地方精英和社团事务》("The Origins of a Chinese Public Sphere: Local Elites and Community Affairs in the Lateimperial Period"),刊于 *Etudes chinoises*, 9.2:13～60。

《仁宗实录》。

萨贝尔,查尔斯(Sabel, Charles)与塞特林,乔纳森(Zeitlin, Jonathan)(1985):《大批量生产的历史替代者:19世纪工业化中的政治、市场和技术》("Historical Alternatives to Mass Production: Politics, Markets and Technology in Nineteenth-Century Industrialization"),刊于 *Past and Present*, 108:133～176。

萨塞兰德,唐纳德(Sutherland, Donald)(1986):《1789—1815年间的法国:革命与反革命》(*France, 1789-1815: Revolution and Counter-Revolution*), Oxford University Press.

森,阿马蒂亚(Sen, Amartya)(1981):《贫穷和饥馑:一篇关于权利和剥夺的文章》(*Poverty and Famines: An Essay on Entitlement and Deprivation*), Oxford University Press.

森格哈斯,笛埃特(Senghaas, Dieter)(1985):《欧洲经验:对发展理论的历史批评》(*The European Experience: A Historical Critique of Development Theory*),英文版,Leamington Spa: Berg Publishers.

森田明(1981):《清代"义图"制再考》(《清代"义图"制再考》),刊于《东洋学报》,52.3～4:1～35。

森正夫(1969):《16至18世纪的荒政与地主-佃户关系》(《十六一十八世纪における荒政と地主佃户关系》),刊于《东洋史研究》,27.4:69～111。

——(1975—1976):《日本明清研究中的乡绅论》(《日本の明清时代史研究における郷紳論について》),刊于《历史评论》,308、312、314。

——(1980):《明代的乡绅》("The Gentry in the Ming"),刊于 *Acta Asiatica*, 38:31～53。

山名弘史(1980):《清末江南的义庄》(《清末江南义庄について》),刊于《东洋学报》,第62卷1、2期。

《陕西通志》。

神户辉夫(1972):《清代后期山东省的"团匪"与农村问题》(《清代后期山东省における"团匪"と農村問題》),刊于《史林》,55.4:61～98。

施坚雅(Skinner, G. William)主编(1977):《中华帝国晚期的城市》(*The City*

in Late Imperial China), Stanford: Stanford University Press.

施坚雅与温克勒（Winckler, Edwin）(1969)：《共产党中国农村的顺从继承：一种周期理论》("Compliance Succession in Rural Communist China: A Cyclical Theory"), in Amitai Etzioni ed., *A Sociological Reader on Complex Organizations*, New York: Holt, Rinehart and Winston.

史密斯,理查德（Smith, Richard M.）(1981)：《英格兰在三个世纪中的人口出生率、经济和家庭形成》("Fertility, Economy, and Household Formation in English over Three Centuries"), 刊于 *Population and Development Review*, 7:595～622。

舒,维维恩（Shue, Vivienne）(1988)：《国家能力所及的范围》(*The Reach of the State*), Stanford: Stanford University Press.

舒尔曼,弗兰兹（Schurmann, Franz）(1968)：《共产党中国的意识形态和组织》(*Ideology and Organization in Communist China*), 第2版, University of California Press.

斯波义信 (1968)：《宋代商业史研究》(《宋代商業史研究》), 东京：风间书店。

斯柯克波尔,赛达（Skocpol, Theda）(1979)：《国家与社会革命》(*States and Social Revolutions*), Cambridge University Press.

斯科特,詹姆斯（Scott, James）(1976)：《农民的道义性经济：东南亚的叛乱与生存》(*The Moral Economy of the Peasant: Rebellion and Subsistence in Southeast Asia*), New Haven: Yale University Press.

——(1985)：《弱者的武器：农民抵抗的日常形式》(*Weapons of the Weak: Everyday Forms of Peasant Resistance*), New Haven: Yale University Press.

斯密,亚当（Smith, Adam）(1937)：《国富论》(*The Wealth of Nations*) (Cannan 版), New York: Random House.

斯诺,埃德加（Snow, Edgar）(1969)：《西行漫记》(*Red Star Over China*), Grove Press.

史谦德（Strand, David）(1989)：《北京的人力车夫：1920年代的城市人民与政治》(*Rickshaw Beijing: City People and Politics in the 1920s*), Berkeley: University of California Press.

斯通,罗伦斯（Stone, Lawrence）(1979)：《1500—1800年间英格兰的家庭、性和婚姻》(*The Family, Sex and Marriage in England, 1500-1800*), New York: Harper and Row.

《四川通志》。

寺田隆信 (1972)：《山西商人的研究》(《山西商人の研究》), 京都：同朋社。

松本善海 (1977)：《中国乡村制度史研究》(《中国村落制度の史的研究》), 东京：岩波书店。

苏黛瑞（Solinger, Dorothy）(1984)：《社会主义制度下的中国商业》(*Chinese*

Business under Socialism), University of California Press.

泰尔福德,泰德(Telford, Ted A.)(1990):《修补中国家谱的漏洞:1300—1880年间桐城县宗族人口的死亡率》("Patching the Holes in Chinese Genealogies: Mortality in the Lineage Population of Tongcheng County, 1300-1880"),刊于 *Late Imperial China*,11.2:116~136。

泰洛,西德尼(Tarrow, Sidney)(1994):《运动中的权力:社会运动、集体行动和政治》(*Power in Movement: Social Movements, Collective Actions, and Politics*), Cambridge University Press.

谭作纲(1986):《清代陕南地区的移民、农业垦殖与自然环境的恶化》,刊于《中国农史》,1986年第4期。

汤普森,E.P.(Thompson, E.P.)(1971):《18世纪英国大众的道义性经济》("The Moral Economy of the English Crowd in the Eighteenth Century"),刊于 *Past and Present*, 50:76~136。

汤普森,罗杰(Thompson, Roger)(1988):《治国与自治:关于中华帝国晚期的社团和国家的两种争议观点》("Statecraft and Self-Government: Competing Visions of Community and State in Late Imperial China"),刊于 *Modern China*, 14.2:188~221。

唐森与李龙潜(1985):《明清广东经济作物的种植及其意义》,收于广东历史学会编《明清广东社会经济形态研究》1—21,广州:广东人民出版社。

陶尼,R.H.(Tawney, R. H.)(1966):《中国的土地与劳动》(*Land and Labor in China*), Boston:Beacon Press 重印 1932 年 Allen & Unwin 版。

藤井宏(1953—1954):《新安商人研究》(《新安商人の研究》),刊于《东洋学报》,第36卷第1、2、3、4期。

天野元之助(1953):《中国农业的诸问题》(《中国農業の諸問題》),2卷本,东京:技报堂。

田中正俊(1973):《16、17世纪江南的农村手工业》(《16、17世紀の江南における農村手工業》),收于《中国近代经济史研究》, Linda Grove 与 Christian Daninels 英译,题为 "Rural Handicraft in Jiangnan in the Sixteenth and Seventeenth Centuries",收于其主编的 *States and Society*,东京大学出版会。

瓦格纳,唐纳德(Wagner, Donald B.)(1985):《大北山:中国传统冶铁技术在20世纪河南的运用》(*Dabeishan: Traditional Chinese Iron-Production Techniques Practiced in Southern Henan in the Twentieth Century*), London:Curzon Press.

王国斌(Wong, R. Bin)(1982):《清代的食物骚乱》("Food Riots in the Qing Dynasty"),刊于 *Journal of Asian Studies*, 41.4:767~788。

——(1983a):《在中国和西欧为生存而发生的骚乱》("Les emeutes de subsistances en Chine et en Europe Occidentale"),刊于 *Annales: Economies, Societies,*

Civilisations, 38.2:234~258。

——(1983b):《清代中国食物供应的政治经济学》("The Political Economy of Food Supplies in Qing China"), Harvard University 博士论文。

——(1985):《中国与世界历史》("China and World History"),刊于 *Late Imperial China*, 6.2 (December 1985):1~12。

——(1988a):《过去和现在:关于中国的国家与经济的反思》("Naguere et aujour d'huui: reflexions sur l'Etat et l'economie en Chine"),刊于 *Etudes chinoises*, 7.1:7~28。

——(1988b):《中国与西欧的农村工业及人口变化》,刊于《中国社会经济史研究》,1986 年第 1 期。

——(1990):《中国农民经济的发展:重新提出老问题》("The Development of China's Peasant Economy: A New Formulation of an Old Problem"),刊于 *Peasant Studies*, 18.1。

王国斌与濮德培(Perdue, C. Peter)(1983):《清代中国的饥荒恶魔》(Famine's Foes in Ch'ing China),刊于 *Harvard Journal of Asiatic Studies*, 43.1 (June, 1983):291~332。

王业键(Wang, Yeh-chien)(1973):《1750—1911 年间中国的地税》(*Land Taxation in Imperial China, 1750-1911*), Cambridge: Harvard University Press.

维森,罗伯特(Wesson, Robert)(1967):《帝国秩序》(*The Imperial Order*), University of California Press.

韦伯尔,尤金(Weber, Eugene)(1991):《我的法兰西》(*My France*), Harvard University Press.

魏光奇(1986):《清代后期中央集权财政体制的危机》,刊于《近代史研究》,1986 年第 1 期。

魏丕信(Will, Pierre-Etienne)(1990):《18 世纪中国的官僚机构与灾荒》(*Bureaucracy and Famine in Eighteenth Century China*),英译本,Stanford University Press.

魏丕信与王国斌(Wong, R. Bin)(1991):《养育人民:1650—1850 年间中国的国营民仓系统》(*Nourish the People: The State Civilian Granary System in China, 1650-1850*), Ann Arbor: University of Michigan Center for Chinese Studies.

武雅士(Wolf, Arthur)(1984):《革命前中国农村的出生率》("Fertility in Pre-revolutionary Rural China"),刊于 *Population and Development Review*, 10.3:443~470。

沃勒斯坦,伊曼纽尔(Wallerstein, Immanuel)(1980):《近代世界体系:资本主义农业和欧洲世界性经济在 16 世纪的起源》(*The Modern World-System: Capita-list Agriculture and the Origins of the European World-Economy in the Sixteenth*

Century), Academic Press.

——(1984):《世界经济的政治》(The Politics of the World Economy), Cambridge University Press.

沃洛赫,伊塞尔(Woloch, Isser)主编(1970):《农民与旧制度:情况与反抗》(The Peasantry and the Old Regime: Conditions and Protests), New York: Holt, Rinehart and Wiston.

五十岚正一(1979):《中国近代教育史研究》(《中国近世教育史の研究》),东京:国书刊行会。

伍思德(Woodside, Alexander)(1990):《国家、士人与正统:清代的学校研究,1736—1839 年》("State, Scholars, and Orthodoxy: The Ch'ing Academies, 1736-1839"), in K. C. Liu ed., Orthodoxy in Late Imperial China, Berkeley: University of California Press.

伍舍尔,A. P.(Usher, A. P.)(1913):《法国粮食贸易史》(The History of the Grain Trade in France), Harvard University Press.

西波拉,卡尔洛(Cippola, Carlo)主编(1973):《凡塔纳欧洲经济史》(The Fontana Economic History of Europe), vol. 4, London: Fontana Books.

西嶋定生(1966):《中国早期棉业的形成》, Linda Grove 英译,题为"The Formation of the Early Chinese Cotton Industry",收于 Linda Grove ed., State and So-ciety in China,东京大学出版会,1984 年。

西蒙,朱利安(Simon, Julian L.)(1985):《人口对营养和经济福利的影响》("The Effects of Population on Nutrition and Economic Well-Being"), in Robert Ⅰ. Rotberg and Theodore K. Rabb eds., Hunger and History: The Impact of Changing Food Production and Consumption Patterns on Society, New York: Cambridge University Press.

萧邦齐(Schoppa, R. Keith)(1982):《中国的精英和政治变化:二十世纪初期的浙江省》(Chinese Elites and Political Change: Zhejiang Province in the Early Twentieth Century), Cambridge: Harvard University.

萧正洪(1988):《清代陕南种植业的盛衰及其原因》,刊于《中国农史》,1988 年第 4 期。

小川嘉子(1958):《清代义学建立的基础》(《清代における义学设立の基盘》),收于林春友主编《近世中国教育史研究——その文教政策と庶民教育》,东京:国土社。

小岛晋治(1978):《太平天国革命的历史与思想》(《太平天国革命の歴史と思想》),东京:山本书店。

小林一美(1973):《抗租抗粮斗争的另一方》(《抗租抗粮の彼方——下层生活者の想いと政治的宗教的自立の途》),刊于《思想》,584:228~247。

许涤新与吴承明主编（1985）：《中国资本主义发展史》第 1 卷《中国资本主义的萌芽》，北京：人民出版社。

许檀（1986）：《明清时期的临清商业》，刊于《中国经济史研究》，1986 年第 2 期。

严中平主编（1989）：《中国近代经济史，1840—1894》第 1、2 卷，北京：人民出版社。

杨锡绂（1748）：《陈明米贵之由疏》，收于《皇朝经世文编》卷 39：21A～25B。

伊懋可（Elvin, Mark）（1973）：《中国过去的模式》(*The Pattern of the Chinese Past*), Stanford: Stanford University Press.

《永州府志》。

姜士彬（Johnson, David）（1977）：《中国中世纪的寡头统治》(*The Medieval Chinese Oligarchy*), Westview Press.

曾小萍（Zelin, Madeleine）（1984）：《县令的银两：使 18 世纪中国的财政改革合理化》(*The Magistrate's Tael: Rationalizing Fiscal Reform in Eighteenth Century Ch'ing China*), University of California Press.

斋藤修（1985）：《原始工业化时代》(《フロト工业化の时代》)，东京：日本评论社。

张国辉（1986）：《论中国资本主义现代企业产生的历史条件》，刊于《中国社会经济史研究》，1986 年第 4 期。

张建民（1987）：《清代湘鄂西山区的经济开发及其影响》，刊于《中国社会经济史研究》，1987 年第 4 期。

赵冈（Chao, Kang）（1975）：《近代纺织业的成长及其与手工业的竞争》("The Growth of a Modern Textile Industry and the Competition with Handicrafts"), in Dwight Perkins ed., *China's Modern Economy in Historical Perspective*, Stanford: Stanford University Press.

——（1977）：《中国棉业史》(*The Development of Cotton Textile Production in China*), Cambridge: Harvard University Press.

——（1983）：《满洲的经济发展：一个边疆经济的兴起》(*The Economic Development of Manchuria: The Rise of a Frontier Economy*), Ann Arbor: Center for Chinese Studies, University of Michigan.

——（1986）：《中国史上的人与地》(*Man and Land in Chinese History*), Stanford: Stanford University Press.

中国人民大学清史研究所与档案系中国政治制度史研究室编（1979）：《康雍乾时期城乡人民反抗斗争资料》，北京：中华书局。

重田德（1984）：《士绅统治的起源与结构》("The Origins and Structure of Gentry Rule"), in Lnida Grove and Christian Daniels eds., *State and Society in China*, 东京大学出版会。

周伯棣(1981):《中国财政史》,上海人民出版社。

周锡瑞(Esherick, Joseph)(1987):《义和团运动的起源》(*The Origins of the Boxer Uprising*), Berkeley: University of California Press.

——(1991):《评罗伦·布兰德著〈华中与华东的商业化和农业发展,1870—1939年〉》("Review of Loren Brandt's 'Commercialization and Agriculture Development: Central and Eastern China, 1870-1939'"),刊于 *Journal of Economic History*, 51.2:501~503。

朱勇(1987):《清代宗族法研究》,长沙:湖南教育出版社。

"海外中国研究丛书"书目

1. 中国的现代化　[美]吉尔伯特·罗兹曼 主编　国家社会科学基金"比较现代化"课题组 译　沈宗美 校
2. 寻求富强:严复与西方　[美]本杰明·史华兹 著　叶凤美 译
3. 中国现代思想中的唯科学主义(1900—1950)　[美]郭颖颐 著　雷颐 译
4. 台湾:走向工业化社会　[美]吴元黎 著
5. 中国思想传统的现代诠释　余英时 著
6. 胡适与中国的文艺复兴:中国革命中的自由主义,1917—1937　[美]格里德 著　鲁奇 译
7. 德国思想家论中国　[德]夏瑞春 编　陈爱政 等译
8. 摆脱困境:新儒学与中国政治文化的演进　[美]墨子刻 著　颜世安 高华 黄东兰 译
9. 儒家思想新论:创造性转换的自我　[美]杜维明 著　曹幼华 单丁 译　周文彰 等校
10. 洪业:清朝开国史　[美]魏斐德 著　陈苏镇 薄小莹　包伟民 陈晓燕 牛朴 谭天星 译　阎步克 等校
11. 走向21世纪:中国经济的现状、问题和前景　[美]D.H.帕金斯 著　陈志标 编译
12. 中国:传统与变革　[美]费正清 赖肖尔 主编　陈仲丹 潘兴明 庞朝阳 译　吴世民 张子清　洪邮生 校
13. 中华帝国的法律　[美]D.布朗 C.莫里斯 著　朱勇 译　梁治平 校
14. 梁启超与中国思想的过渡(1890—1907)　[美]张灏 著　崔志海 葛夫平 译
15. 儒教与道教　[德]马克斯·韦伯 著　洪天富 译
16. 中国政治　[美]詹姆斯·R.汤森 布兰特利·沃马克 著　顾速 董方 译
17. 文化、权力与国家:1900—1942年的华北农村　[美]杜赞奇 著　王福明 译
18. 义和团运动的起源　[美]周锡瑞 著　张俊义 王栋 译
19. 在传统与现代性之间:王韬与晚清革命　[美]柯文 著　雷颐 罗检秋 译
20. 最后的儒家:梁漱溟与中国现代化的两难　[美]艾恺 著　王宗昱 冀建中 译
21. 蒙元入侵前夜的中国日常生活　[法]谢和耐 著　刘东 译
22. 东亚之锋　[美]小R.霍夫亨兹 K.E.柯德尔 著　黎鸣 译
23. 中国社会史　[法]谢和耐 著　黄建华 黄迅余 译
24. 从理学到朴学:中华帝国晚期思想与社会变化面面观　[美]艾尔曼 著　赵刚 译
25. 孔子哲学思微　[美]郝大维 安乐哲 著　蒋弋为 李志林 译
26. 北美中国古典文学研究名家十年文选　乐黛云 陈珏 编选
27. 东亚文明:五个阶段的对话　[美]狄百瑞 著　何兆武 何冰 译
28. 五四运动:现代中国的思想革命　[美]周策纵 著　周子平 等译
29. 近代中国与新世界:康有为变法与大同思想研究　[美]萧公权 著　汪荣祖 译
30. 功利主义儒家:陈亮对朱熹的挑战　[美]田浩 著　姜长苏 译
31. 莱布尼兹和儒学　[美]孟德卫 著　张学智 译
32. 佛教征服中国:佛教在中国中古早期的传播与适应　[荷兰]许理和 著　李四龙 裴勇 等译
33. 新政革命与日本:中国,1898—1912　[美]任达 著　李仲贤 译
34. 经学、政治和宗族:中华帝国晚期常州今文学派研究　[美]艾尔曼 著　赵刚 译
35. 中国制度史研究　[美]杨联陞 著　彭刚 程钢 译

36. 汉代农业:早期中国农业经济的形成　[美]许倬云 著　程农 张鸣 译　邓正来 校
37. 转变的中国:历史变迁与欧洲经验的局限　[美]王国斌 著　李伯重 连玲玲 译
38. 欧洲中国古典文学研究名家十年文选　乐黛云 陈珏 龚刚 编选
39. 中国农民经济:河北和山东的农民发展,1890—1949　[美]马若孟 著　史建云 译
40. 汉哲学思维的文化探源　[美]郝大维 安乐哲 著　施忠连 译
41. 近代中国之种族观念　[英]冯客 著　杨立华 译
42. 血路:革命中国中的沈定一(玄庐)传奇　[美]萧邦奇 著　周武彪 译
43. 历史三调:作为事件、经历和神话的义和团　[美]柯文 著　杜继东 译
44. 斯文:唐宋思想的转型　[美]包弼德 著　刘宁 译
45. 宋代江南经济史研究　[日]斯波义信 著　方健 何忠礼 译
46. 一个中国村庄:山东台头　杨懋春 著　张雄 沈炜 秦美珠 译
47. 现实主义的限制:革命时代的中国小说　[美]安敏成 著　姜涛 译
48. 上海罢工:中国工人政治研究　[美]裴宜理 著　刘平 译
49. 中国转向内在:两宋之际的文化转向　[美]刘子健 著　赵冬梅 译
50. 孔子:即凡而圣　[美]赫伯特·芬格莱特 著　彭国翔 张华 译
51. 18世纪中国的官僚制度与荒政　[法]魏丕信 著　徐建青 译
52. 他山的石头记:宇文所安自选集　[美]宇文所安 著　田晓菲 编译
53. 危险的愉悦:20世纪上海的娼妓问题与现代性　[美]贺萧 著　韩敏中 盛宁 译
54. 中国食物　[美]尤金·N.安德森 著　马嬷 刘东 译　刘东 审校
55. 大分流:欧洲、中国及现代世界经济的发展　[美]彭慕兰 著　史建云 译
56. 古代中国的思想世界　[美]本杰明·史华兹 著　程钢 译　刘东 校
57. 内闱:宋代的婚姻和妇女生活　[美]伊沛霞 著　胡志宏 译
58. 中国北方村落的社会性别与权力　[加]朱爱岚 著　胡玉坤 译
59. 先贤的民主:杜威、孔子与中国民主之希望　[美]郝大维 安乐哲 著　何刚强 译
60. 向往心灵转化的庄子:内篇分析　[美]爱莲心 著　周炽成 译
61. 中国人的幸福观　[德]鲍吾刚 著　严蓓雯 韩雪临 吴德祖 译
62. 闺塾师:明末清初江南的才女文化　[美]高彦颐 著　李志生 译
63. 缀珍录:十八世纪及其前后的中国妇女　[美]曼素恩 著　定宜庄 颜宜葳 译
64. 革命与历史:中国马克思主义历史学的起源,1919—1937　[美]德里克 著　翁贺凯 译
65. 竞争的话语:明清小说中的正统性、本真性及所生成之意义　[美]艾梅兰 著　罗琳 译
66. 中国妇女与农村发展:云南禄村六十年的变迁　[加]宝森 著　胡玉坤 译
67. 中国近代思维的挫折　[日]岛田虔次 著　甘万萍 译
68. 中国的亚洲内陆边疆　[美]拉铁摩尔 著　唐晓峰 译
69. 为权力祈祷:佛教与晚明中国士绅社会的形成　[加]卜正民 著　张华 译
70. 天潢贵胄:宋代宗室史　[美]贾志扬 著　赵冬梅 译
71. 儒家之道:中国哲学之探讨　[美]倪德卫 著　[美]万白安 编　周炽成 译
72. 都市里的农家女:性别、流动与社会变迁　[澳]杰华 著　吴小英 译
73. 另类的现代性:改革开放时代中国性别化的渴望　[美]罗丽莎 著　黄新 译
74. 近代中国的知识分子与文明　[日]佐藤慎一 著　刘岳兵 译
75. 繁盛之阴:中国医学史中的性(960—1665)　[美]费侠莉 著　甄橙 主译　吴朝霞 主校
76. 中国大众宗教　[美]韦思谛 编　陈仲丹 译
77. 中国诗画语言研究　[法]程抱一 著　涂卫群 译
78. 中国的思维世界　[日]沟口雄三 小岛毅 著　孙歌 等译

79. 德国与中华民国 [美]柯伟林 著 陈谦平 陈红民 武菁 申晓云 译 钱乘旦 校
80. 中国近代经济史研究:清末海关财政与通商口岸市场圈 [日]滨下武志 著 高淑娟 孙彬 译
81. 回应革命与改革:皖北李村的社会变迁与延续 韩敏 著 陆益龙 徐新玉 译
82. 中国现代文学与电影中的城市:空间、时间与性别构形 [美]张英进 著 秦立彦 译
83. 现代的诱惑:书写半殖民地中国的现代主义(1917—1937) [美]史书美 著 何恬 译
84. 开放的帝国:1600年前的中国历史 [美]芮乐伟·韩森 著 梁侃 邹劲风 译
85. 改良与革命:辛亥革命在两湖 [美]周锡瑞 著 杨慎之 译
86. 章学诚的生平与思想 [美]倪德卫 著 杨立华 译
87. 卫生的现代性:中国通商口岸健康与疾病的意义 [美]罗芙芸 著 向磊 译
88. 道与庶道:宋代以来的道教、民间信仰和神灵模式 [美]韩明士 著 皮庆生 译
89. 间谍王:戴笠与中国特工 [美]魏斐德 著 梁禾 译
90. 中国的女性与性相:1949年以来的性别话语 [英]艾华 著 施施 译
91. 近代中国的犯罪、惩罚与监狱 [荷]冯客 著 徐有威 等译 潘兴明 校
92. 帝国的隐喻:中国民间宗教 [英]王斯福 著 赵旭东 译
93. 王弼《老子注》研究 [德]瓦格纳 著 杨立华 译
94. 寻求正义:1905—1906年的抵制美货运动 [美]王冠华 著 刘甜甜 译
95. 传统中国日常生活中的协商:中古契约研究 [美]韩森 著 鲁西奇 译
96. 从民族国家拯救历史:民族主义话语与中国现代史研究 [美]杜赞奇 著 王宪明 高继美 李海燕 李点 译
97. 欧几里得在中国:汉译《几何原本》的源流与影响 [荷]安国风 著 纪志刚 郑诚 郑方磊 译
98. 十八世纪中国社会 [美]韩书瑞 罗友枝 著 陈仲丹 译
99. 中国与达尔文 [美]浦嘉珉 著 钟永强 译
100. 私人领域的变形:唐宋诗词中的园林与玩好 [美]杨晓山 著 文韬 译
101. 理解农民中国:社会科学哲学的案例研究 [美]李丹 著 张天虹 张洪云 张胜波 译
102. 山东叛乱:1774年的王伦起义 [美]韩书瑞 著 刘平 唐雁超 译
103. 毁灭的种子:战争与革命中的国民党中国(1937—1949) [美]易劳逸 著 王建朗 王贤知 贾维 译
104. 缠足:"金莲崇拜"盛极而衰的演变 [美]高彦颐 著 苗延威 译
105. 饕餮之欲:当代中国的食与色 [美]冯珠娣 著 郭乙瑶 马磊 江素侠 译
106. 翻译的传说:中国新女性的形成(1898—1918) 胡缨 著 龙瑜宬 彭珊珊 译
107. 中国的经济革命:20世纪的乡村工业 [日]顾琳 著 王玉茹 张玮 李进霞 译
108. 礼物、关系学与国家:中国人际关系与主体性建构 杨美惠 著 赵旭东 孙珉 译 张跃宏 译校
109. 朱熹的思维世界 [美]田浩 著
110. 皇帝和祖宗:华南的国家与宗族 [英]科大卫 著 卜永坚 译
111. 明清时代东亚海域的文化交流 [日]松浦章 著 郑洁西 等译
112. 中国美学问题 [美]苏源熙 著 卞东波 译 张强强 朱霞欢 校
113. 清代内河水运史研究 [日]松浦章 著 董科 译
114. 大萧条时期的中国:市场、国家与世界经济 [日]城山智子 著 孟凡礼 尚国敏 译 唐磊 校
115. 美国的中国形象(1931—1949) [美]T. 克里斯托弗·杰斯普森 著 姜智芹 译
116. 技术与性别:晚期帝制中国的权力经纬 [英]白馥兰 著 江湄 邓京力 译

117. 中国善书研究　[日]酒井忠夫 著　刘岳兵 何英莺 孙雪梅 译
118. 千年末世之乱:1813年八卦教起义　[美]韩书瑞 著　陈仲丹 译
119. 西学东渐与中国事情　[日]增田涉 著　由其民 周启乾 译
120. 六朝精神史研究　[日]吉川忠夫 著　王启发 译
121. 矢志不渝:明清时期的贞女现象　[美]卢苇菁 著　秦立彦 译
122. 明代乡村纠纷与秩序:以徽州文书为中心　[日]中岛乐章 著　郭万平 高飞 译
123. 中华帝国晚期的欲望与小说叙述　[美]黄卫总 著　张蕴爽 译
124. 虎、米、丝、泥:帝制晚期华南的环境与经济　[美]马立博 著　王玉茹 关永强 译
125. 一江黑水:中国未来的环境挑战　[美]易明 著　姜智芹 译
126. 《诗经》原意研究　[日]家井真 著　陆越 译
127. 施剑翘复仇案:民国时期公众同情的兴起与影响　[美]林郁沁 著　陈湘静 译
128. 华北的暴力和恐慌:义和团运动前夕基督教传播和社会冲突　[德]狄德满 著　崔华杰 译
129. 铁泪图:19世纪中国对于饥馑的文化反应　[美]艾志端 著　曹曦 译
130. 饶家驹安全区:战时上海的难民　[美]阮玛霞 著　白华山 译
131. 危险的边疆:游牧帝国与中国　[美]巴菲尔德 著　袁剑 译
132. 工程国家:民国时期(1927—1937)的淮河治理及国家建设　[美]戴维·艾伦·佩兹 著　姜智芹 译
133. 历史宝筏:过去、西方与中国妇女问题　[美]季家珍 著　杨可 译
134. 姐妹们与陌生人:上海棉纱厂女工,1919—1949　[美]韩起澜 著　韩慈 译
135. 银线:19世纪的世界与中国　林满红 著　詹庆华 林满红 译
136. 寻求中国民主　[澳]冯兆基 著　刘悦斌 徐硙 译
137. 墨梅　[美]毕嘉珍 著　陆敏珍 译
138. 清代上海沙船航运业史研究　[日]松浦章 著　杨蕾 王亦诤 董科 译
139. 男性特质论:中国的社会与性别　[澳]雷金庆 著　[澳]刘婷 译
140. 重读中国女性生命故事　游鉴明 胡缨 季家珍 主编
141. 跨太平洋位移:20世纪美国文学中的民族志、翻译和文本间旅行　黄运特 著　陈倩 译
142. 认知诸形式:反思人类精神的统一性与多样性　[英]G.E.R.劳埃德 著　池志培 译
143. 中国乡村的基督教:1860—1900江西省的冲突与适应　[美]史维东 著　吴薇 译
144. 假想的"满大人":同情、现代性与中国疼痛　[美]韩瑞 著　袁剑 译
145. 中国的捐纳制度与社会　伍跃 著
146. 文书行政的汉帝国　[日]富谷至 著　刘恒武 孔李波 译
147. 城市里的陌生人:中国流动人口的空间、权力与社会网络的重构　[美]张骊 著　袁长庚 译
148. 性别、政治与民主:近代中国的妇女参政　[澳]李木兰 著　方小平 译
149. 近代日本的中国认识　[日]野村浩一 著　张学锋 译
150. 狮龙共舞:一个英国人笔下的威海卫与中国传统文化　[英]庄士敦 著　刘本森 译　威海市博物馆 郭大松 校
151. 人物、角色与心灵:《牡丹亭》与《桃花扇》中的身份认同　[美]吕立亭 著　白华山 译
152. 中国社会中的宗教与仪式　[美]武雅士 著　彭泽安 邵铁峰 译　郭潇威 校
153. 自贡商人:近代早期中国的企业家　[美]曾小萍 著　董建中 译
154. 大象的退却:一部中国环境史　[英]伊懋可 著　梅雪芹 毛利霞 王玉山 译
155. 明代江南土地制度研究　[日]森正夫 著　伍跃 张学锋 等译　范金民 夏维中 审校
156. 儒学与女性　[美]罗莎莉 著　丁佳伟 曹秀娟 译

157. 行善的艺术:晚明中国的慈善事业(新译本) [美]韩德玲 著 曹晔 译
158. 近代中国的渔业战争和环境变化 [美]穆盛博 著 胡文亮 译
159. 权力关系:宋代中国的家族、地位与国家 [美]柏文莉 著 刘云军 译
160. 权力源自地位:北京大学、知识分子与中国政治文化,1898—1929 [美]魏定熙 著 张蒙 译
161. 工开万物:17世纪中国的知识与技术 [德]薛凤 著 吴秀杰 白岚玲 译
162. 忠贞不贰:辽代的越境之举 [英]史怀梅 著 曹流 译
163. 内藤湖南:政治与汉学(1866—1934) [美]傅佛果 著 陶德民 何英莺 译
164. 他者中的华人:中国近现代移民史 [美]孔飞力 著 李明欢 译 黄鸣奋 校
165. 古代中国的动物与灵异 [英]胡司德 著 蓝旭 译
166. 两访中国茶乡 [英]罗伯特·福琼 著 敖雪岗 译
167. 缔造选本:《花间集》的文化语境与诗学实践 [美]田安 著 马强才 译
168. 扬州评话探讨 [丹麦]易德波 著 米锋 易德波 译 李今芸 校译
169. 《左传》的书写与解读 李惠仪 著 文韬 许明德 译
170. 以竹为生:一个四川手工造纸村的20世纪社会史 [德]艾约博 著 韩巍 译 吴秀杰 校
171. 东方之旅:1579—1724耶稣会传教团在中国 [美]柏理安 著 毛瑞方 译
172. "地域社会"视野下的明清史研究:以江南和福建为中心 [日]森正夫 著 于志嘉 马一虹 黄东兰 阿风 等译
173. 技术、性别、历史:重新审视帝制中国的大转型 [英]白馥兰 著 吴秀杰 白岚玲 译
174. 中国小说戏曲史 [日]狩野直喜 张真 译
175. 历史上的黑暗一页:英国外交文件与英美海军档案中的南京大屠杀 [美]陆束屏 编著/翻译
176. 罗马与中国:比较视野下的古代世界帝国 [奥]沃尔特·施德尔 主编 李平 译
177. 矛与盾的共存:明清时期江西社会研究 [韩]吴金成 著 崔荣根 译 薛戈 校译
178. 唯一的希望:在中国独生子女政策下成年 [美]冯文 著 常姝 译
179. 国之枭雄:曹操传 [澳]张磊夫 著 方笑天 译
180. 汉帝国的日常生活 [英]鲁惟一 著 刘洁 余霄 译
181. 大分流之外:中国和欧洲经济变迁的政治 [美]王国斌 罗森塔尔 著 周琳 译 王国斌 张萌 审校
182. 中正之笔:颜真卿书法与宋代文人政治 [美]倪雅梅 著 杨简茹 译 祝帅 校译
183. 江南三角洲市镇研究 [日]森正夫 编 丁韵 胡婧 等译 范金民 审校
184. 忍辱负重的使命:美国外交官记载的南京大屠杀与劫后的社会状况 [美]陆束屏 编著/翻译
185. 修仙:古代中国的修行与社会记忆 [美]康儒博 著 顾漩 译
186. 烧钱:中国人生活世界中的物质精神 [美]柏桦 著 袁剑 刘玺鸿 译
187. 话语的长城:文化中国历险记 [美]苏源熙 著 盛珂 译
188. 诸葛武侯 [日]内藤湖南 著 张真 译
189. 盟友背信:一战中的中国 [英]吴芳思 克里斯托弗·阿南德尔 著 张宇扬 译
190. 亚里士多德在中国:语言、范畴和翻译 [英]罗伯特·沃迪 著 韩小强 译
191. 马背上的朝廷:巡幸与清朝统治的建构,1680—1785 [美]张勉治 著 董建中 译
192. 申不害:公元前四世纪中国的政治哲学家 [美]顾立雅 著 马腾 译
193. 晋武帝司马炎 [日]福原启郎 著 陆帅 译
194. 唐人如何吟诗:带你走进汉语音韵学 [日]大岛正二 著 柳悦 译

195. 古代中国的宇宙论　［日］浅野裕一 著　吴昊阳 译
196. 中国思想的道家之论:一种哲学解释　［美］陈汉生 著　周景松 谢尔逊 等译　张丰乾 校译
197. 诗歌之力:袁枚女弟子屈秉筠(1767—1810)　［加］孟留喜 著　吴夏平 译
198. 中国逻辑的发现　［德］顾有信 著　陈志伟 译
199. 高丽时代宋商往来研究　［韩］李镇汉 著　李廷青 戴琳剑 译　楼正豪 校
200. 中国近世财政史研究　［日］岩井茂树 著　付勇 译　范金民 审校
201. 魏晋政治社会史研究　［日］福原启郎 著　陆帅 刘萃峰 张紫毫 译
202. 宋帝国的危机与维系:信息、领土与人际网络　［比利时］魏希德 著　刘云军 译
203. 中国精英与政治变迁:20世纪初的浙江　［美］萧邦奇 著　徐立望 杨涛羽 译　李齐 校
204. 北京的人力车夫:1920年代的市民与政治　［美］史谦德 著　周书垚 袁剑 译　周育民 校
205. 1901—1909年的门户开放政策:西奥多·罗斯福与中国　［美］格雷戈里·摩尔 著　赵嘉玉 译
206. 清帝国之乱:义和团运动与八国联军之役　［美］明恩溥 著　郭大松 刘本森 译